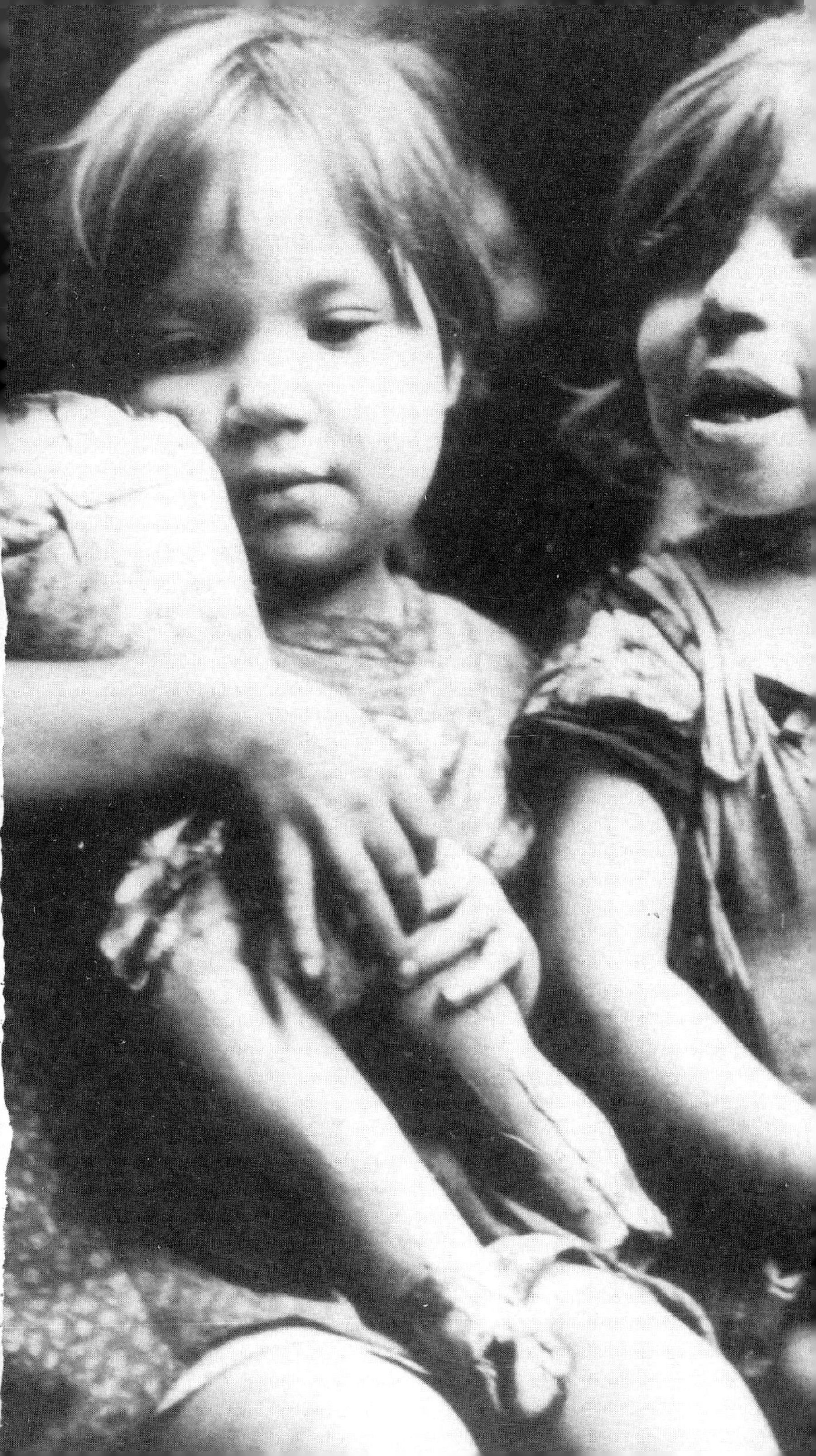

Aus dem Englischen von Susanne Goga-Klinkenberg

Zwei kleine Mädchen mit einer kopflosen Puppe

EMMY E. WERNER

UNSCHULDIGE ZEUGEN

DER ZWEITE WELTKRIEG IN DEN AUGEN VON KINDERN

EUROPA VERLAG

Für Stanley Jacobsen,
im Gedenken an Richard Jacobsen und
meine Mutter, die mich wieder zur Schule schickte,
als die Welt, die ich kannte, in Trümmern lag.

Die Deutsche Bibliothek – CIP-Einheitsaufnahme
Ein Titelsatz für diese Publikation ist bei
Der Deutschen Bibliothek erhältlich.

Originalausgabe:
Through the Eyes of Innocents. Children Witness World War II

Deutsche Erstausgabe

Lektorat: Gabriele Schönig
Umschlaggestaltung: Kathrin Steigerwald, Hamburg
Foto: Associated Press, New York
Innengestaltung: H & G Herstellung, Hamburg
Druck und Bindung: Wiener Verlag, Himberg bei Wien
ISBN 3-203-84027-8

Informationen über unser Programm erhalten Sie
beim Europa Verlag, Neuer Wall 10, 20354 Hamburg
oder unter www.europaverlag.de

Inhalt

Dank
7

Prolog
9

1
Der Krieg bricht aus
17

2
Begegnung mit dem Feind
39

3
Abschied von zu Hause
59

4
So fern und doch so nah
85

5
Hinter Stacheldraht
107

6
Das Schulmädchen und der General
133

7
In Gefahr
153

8
Im Feuersturm
181

9
»Mit tiefstem Bedauern«
207

10
Das Leben geht weiter
225

11
Die Güte der Fremden
243

12
Was wurde aus den Kindern?
267

Eine kurze Chronologie des Zweiten Weltkriegs
291

Anmerkungen
295

Bibliografie
309

Dank

Ganz herzlich bedanken möchte ich mich bei meinem Ehemann, der mich ermutigt hat, dieses Buch zu schreiben. Ebenso gilt mein Dank Frau Aenne Glienke vom Europa Verlag und der Übersetzerin Frau Susanne Goga-Klinkenberg, die das Buch auf seinem Entstehungsweg in Deutschland begleitet haben.

Zwölf Menschen, die den Zweiten Weltkrieg als Kinder oder Jugendliche erlebt haben, waren so freundlich zu berichten, welchen Einfluß die in diesem Buch geschilderten Ereignisse auf ihr späteres Leben genommen haben. Aus tiefstem Herzen danken möchte ich Keith Barton, Isao Fujimoto, Sara Glickstein, Stanley Jacobsen, Larry Lauerhass jr., Harriet Neufeld Williams, Annegret Ogden, Peter Palmié, Nancy Rogers, Sir Michael Rutter, Dinah Towns und Kiyoko Yamasaki für die Geduld und die Umsicht, mit der sie meine Fragen beantwortet haben. Vielen Dank an Kathleen Philipps Tebb, die die Tonbänder mit den Gesprächen transkribiert hat.

Zu Dank verpflichtet bin ich auch den folgenden Personen und Institutionen, aus deren veröffentlichtem Material ich Auszüge abdrucken und aus deren unveröffentlichten Tagebüchern und Briefen ich zitieren durfte: dem Alliiertenmuseum Berlin für die Erlaubnis, Passagen aus einem Kinderbrief an den »Schokoladenflieger« Gail Halvorsen abzudrucken; dem American Friends Service Committee für die Erlaubnis, Dankesbriefe und Zeichnungen von deutschen und japanischen Kindern aus dem Archiv in Philadelphia, Pennsylvania, abzudrucken; C. LeRoy und Joanne R. Anderson aus Missoula, Montana, für die Erlaubnis, Teile aus *No Longer Silent: World-Wide Memories of the Children of World War II* (1995) zu übernehmen; CARE in Atlanta, Georgia, für die Erlaubnis, Fotos nachzudrucken und aus Gesprächen mit den Empfängern von CARE-Paketen zu zitieren, die anläßlich des 50jährigen Jubiläums von CARE geführt wurden (CARE und CARE-Paket sind eingetragene Warenzeichen der Cooperative for Assistance and Relief

Everywhere, Inc.); dem Eisenhower Center for American Studies, Metropolitan College, University of New Orleans, für die Erlaubnis, aus den im Eisenhower Center archivierten Zeitzeugenberichten von Anthony D. Duke, Joseph McCann und Herbert Meier aus der Stephen and Hugh Ambrose German Veterans Collection zu zitieren; John S. D. Eisenhower aus Trappe, Maryland, und Edward Koehnen aus Dayton, Ohio, für die Erlaubnis, zweiundzwanzig Briefe aus der Korrespondenz zwischen Generalmajor Eisenhower und Mary Louise Koehnen abzudrucken, die in der Dwight D. Eisenhower Library in Abilene, Kansas, archiviert sind; der University of Hawaii in Manoa (James F. Cartwright, Archivar der Universität) für den Zugang zu Tagebüchern der Sacred Hearts Academy und der Pfadfinder und zu Aufsätzen, verfaßt von Schülern und Studenten der Punahou School und der University of Hawaii aus dem Hawaii War Records Depository (Akten 24.01, 24.02 und 50); den Douglas MacArthur Memorial Archives and Library (Colonel William Davis, Leiter, Jim Zobel, Archivar) in Norfolk, Virginia, für die Erlaubnis, die Briefe von Patricia A. Coyle, Joan Dooley, Lorraine Fader und Clive Oldroyd an General Douglas MacArthur abzudrucken; der Minnesota Historical Society Press in Saint Paul, Minnesota, für die Erlaubnis, Auszüge aus *Dear Poppa: The World War II Berman Family Letters* (1997) abzudrucken; UNICEF, New York, für die Erlaubnis, Auszüge aus *I Dream of Peace: Images of War by Children of Former Yugoslavia* (1994) und eine Kopie der ersten UNICEF-Grußkarte abzudrucken.

Vielen Dank an Dr. Bruce Jentleson, Direktor des University of California – Davis Washington Center, dessen Reisestipendium es mir ermöglichte, Bildmaterial des U. S. Army Signal Corps und der Wartime Relocation Agency aus den Nationalarchiven in College Park, Maryland, zu beschaffen.

Mein besonderer Dank gilt auch Katharine Williams und ihrer Mutter, die Fotografien von der Evakuierung britischer Kinder und von deutschen Kindersoldaten im Imperial War Museum in London aufspürten, und Bonnie Hardwick, die mich mit Thérèse Bonneys Fotos von den Kindern Europas aus der Sondersammlung der Bancroft Library an der University of California in Berkeley bekannt machte.

Emmy E. Werner

Prolog

Nachdem meine Mutter gestorben war, richteten wir unser Haus am Rhein für einen neuen Bewohner her. Wir packten alles ein, was ihr kostbar gewesen war und was wir aufbewahren wollten – darunter ein altes Album mit verblichenen Fotos. Eins davon erregte meine Aufmerksamkeit: drei Kinder in Sonntagskleidung, aufgereiht auf den Stufen, die von unserem Haus in den Rosengarten führten. Zehnjährige, ein Cousin, zwei Cousinen, die sich mit ihren Eltern an einem heißen Tag im August zusammengefunden haben. Wir schreiben das Jahr 1939. Ich bin die Älteste, Ende Mai geboren und damit zwei Wochen älter als meine deutsche Cousine Helga. Am jüngsten ist unser Cousin Eddy, der Sohn eines französischen Armeeoffiziers, der in Straßburg lebt. Er ist gekommen, um seine Onkel und Tanten zu besuchen und seinen Lieblingsnachtisch zum Geburtstag zu genießen: süße Himbeeren aus unserem Garten mit einer üppigen Portion Schlagsahne. Wir machen Faxen vor der Kamera, die Kleider haben rote Flecken vom Beerensaft. Wir blikken völlig sorglos in die Welt!

Zwei Wochen später, am 1. September 1939, brach in Europa der Zweite Weltkrieg aus. Der kleine Eddy, Helga und ich wurden damit offiziell »Feinde«. Unsere Väter, Onkel, Brüder und Cousins würden alsbald gegeneinander kämpfen in einem Krieg, der letztlich die ganze Welt erfaßte. Als sechs Jahre später die Kampfhandlungen eingestellt wurden, hatten 55 Millionen Menschen ihr Leben verloren. Allein die militärischen Verluste auf beiden Seiten erreichten die schwindelerregende Höhe von 15 Millionen Toten und über 25 Millionen Verwundeten.

Im Frühjahr 1945 waren in unseren drei Familien alle männlichen Erwachsenen entweder auf den Schlachtfeldern Europas gefallen oder litten in überfüllten Kriegsgefangenenlagern in Frankreich und Sibirien. Frauen, neben denen wir gewohnt, Kinder, mit denen wir die Schule besucht hatten, waren ebenfalls tot – umgekommen beim wahllosen Flächenbombardement, im Maschinengewehrfeuer

Französische Kinder spielen mit deutschen Waffen

feindlicher Tiefflieger, durch die Geschosse und Granatsplitter der Flugabwehrkanonen.

Der Zweite Weltkrieg war der erste moderne Krieg, in dem mehr Zivilisten als Soldaten getötet oder verstümmelt wurden. Bis zur Kapitulation Japans im August 1945 waren auf beiden Seiten über 40 Millionen Zivilisten ums Leben gekommen. Viele zivile Opfer waren Kinder wie wir, die einst zufrieden in der Sommersonne gelächelt hatten. Meine Cousine, mein Cousin und ich sahen jetzt anders aus als mit zehn Jahren – ungepflegt, verschmutzt, hungrig –, daran gewöhnt, in den Trümmern zerbombter Häuser und auf verlassenen Rüben- und Kartoffeläckern nach Nahrung zu suchen. Doch wir hatten einen Krieg überlebt, in dem mehr Kinder getötet und verstümmelt worden waren als in allen bisherigen Kriegen der Welt.

Unsere Chancen hatten schlecht gestanden, denn von den Nationen, die an diesem Inferno beteiligt waren, erlitten Deutschland und die UdSSR die höchsten Verluste, insgesamt ungefähr 25 Millionen Soldaten und Zivilisten.[1] Mehr als die Hälfte der Toten des Zweiten Weltkriegs stammte aus diesen beiden Ländern: Deutschland verlor mit 4,5 Millionen Toten zwölf Prozent seiner Vorkriegsbevölkerung; die UdSSR mit 20 Millionen Toten zehn Prozent. In Japan starben zwei Millionen Soldaten und Zivilisten – ungefähr zwei Prozent der Bevölkerung. Wenngleich die Familien der westlichen Alliierten, die einen geliebten Menschen verloren, den gleichen Schmerz erlitten, waren die Verluste in ihren Ländern geringer: Ungefähr eine halbe Million amerikanischer Familien erfuhren aus einem Brief, daß einer ihrer Männer, der im Pazifik oder in Europa gedient hatte, gefallen war. Die Zahl der britischen Toten einschließlich derer in den Kolonien belief sich auf 757 000; ein Viertel davon entfiel auf Zivilisten, die bei Bombenangriffen ums Leben kamen. Die Franzosen verzeichneten 250 000 Tote.

Helga, Eddy und ich hatten Glück. Wir lebten! Unsere Väter waren fort, aber wir konnten auf unsere Mütter zählen, die uns liebten und für – wenn auch karge – Ernährung sorgten. Doch im verwüsteten Europa lebten 20 Millionen Kinder, die zu Kriegswaisen geworden waren. Ihre Väter waren auf dem Schlachtfeld gestorben; ihre Mütter Luftangriffen zum Opfer gefallen oder auf der Flucht ums Leben gekommen. Diese Kinder mußten für sich selbst sorgen – sie verbrachten oftmals Jahre in Flüchtlingslagern, die nach dem »offiziellen« Ende des Kriegs überall in Europa entstanden.

All das geschah vor langer Zeit, und die Gesichter Europas und Asiens, wo die Schlachten ausgetragen wurden, haben sich total verändert. Schon bald werden die Kinder des Zweiten Weltkriegs die einzigen Überlebenden eines Jahrzehnts der Geschichte sein, in dem die Zivilisation am Abgrund stand und dann, wie durch ein Wunder, hilfreiche Menschen erschienen, die uns in den dunklen Tagen nach dem Krieg zeigten, was es bedeutet, seines Bruders Hüter zu sein.

Ich möchte die Geschichte der Kinder des Zweiten Weltkriegs mit ihren eigenen Worten erzählen, auf der Grundlage von Briefen,

Tagebüchern und Aufzeichnungen, die sie in der furchtbarsten Dekade des zwanzigsten Jahrhunderts vom Kriegsausbruch 1939 bis 1949 verfaßt haben, als die Hilfeleistungen der internationalen Gemeinschaft den Überlebenden allmählich eine dauerhafte Hoffnung boten. Meine Hauptquelle sind über zweihundert Augenzeugenberichte von Kindern und Jugendlichen aus einem Dutzend Länder: Deutschland, Österreich, Japan, den Vereinigten Staaten, England, Frankreich, Holland, Belgien, Dänemark, Norwegen, der ehemaligen Sowjetunion und Polen. Die Kriegserlebnisse spielten sich auf drei Kontinenten ab: in Europa, den Vereinigten Staaten und Asien. Ich füge auch Gespräche mit einem Dutzend Erwachsener hinzu, die als Kinder im Krieg auf gegnerischen Seiten standen. Sie reflektieren den Einfluß des Krieges auf ihr späteres Leben.

Ein Hinweis ist an dieser Stelle notwendig: Es sind überwiegend nichtjüdische Kinder, die in diesem Buch zu Wort kommen – daher blieb ihnen mit wenigen Ausnahmen das Grauen der politischen Verfolgung und der Konzentrationslager erspart. Das Trauma und der unglaubliche Wille zum Überleben, die ihre jüdischen Altersgenossen prägten, sind in vielen Augenzeugenberichten und Büchern über den Holocaust gewürdigt worden.[2] Dieses Buch erzählt die Geschichte nichtjüdischer Kinder, die in einer schrecklichen Zeit lebten und die Auswirkungen des vernichtendsten Krieges der Menschheitsgeschichte mit eigenen Augen – Kinderaugen – sahen.

Die zwölf Kapitel in diesem Buch beschäftigen sich mit den Erlebnissen der Kinder im Zweiten Weltkrieg, und zwar ungeachtet dessen, ob sie auf seiten der Alliierten oder der Achsenmächte standen, der Besatzer oder der Besetzten, der Sieger oder der Besiegten. Im Blickpunkt stehen ihre Reaktionen auf den Krieg, das Elend, das sie erduldeten, wie sie damit fertig wurden und die Art und Weise, in der die Kriegserfahrungen ihr Leben geprägt haben.

Das erste Kapitel befaßt sich mit der kindlichen Sicht der Ereignisse in Europa zwischen September 1939 und Dezember 1940, als sich ihr Alltag plötzlich und in dramatischer Weise veränderte. Deutsche und britische Kinder schreiben über ihre ersten Erfahrungen mit Verdunkelung, Luftschutzübungen, Gasmasken und Bomben, über die Trennung von ihren Vätern und Brüdern, die an die Front geschickt wurden. Polnische, niederländische, belgische und französische Kinder berichten von der Invasion ihrer Heimatländer durch deutsche Truppen.

Kapitel 2 behandelt das Jahr 1941, in dem die Kinder Westeuropas ihre Besatzer kennenlernen und deutsche Truppen in der Sowjetunion einmarschieren. Britische Kinder begegnen erstmals Kriegsgefangenen; holländische und dänische Kinder erfahren, daß der Feind ein menschliches Gesicht trägt; Jugendliche in Holland und Norwegen gehen in den Widerstand, und russische Kinder erleben die Belagerung von Leningrad und die Kämpfe um Moskau.

Kapitel 3 beschäftigt sich mit dem Einfluß der Evakuierung von Millionen Kindern, die in Großbritannien und Deutschland als Reaktion auf die zunehmenden Luftangriffe auf bevölkerungsreiche Städte durchgeführt wurden. Britische Kinder werden aufs Land und nach Übersee gebracht, nach Kanada, in die Vereinigten Staaten, nach Neuseeland, Australien und Südafrika. Deutsche Kinder werden in den ländlichen Süden oder in besetzte Nachbarländer evakuiert. Die Berichte stammen von den Evakuierten und Gastfamilien, die sich der Kinder annahmen; daneben kommen einige Lehrer zu Wort, die die evakuierten Kinder begleiteten.

Kapitel 4 konzentriert sich auf den Kriegseintritt der Vereinigten Staaten und Japans: den Angriff auf Pearl Harbor in Hawaii und dessen Auswirkungen auf das Leben der Kinder auf dem amerikanischen Festland. Kinder von der Westküste bis in den Mittleren Westen und die Atlantikregion werden zu Hause aktiv. Sperrballons, Schrottsammeln und Victory-Gärten gehören bald zum Alltag – wie auch das Verfassen von Briefen an Verwandte, die Soldaten sind, und an die Generäle, die sie befehligen.

Kapitel 5 beschreibt das Leben japanisch-amerikanischer Kinder in Internierungslagern. In Arizona, Kalifornien, Wyoming und Utah führen in den USA geborene Kinder japanischer Abstammung, Bürger der Vereinigten Staaten, Tagebuch über ihr Leben hinter Stacheldraht. Jeden Morgen müssen sie im Klassenzimmer den Treueeid sprechen. Gelegentlich erhalten sie Besuch von Verwandten, die in der US-Armee dienen.

Kapitel 6 schildert die einzigartige Korrespondenz zwischen einer Schülerin der siebten Klasse aus Ohio und General Dwight D. Eisenhower. Achtzehn Monate, von April 1942 bis August 1943, berichtet das junge Mädchen über die Ereignisse in ihrer Heimat;

und Eisenhower schildert seine Eindrücke von Menschen und Orten, die er beim Besuch der alliierten Truppen in Europa und Nordafrika gesammelt hat.

Kapitel 7 enthält Augenzeugenberichte von jungen Menschen in der Schlacht, darunter minderjährige GIs, die an der Invasion in der Normandie teilnahmen, und deutsche Kindersoldaten, die die Flugabwehrbatterien rings um ihre Heimatstädte »bemannten« oder von der Schlacht in den Ardennen im Dezember 1944 bis zur Schlacht um Berlin im April 1945 ihr Vaterland verteidigten. Das allerletzte Foto von Hitler, das sich heute im Imperial War Museum in London befindet, zeigt ihn, wie er einen zwölfjährigen Jungen mit dem Eisernen Kreuz auszeichnet.

Nicht alle Augenzeugen der Schlachten des Zweiten Weltkriegs waren Jungen: Eine der bewegendsten Schilderungen des Krieges stammt von einer kleinen Japanerin, Tomiko Higa, die sich den Amerikanern in der Schlacht um Okinawa ergab. Sie war erst sieben, als sie sich im Juni 1945 einer US-Einheit näherte, in einer Hand einen Bambusstock mit einem Stoffetzen, die andere Hand ausgestreckt, als wolle sie einen Friedensgruß entbieten.

Kapitel 8 schildert die Erlebnisse von Kindern, die den Feuerstürmen von Hamburg, Berlin und Dresden entkamen und die Bombenangriffe auf Tokio, Hiroshima und Nagasaki miterlebten. Die deutschen Städte wurden durch »konventionelle« Bomben zerstört – Brand-, Spreng- und Phosphorbomben; Hiroshima und Nagasaki wurden durch Atombomben vernichtet. Die Augenzeugenberichte der Kinder, die diese Bombenangriffe überlebt haben, legen beredtes Zeugnis ab vom Grauen des Krieges und vom Mut gewöhnlicher Menschen, die es schaffen weiterzuleben.

Kapitel 9 erzählt die Geschichten von Kindern, die durch einen Brief oder von einem Erwachsenen erfuhren, daß ein Familienmitglied auf dem Schlachtfeld oder im eigenen Land getötet worden war oder ein Verwandter oder enger Freund als vermißt galt. Als die Kämpfe in Europa zunahmen und die Flächenbombardierung feindlicher Städte Alltag wurde, mußten viele europäische Kinder mit solchen Verlusten fertig werden. Gleiches gilt für ein hawaiianisches Mädchen, dessen Vater bei der Explosion eines Blindgängers in Honolulu umkam; für den zehnjährigen Lakota Sioux, dessen Bruder während der amerikanischen Invasion in Europa getötet wurde, und für ein japanisches Mädchen, dessen Mutter in Hiroshima starb.

Die Kapitel 10 und 11 konzentrieren sich auf das Überleben der Kinder in der Nachkriegszeit, als die Lage vieler Menschen noch verzweifelter war als während des Krieges. Harte Winter und schlechte Ernten führten viele Kinder in Europa an den Rand des Hungertodes. In den verwüsteten Städten Mitteleuropas drängten sich Waisen, die in den Ruinen zerbombter Häuser Zuflucht suchten, und Millionen von Menschen, die aus dem Osten geflohen oder mit Gewalt vertrieben worden waren.

Selbst jene, die in ihren Häusern bleiben konnten, führten einen bitteren Kampf ums Überleben. Ehemals wohlhabende Familien ernährten sich von Unkraut und Rüben, zerhackten wertvolle Möbel, um wenigstens ein Zimmer zu heizen, in dem sich alle aneinanderdrängten. Ein florierender Schwarzmarkt sabotierte jegliche Rationierungsversuche der Regierung. Die Aufsätze aus Kapitel 10, die Schulkinder von 1946 bis 1948 zum Thema »Wie ich heute lebe« verfaßt haben, zeichnen ein anschauliches Bild von dem Leben junger Menschen in jener Zeit. Verschleppte Kinder und Jugendliche »auf der Flucht« beschreiben in ihren Tagebüchern, was es hieß, ohne Familie oder in der Fremde zu überleben.

Doch inmitten von Verzweiflung und Zerstörung gab es einen Hoffnungsschimmer. Im Mai 1946 trafen die ersten CARE-Pakete in Frankreich ein. UNICEF, im November 1946 gegründet, lieferte Milch und Medikamente nach Europa und Asien, und die Quäker richteten ihren »Friends Relief Service« ein, der bis 1949 Millionen hungriger Schulkinder täglich eine warme Mahlzeit von 350 Kalorien bot. Kapitel 11 berichtet anhand von Gesprächen und Briefen aus den Archiven von UNICEF, CARE und des American Friends Service Committee von der tiefen Dankbarkeit, die Kinder aus dem vom Krieg zerrissenen Europa und Japan angesichts der unerwarteten Freundlichkeit der Fremden aus Übersee empfanden.

Das letzte Kapitel faßt die Themen zusammen, die sich durch die Erzählungen der Kinder des Zweiten Weltkriegs ziehen, und zeigt den Einfluß, den der Krieg auf ihr späteres Leben genommen hat. Die Botschaft, die sie heute über die Grenzen von Zeit und Raum hinweg mit den überlebenden Kindern moderner Kriege teilen, ist ihre außerordentliche Lebensbejahung, geboren aus Mut und Einfallsreichtum, der starken Bindung an Familie und Gemeinschaft und vor allem gespeist aus der lebensspendenden Kraft der Hoffnung.

1
Der Krieg bricht aus

Die Kinder Europas schliefen, als der Zweite Weltkrieg ausbrach. Am 1. September 1939 um 5.45 Uhr marschierten deutsche Truppen über die polnische Grenze und näherten sich Warschau.

Bei Tagesanbruch weckte mich meine Mutter und sagte: »Kind, es ist Krieg.« Wir hockten den ganzen Tag neben dem Radio, warteten auf Neuigkeiten und beobachteten einen endlosen Konvoi von Zügen und Lastwagen voller Soldaten, der auf dem Weg nach Osten unser Haus passierte. Wenn die Züge hielten, brachten wir den uniformierten Männern Obst und Blumen aus unserem Garten. Es war ein Freitag. Am Sonntag, dem 3. September, erklärten Großbritannien und Frankreich Deutschland den Krieg. Am nächsten Tag wurde mein Bruder eingezogen.

Auch andere Kinder aus anderen Städten erinnern sich an die Züge voller Soldaten, daß Nachrichten durchdringend aus dem Radio dröhnten und die Männer sich nacheinander verabschiedeten. Eine der bewegendsten Sammlungen von Aufsätzen über diese Zeit wurde Ende 1945 von einer Gruppe Schulkinder aus Nürnberg verfaßt und 1980 unter dem Titel *Als ich 9 Jahre alt war, kam der Krieg* veröffentlicht. Die Aufsätze sollten den Kindern dabei helfen, mit dem Erlebten fertigzuwerden, was hierzulande »Vergangenheitsbewältigung« genannt wurde.[1]

Ein dreizehnjähriger Junge schrieb in einem Aufsatz: »Am Mobilmachungs-Tag durften wir schon eher von der Schule heim, was natürlich für mich eine sehr große Freude war. Zu Haus konnte ich mir die besorgten Gesichter meiner Eltern gar nicht erklären. In den nächsten Tagen und Wochen beobachtete ich mit gespannter Neugier die vorbeirollenden Truppen. Ich dachte: ›Schade, daß ich noch nicht dabei sein kann.‹ Das Radio meldete Erfolg auf Erfolg. In der Schule mußten wir auf der Landkarte das Vordringen der Truppen verfolgen.«

Ein anderes Kind erinnert sich:

> Es war im September 1939 an einem Sonntag, als ich morgens aufstand und in die Küche trat, Kaffee zu trinken. Es spielte das Radio wie immer, aber plötzlich setzte die Musik aus. Eine rauhe Männerstimme erschallt und verkündet: »Wie bereits bekannt gegeben, hat heute früh 6 Uhr Frankreich den Krieg erklärt, das Volk greift zur Waffe.« Alles war darüber bestürzt, die Leute standen beisammen und berieten. Am anderen Tag kam zu uns der Schulmeister mit einer Liste und sagte: »In die Liste eintragen, sonst bekommt ihr keine Lebensmittelkarten.« Ich verstand das noch gar nicht, das Wort »Lebensmittelkarten«. Aber meine Mutter erklärte mir: »Man bekommt diese für den ganzen Monat und erhält alles vorgeschrieben. Mehr als da drauf steht, gibt es nicht.« Die Leute redeten untereinander: »Wie wird das werden? Hoffentlich geht der Krieg gut für uns zu Ende.«

Eine Siebenjährige erfuhr in jener Woche, daß ihr Vater eingezogen worden war. Als sie ihn bei einem Besuch in seiner Kaserne in Uniform sah, erklärte er ihr und ihrer Mutter, man werde ihn mit einem Truppentransport nach Polen schicken. »Mein Vater begleitete uns noch bis zur Omnibus-Haltestelle, da kam die schlimmste Stunde für mich, wir nahmen Abschied von ihm, denn ich wußte nicht, ob er noch mal heim kommt.« Er kam nicht heim. Ihr Vater fiel im Krieg – einer von über vier Millionen Verlusten, die die deutsche Armee erleiden sollte, bevor der Krieg in der völligen Niederlage endete.

Nur einmal, am 1. September 1939, sagte Hitler die Wahrheit, als er sich an den Reichstag wandte: »Ich verlange von keinem deutschen Mann etwas anderes, als was ich selber vier Jahre lang freiwillig bereit war, jederzeit zu tun [im Ersten Weltkrieg]. Ich will jetzt nichts anderes sein, als der erste Soldat des Deutschen Reiches. Ich habe damit wieder jenen Rock angezogen, der mir selbst der heiligste und teuerste war. Ich werde ihn nur ausziehen nach dem Siege – oder ich werde dieses Ende nicht erleben.« Was er auch nicht tat. Doch die Kinder wußten noch nicht, was auf sie zukam.

Die zehnjährige Polin Janine Phillips hatte ihre Sommerferien auf dem Land verbracht und war bereit zur Rückkehr nach Warschau, wo der Schulunterricht wieder beginnen sollte, als sie von der Invasion der Deutschen erfuhr. Am 1. September 1939 schrieb sie:[3]

> Hitler ist in Polen einmarschiert. Wir haben die schlimmen Neuigkeiten im Radio gehört ... daß die deutschen Truppen die polnische Grenze überschritten haben und unsere Soldaten unser Land verteidigen. Alle waren wie betäubt ... Großvater schaltete das Radio aus und schaute in unsere angstvollen Gesichter. Er kniete vor dem Bild von Jesus Christus nieder und begann laut zu beten ...
> Kurz nach dem Tee trafen Onkel, Tante und Papa mit weiteren schlimmen Nachrichten aus Warschau ein. Papa sagte, wir würden nicht dorthin zurückkehren, weil es hier im Dorf sicherer sei ... Ich frage mich, was aus unserer Schule wird, doch Mama meint, wenn ein Land ums Überleben kämpft, sei keine Zeit für Schulunterricht ... Bitte, lieber Gott, mach, daß unsere tapferen Soldaten die gemeinen Deutschen besiegen.

Am 2. September warnten die Schlagzeilen der Zeitungen die Deutschen, die sich auf der anderen Seite der Grenze ums Radio drängten: »Deutsche hören keine Auslandssender: § 1 Das Abhören ausländischer Sender ... wird mit Zuchthaus bestraft. § 2 Wer Nachrichten ausländischer Sender verbreitet, wird mit Zuchthaus, in besonders schweren Fällen mit dem Tode bestraft ...«

Dennoch verfolgten einige von uns hinter verschlossenen Türen den englischen Rundfunksender BBC, das Radio unter dicken Dekken verborgen. Dinah Towns erfuhr zu Hause vom Kriegseintritt Großbritanniens. Sie erinnerte sich: »Mein Vater hörte eine Ansage im Radio und sagte: ›Es gibt Krieg.‹ Und dann bekam er die Mitteilung, daß er zur Armee mußte. Ich weiß noch, wie er den Brief öffnete und dasaß und die Papiere anstarrte und wie meine Mutter die Papiere anstarrte und er sagte: ›Na ja, ich muß hingehen.‹ Damals war er neununddreißig und kam zum Royal Signal Corps.«

Janine hörte die Nachricht an ihrem polnischen Zufluchtsort, auf dem Land. Am 3. September schrieb sie:

> Wunderbare Neuigkeiten. England wird die Deutschen in kürzester Zeit versohlen... England hat Deutschland den Krieg erklärt. Diese willkommene Nachricht drang wie eine himmlische Botschaft aus dem Lautsprecher. Ich bin so froh, daß wir gute Freunde im Ausland haben... Alle sind ungeheuer erleichtert. Ich muß ein bißchen Englisch lernen, denn ich kenne nur ein Wort, »Good-bye«, und das reicht kaum aus, um sich mit englischen Soldaten zu unterhalten... Ich möchte mich bei ihnen bedanken, daß sie uns gegen Hitler geholfen habe, aber wenn ich bis dahin nicht genügend Englisch gelernt habe, umarme ich sie einfach, dann wissen sie schon, was ich sagen will.

Zwei Wochen später, am 17. September, marschierte die Sowjetarmee in Ostpolen ein. Am 28. September erfolgte in Warschau die bedingungslose Kapitulation. Deutsche Zeitungen berichteten von der Unterzeichnung eines deutsch-sowjetischen Grenz- und Nichtangriffspaktes und riefen dazu auf, zur Feier des gemeinsamen Sieges die Glocken zu läuten. In allen deutschen Städten läuteten sie sieben Tage lang – jeweils mittags für eine Stunde. Janine schrieb in ihr Tagebuch: »Wir sind von Kummer überwältigt. Der polnische Widerstand ist zusammengebrochen.«

Auch ein französischer Junge namens Jean-Louis Besson lernte die Wirklichkeit des Krieges kennen. »Alle im Haus sind außer sich«, schrieb er. »Mein Vater und Onkel Eugène sind sich einig, daß wir es nicht tatenlos hinnehmen können, wenn Hitler in andere Länder einmarschiert. Zum Glück gibt es die Maginot-Linie. Die Deutschen werden Frankreich nicht wie beim letzten Mal überfallen können!«

Im Herbst 1939 geschah in Frankreich nichts Entscheidendes. »Hitler fürchtet sich vor der französischen Armee«, sagte der Onkel von Jean-Louis. Ende September wurde der Vater des Jungen zur französischen Artillerie eingezogen und sollte in der Rüstungsindustrie arbeiten. Seine Briefe nach Hause waren niederschmetternd. Die Firma produzierte keine Granaten, weil die Arbeit so schlecht organisiert war. Sie hatte lediglich das Pulver, alles andere fehlte.

Ein französischer Junge schreibt an seinen Vater in der Armee

In England lernten die Kinder Verdunkelung und Gasmasken kennen und erfuhren, wie man einen Luftschutzbunker errichtete und im Falle eines deutschen Angriffs Brandbomben löschte. Doch Herbst und Winter 1939 sollten sich für Großbritannien als »falscher Krieg« erweisen. Zu Beginn der Verdunkelung fielen mehr Menschen Verkehrsunfällen als feindlichen Handlungen zum Opfer. Deshalb wurden die Bordsteine mit weißen Linien bemalt und

Britische Kinder bei einer Gasmaskenübung

die Männer aufgefordert, nachts ihre weißen Hemden aus der Hose hängen zu lassen. Ein erfinderischer Bauer malte seine Kühe mit weißen Streifen an für den Fall, daß sie auf die Straße geraten sollten.

Gasmasken wurden an Erwachsene und Kinder ausgegeben. Die meisten kleinen Jungen trieben Unfug damit. Sie hörten, daß man auf die Innenseite des Sichtfensters spucken sollte, damit es klar blieb. Die Fenster beschlugen dennoch. Bald stellten sie fest, daß Gasmasken hervorragend geeignet waren, um obszöne Geräusche hervorzubringen. Dinah Towns lernte lesen, schreiben und rechnen mit einer Gasmaske vor dem Gesicht. »Wir saßen da, sagten unseren Stundenplan auf und sahen dabei aus, als kämen wir vom Planet der Affen«, erinnerte sie sich.

Für Kinder unter fünf hatte die britische Regierung eine spezielle Micky-Maus-Maske in leuchtendem Rot und Blau entwickelt. Kleine Kinder lachten über die lustigen Gesichter und zogen die Masken gern an. Eine Radiosendung der BBC ermutigte ihre Mütter, das gleiche zu tun: »Sind Ihre Kleinen daran gewöhnt, Sie in *Ihrer* Maske zu sehen? Machen Sie ein Spiel daraus, ›Mamis lustiges Gesicht‹. Falls Sie sie im Ernstfall wirklich tragen müssen, fürchtet sich das Kind nicht mehr vor Ihnen.« Zur Erleichterung aller mußten die Gasmasken nie benutzt werden.

Praktisch hingegen war die Ausbildung freiwilliger Luftschutzhelfer, die Zivilisten über richtiges Verhalten bei Luftangriffen aufklärten. Jede Familie erhielt eine Broschüre, in der erläutert wurde, wie man sich auf Notfälle, wie den Einschlag einer Brandbombe im Dach, vorbereitet. Zum Löschen sollten die Leute Eimer mit Sand und eine Wanne oder einen Tank mit Wasser bereithalten – Maßnahmen, die man in den kommenden Jahren auch den Deutschen ans Herz legte.

Im Herbst 1939 begann die britische Regierung mit der Lieferung von Luftschutzbunkern in Gebiete, die mögliche Ziele deutscher Flugzeuge waren. Der Anderson- oder Gartenbunker war am verbreitetsten, wenn auch nie sonderlich beliebt. Es gefiel den Leuten nicht, beim nächtlichen Sirenenklang ihre schlafenden Kinder aus dem Bett zu holen und in den kalten, feuchten Bunker zu kriechen.

Beliebter waren die Morrison- oder Tischbunker, die sich im Wohnzimmer aufstellen ließen. Sie boten ausreichend Schlafplatz für zwei Erwachsene und zwei Kinder. Ein Junge erinnerte sich sogar daran, daß auch noch sieben Verwandte, die zu Besuch waren, hineinpaßten. Ein anderes Kind mochte ihn, weil man auf seinem Dach Pingpong spielen konnte. Der Morrison war weniger robust als der Anderson-Bunker, aber in der vertrauten Umgebung des Wohnzimmers fürchteten sich die Kinder weniger vor den Angriffen.[7]

Zu Beginn des Zweiten Weltkriegs waren die Briten noch sicher. Die See- und Luftschlachten im Herbst und Winter 1939 konzentrierten sich auf die Orkney-Inseln, die nördlich von Schottland im Nordatlantik liegen. Dort schossen deutsche Flugzeuge über den Himmel, und deutsche U-Boote glitten lautlos durchs Meer, so nah, daß die Inselbewohner die auftauchenden Periskope erkennen konnten.

Die sechzehnjährige Bessie Shea, die von einem Bauernhof auf einer der Inseln stammte, führte Tagebuch über die Ereignisse, die sie zwischen September 1939 und Mai 1940 erlebt hatte. Bessies Geschichte beginnt mit der Sichtung eines deutschen U-Boots am 5. September 1939.[8] Am selben Tag wurden auf ihrer Insel drei feindliche Spione gefangengenommen. Als sie tags darauf das Vieh aus der Scheune trieb, hörte sie ein deutsches Flugzeug und die Explosion von Flugabwehrgeschossen über Kirkwall, der Hauptstadt der Insel.

Am 8. September berichtete sie von der Einnahme zweier deutscher Schiffe. Die Besatzungen beider Schiffe wurden gefangengenommen, doch drei Matrosen konnten mit einem Motorboot entkommen. Zwei ihrer Nachbarn verfolgten das Boot und entdeckten die Deutschen am nächsten Morgen im Hafen einer nahegelegenen Insel. »Sie nahmen sie gefangen«, schrieb sie, »sie waren freundlich und leisteten keinen Widerstand; sie schenkten ihnen Zigaretten und wollten gerade eine Kanne Tee aufschütten, als ein Schlepper auftauchte und die Deutschen mit vorgehaltener Waffe unhöflich an Bord befahl.«

Im Oktober besuchten König George und Winston Churchill die Orkney-Inseln. Aus Sorge um die Sicherheit des Marinestützpunkts in Scapa Flow war der Befehl ergangen, auf Bessies Insel zusätzliche Flugabwehrkanonen zu stationieren. Die Sorge sollte sich als berechtigt erweisen. Am 14. Oktober schrieb Bessie in ihr Tagebuch: »Zwei Luftangriffe über Kirkwall, während ich in der Stadt war. Die *Royal Oak* wurde in Scapa Flow versenkt, 800 Menschen kamen dabei ums Leben – viele junge Leute, die gerade ausgebildet wurden.«

Bis Mitte November waren die Luftangriffe über den Orkneys alltäglich geworden; im Nordatlantik hatten die Seeschlachten begonnen. Bessie vermerkte in ihrem Tagebuch, daß drei deutsche

Matrosen gefangengenommen worden waren, nachdem sie mehrere Tage ohne Essen auf dem Meer getrieben waren. Mittlerweile hatte Bessie gelernt, deutsche Flugzeuge, die über ihre Insel flogen, am klackernden Motorengeräusch zu erkennen, das sich sehr von den Geräuschen britischer Flugzeuge unterschied.

Bessies Leben änderte sich kaum, obgleich sie die Tanzveranstaltungen und den Bibelunterricht vermißte, die aus Angst vor einer drohenden Invasion ausgesetzt worden waren. Dennoch mußten die Kühe gemolken und die anderen Arbeiten auf dem Hof erledigt werden. Nahrungsmittel und Kleidung waren in den Geschäften noch ausreichend vorhanden.

Am 22. November 1939 sah sich Bessie einem feindlichen Flugzeug praktisch Auge in Auge gegenüber. Sie holte ihr Fernglas, als sie das Klackern hörte, und lief nach draußen. »Als es näherkam«, schrieb sie, »sah ich ein Kreuz auf den Tragflächen – ein schwarzes Kreuz im blauen Kreis – drum herum ein weißer oder gelber Kreis. Es dröhnte davon... kam dann wieder und kreiste genau über uns.«

Zehn Tage später, am 3. Dezember, lautete Bessies Tagebucheintrag: »Die Deutschen sind gar nicht so übel. Ein U-Boot versenkte ein britisches Schiff, die Mannschaft rettete sich in die Boote. Dann tauchte das U-Boot auf und fuhr nah heran. Einige Briten waren durchnäßt und zitterten vor Kälte, und die Deutschen gaben ihnen warmes Essen und Getränke und warteten, bis ein britisches Schiff die Überlebenden an Bord nahm. Dann rief der U-Boot-Kommandant: ›Bestellt Churchill, wir sind auch Menschen!‹«

In Polen hingegen fiel es der zehnjährigen Janine schwer, an die Menschlichkeit der Besatzer zu glauben. Sie gab ihnen die Schuld am Tod ihres kleinen Hundes Gabriel, der einen deutschen Soldaten ins Bein gezwickt hatte. »Gabriel mag keine Fremden«, erklärte sie in ihrem Tagebuch. Der Soldat hatte seine Waffe gezogen und den Hund an Ort und Stelle erschossen. Janine und ihr Bruder wikkelten das Tier in ein sauberes Tuch und begruben es. Auf seinen Grabstein schrieben die Kinder: »Hier ruht der kleine Engel Gabriel, der den großen Teufel gebissen hat!«

Janine empfand Skrupel, weil sie die Deutschen haßte. Am 25. Oktober schrieb sie: »Heute habe ich Vater Jacob gefragt, ob es eine Sünde sei, gemein zu den Deutschen zu sein. Vater Jacob kratzte sich am Kopf und sagte, unter normalen Umständen sei es eine Sünde. Angesichts der Tatsache, daß die Deutschen unser Land besetzt hätten, würde Gott uns jedoch vermutlich eine Art Dispens erteilen.«

Als eine Woche vor Weihnachten dichter Schnee das Land bedeckte, erhielten Janine und ihr Bruder die Gelegenheit, es Hitler zu zeigen – zumindest dem Schneemann, den sie nach seinem Vorbild gebaut hatten. Sein Schnurrbart bestand aus einem alten Besen, am linken Arm trug er ein Hakenkreuz, den rechten Arm hatte er zum Gruß erhoben, und auf seinem Kopf thronte Großmutters alter Nachttopf. Am 19. Dezember schrieb sie: »Wir haben uns mit Stökken und Flaschen bewaffnet und sind mit unbeschreiblicher Freude auf Hitler losgegangen... Schließlich fiel er in sich zusammen, nur ein Schneehaufen blieb übrig. Wojtek steckte als Zeichen unseres Sieges ein rot-weißes Fähnchen hinein. Wir standen stramm und sangen die polnische Nationalhymne.«

Jenseits der Grenze drängten Heiligabend deutsche Zeitungen ihre Leser, sich auf größere Dinge bzw. schlechtere Zeiten einzustellen. Das Motto für 1940 lautete: »Wir wollen kämpfen und arbeiten!« Der Winter hatte in Europa Einzug gehalten. Bessie Shea auf den Orkney-Inseln berichtete in ihrem Tagebuch, daß viel Schnee lag und das Wetter klar und sonnig war. »An himmlischen Tagen wie diesem kann man einfach nicht glauben, daß wir Krieg haben!« Und Mitte Februar vermerkte Janine, daß der Frost im ländlichen Polen nachlasse und die »Menschen insgesamt fröhlicher gestimmt seien«.

Inzwischen war Janine einem freundlichen Deutschen begegnet – »jedenfalls so freundlich, wie man es von einem Feind erwarten kann«. Ein deutscher Leutnant war in ihr Haus gekommen und hatte ihre Mutter gebeten, ein Wiedersehensessen für sich und seine Frau zuzubereiten; er hatte angeboten, alle Kosten zu übernehmen, und die ganze Familie zur Feier eingeladen. »Obwohl Deutscher, war Leutnant Kirschstein ein anständiger Mensch«, schrieb das kleine Mädchen ins Tagebuch. »Es fiel schwer, ihn nicht zu mögen.«

In Großbritannien war am 1. Januar 1940 die Rationierung von Butter, Fleisch, Speck und Zucker in Kraft getreten. Am letzten Tag dieses Monats schrieb Bessie Shea in ihr Tagebuch, daß drei Schiffe in der Nähe von Scapa Flow versenkt worden seien – zwei Zerstörer und ein Boot der Küstenwache. Am nächsten Tag und während der ganzen folgenden Woche wurden Leichen an Land gespült. Ein Mitglied der Küstenwache kam eines Abends an dem Ort vorbei, an dem die Leichen lagerten, und fuhr entsetzt zusammen, als etwas nach seinem Hosenbein schnappte. Aber es war nur ein kleiner weißer Hund!

Am 9. Februar fand Bessie ein Hundert-Pfund-Faß dänische Butter am Strand. Sie entdeckte auch ein leeres Faß. An jenem Tag waren in der Nähe zwei deutsche U-Boote versenkt worden. Zwei Wochen später hörte sie vom Verlust eines britischen Zerstörers, der zu einem Geleitzug gehört hatte. Das deutsche Oberkommando berichtete am 26. Februar, daß seit Kriegsbeginn mehr als 496 feindliche Schiffe mit einer Million Tonnen Ladung von der deutschen Kriegsmarine versenkt worden seien.

Auch der Luftkrieg wurde schlimmer. Als Bessie am Abend des 16. März im Dorf einkaufte, hörte sie die Motoren deutscher Flugzeuge, die im Anflug waren. Sie rannte aus dem Laden, sah riesige Wunderkerzen und ungeheure Blitze, die von der Flotte in Scapa Flow emporzuckten. »Ob ich gerannt bin?« fragt sie rhetorisch. »Die Granaten waren genau über mir, die Blitze direkt vor meiner Nase, also habe ich die Beine in die Hand genommen.« In jener Nacht trafen die Deutschen ein Schlachtschiff. Nun hatte der Krieg die Orkneys endgültig erreicht!

Kaum eine Woche später, am 22. März, berichtete Bessie: »Der letzte Konvoi, der hier vorbeikam, wurde vor der Ostküste von Deutschen angegriffen. Drei Schiffe wurden beschossen, eins mußte aufgegeben werden.« Dennoch gelang es den Menschen auf den Inseln, ihr gewohntes Leben weiterzuführen: Bessie nahm an einem Konzert teil und war stolz auf ihren guten Vortrag. Und sie freute sich auf einen Tanzabend, den die Territorials, Soldaten der freiwilligen Reservetruppe, veranstalteten, die kürzlich auf ihrer Insel eintroffen waren und zusätzliche Flugabwehrkanonen und Suchscheinwerfer installiert hatten. »Die Männer aus Lancaster sind nett«, schrieb sie, »obwohl es uns schwerfällt, sie zu verstehen, und sie haben das gleiche Problem mit uns, wenn wir nicht Englisch sprechen.«

Die deutschen Luftangriffe über den Orkneys gingen unablässig weiter. Wenn die Flugzeuge sich näherten, zuckten nun Blitze aus riesigen Abwehrkanonen, und aus siebenunddreißig neuen Batterien von Suchscheinwerfern flammte helles Licht. »Ich bin eine Weile herumgelaufen«, schrieb Bessie in ihr Tagebuch, »und habe, wenn auch nicht sehr melodisch, ›Run, rabbit, run‹ gepfiffen, da ich ein bißchen aufgeregt war. Bei jedem Angriff sehne ich mich danach, an den Kanonen zu stehen! Diese Angriffe wecken anscheinend die Wikingerin in mir!«

Am 9. April erfuhr sie aus einer amerikanischen Radiosendung, daß deutsche Truppen Dänemark besetzt hatten und deutsche Soldaten durch dänische Städte marschierten. Auch Norwegen befand sich mit Deutschland im Krieg. Über hundert deutsche Schiffe, zumeist bewaffnete Trawler, Minenräumboote und einige Schlachtschiffe, waren unterwegs zur norwegischen Küste.

An eben diesem Tag druckten deutsche Zeitungen eine knappe Mitteilung des deutschen Oberkommandos: »Deutsche Wehrmachtsteile sind heute morgen ... in Dänemark und Norwegen einmarschiert, um den bewaffneten Schutz dieser Staaten zu übernehmen.«

Am 10. Mai schrieb Bessie Shea in ihr Tagebuch: »Norwegen ist beinahe dahin – und Deutschland ist in Holland und Belgien einmarschiert ... Hunderte von Männern sprangen mit Fallschirmen ab ... Im Parlament gab es großen Krawall ... Churchill hat jetzt praktisch den Oberbefehl.« An diesem Tag forderte Hitler in Berlin die Soldaten an der Westfront auf: »Der heute beginnende Kampf entscheidet das Schicksal der deutschen Nation für die nächsten tausend Jahre. Tut jetzt eure Pflicht!«

Lucien Hut war neun Jahre alt, als der Krieg am 10. Mai 1940 Holland erreichte. Er erinnerte sich, wie alles begann: »Um sechs Uhr morgens weckte uns mein mittlerer Bruder, weil er Flugzeuge gehört hatte ... Meine Mutter und mein Vater standen auf ... schalteten das Radio ein, und wir hörten als erstes, daß die Deutschen in Holland einmarschiert waren und wir uns im Krieg befanden. Als wir aus dem Fenster schauten, konnten wir sehen, daß Hunderte von Fallschirmspringern aus den Flugzeugen absprangen.«

Vier Tage später wurde Rotterdam ein Ultimatum gestellt, die Stadt sollte sich ergeben, sonst würde sie bombardiert. Die Bombardierung begann um 13.45 Uhr und dauerte nur wenige Stunden. Danach lag die Innenstadt in Trümmern. Zu Beginn des Angriffs ließen Luciens Eltern eine ältere Dame ins Haus, die die ganze Familie energisch anwies, sich auf die Betten zu setzen und die Köpfe mit Kochtöpfen zu schützen. »Ich weiß noch, wie die ganze Familie dasaß«, schrieb Lucien später. »Wir wurden vor Lachen geradezu hysterisch. Es sieht ungeheuer komisch aus, wenn jemand eine Truthahnkasserolle auf dem Kopf hat.«

Doch nach der Bombardierung bot sich Lucien ein herzzerreißender Anblick. Viele Straßenzüge standen in Flammen; zahlreiche Geschäfte brannten. Aber in einer der ausgebombten Kirchen funktionierte wie durch ein Wunder noch die Orgel, und ein deutscher Offizier spielte darauf Präludien und Fugen von Bach. Lucien erinnerte sich: »Es berührte mich zutiefst. Ich meine, die Kirche war eine Ruine, aber er spielte Orgel. Mir kann niemand weismachen, daß dieser Mann durch und durch schlecht war.«

Jules war erst vier, als Kolonnen deutscher Soldaten durch die Straßen seiner Heimatstadt Hasselt in Belgien marschierten. Er reagierte kindlich, empfand mehr Faszination als Angst. Noch Jahre später sah er in einem Gespräch mit Kati David für *A Child's War* vor seinem geistigen Auge die uniformierten Männer:

> Papa hat sie gezählt. Es waren siebenundzwanzig... Der an der Seite geht, ist der Boß... Papa sagt, er ist Leutnant... Alle gehen ganz gerade. Er aber geht noch gerader. Sie werfen die Beine hoch. Alle zur selben Zeit... Es sieht so schön aus...
>
> Papa war auch mal Soldat... Er hat noch seine Mütze... Als ich die Soldaten hörte, holte ich schnell seine Mütze. Ich setzte sie auf und stellte mich vor die Tür. Und als sie vorbeikamen, hob ich die Hand an die Mütze. Und der Leutnant hat es gesehen. Er schaute mich an, und ich sah, wie sich sein Kopf bewegte! Ich rief »Maman, Maman! Er hat vor mir salutiert! Der Leutnant hat vor mir salutiert!« Doch Maman war gar nicht froh. Sie mag die Soldaten nicht.[10]

Am 20. Mai 1940, als der kleine Jules vor den deutschen Soldaten salutierte, schrieb Bessie Shea in ihr Tagebuch: »Der Krieg wird ernster. Letzte Woche gab Holland auf, die Deutschen sind schon zur Hälfte durch Belgien.« Ihr Tagebuch endet am 25. Mai mit einem letzten, verzweifelten Eintrag: »Die Deutschen sind jetzt durch die französischen Linien gedrungen ... Die Nachrichten werden immer schlimmer. Wenn Hitler nun gewinnt? *Das kann er nicht.* Nach aller menschlichen Vernunft kann er es nicht.«

Am nächsten Tag begann das britische Expeditionskorps, das zur Unterstützung der alliierten Kräfte aufs europäische Festland geschickt worden war, mit der Evakuierung von 338 226 Männern, die von Dünkirchen aus über den Kanal geholt wurden. Am 4. Juni, als ihr Rückzug vom Kontinent abgeschlossen war, wandte sich Winston Churchill in einer trotzigen Rede ans Unterhaus: »Wir kämpfen bis zum Schluß ... Wir kämpfen auf Meeren und Ozeanen ... Wir kämpfen auf den Landeplätzen, wir kämpfen auf den Feldern und in den Straßen, wir kämpfen in den Bergen: Wir werden uns niemals ergeben.«

In derselben Woche erlebte Jean-Louis Besson in Vitre, einer Kleinstadt in der Bretagne, den Zusammenbruch Frankreichs. In *October 45: Childhood Memories of the War* schrieb er: »Jeden Tag kommen Autos auf dem Weg von Paris oder aus dem Osten Frankreichs durch die Stadt. Auf ihren Dächern sind Matratzen, Tische und Stühle festgebunden, drinnen drängen sich ganze Familien. Die Deutschen sind in Frankreich eingefallen. Die Maginot-Linie hat sie nicht abgehalten; sie haben sie über Belgien umgangen ... Die Flüchtlinge glauben, daß sie wohl nicht bis in die Bretagne kommen.«

Die englischen Soldaten verließen im Gefolge der Flüchtlinge die Stadt. Sie marschierten zur Küste, von wo aus Schiffe sie zur Neugruppierung nach Hause brachten. »Es sind zu viele Deutsche, um gegen sie zu kämpfen«, folgerte der Junge. Zur Überraschung aller trafen die Deutschen schon bald darauf ein. Jean-Louis sah seinen Onkel weinen, als die Invasionstruppen in perfekter Formation auf Motorrädern und in Lastwagen an seinem Laden vorbeizogen.

Am nächsten Tag hatte ihr Vermieter, ein Arzt, zwei Besucher:

Französisches Flüchtlingsmädchen mit einer Puppe

Deutsche Offiziere baten um die Erlaubnis, in seinem Haus zu wohnen – im Gästezimmer, da sie niemanden stören wollten. »Sie sprechen sehr gut französisch«, notierte der Junge. »Der Arzt sagt, für Feinde sind sie ziemlich anständig ... Alle sind der Meinung, daß die deutschen Soldaten sehr diszipliniert sind.«

Zwei Wochen später kehrte Jean-Louis' Vater ohne Socken und mit Löchern in den Schuhen heim. Für den einstmals so stolzen Artillerieoffizier war der Krieg vorbei. »Wir sind so glücklich, daß Papa wieder bei uns ist«, schrieb sein Sohn. Am 22. Juni 1940 unterzeichnete Frankreich einen Waffenstillstandsvertrag mit Deutschland. Die Bürger von »Strasbourg«, wo mein Cousin Eddy wohnte, änderten den Namen ihrer Stadt zu »Straßburg«, wie sie es schon einmal im neunzehnten Jahrhundert nach Bismarcks Sieg über Frankreich getan hatten. Sie übernahmen die französische Schreibweise wieder, nachdem der Krieg im Mai 1945 mit dem Sieg der Alliierten zu Ende gegangen war.

Selbst nachdem die Franzosen um einen Waffenstillstand ersucht hatten, bekräftigte Churchill die Entschlossenheit der Briten, den Krieg fortzusetzen. In einer feurigen Rede im Parlament rief er seine Landsleute auf: »Stehen wir daher entschlossen zu unserer Pflicht und handeln, so daß man einst, wenn das Empire und sein Commonwealth tausend Jahre überdauert haben, von uns sagen wird: ›Dies war ihre größte Stunde.‹« Am 10. Juli, nur wenige Wochen später, erfolgten die ersten schweren Bombenangriffe auf britische und walisische Häfen. Dies war der Beginn der Luftschlacht um England. Ende August fielen die ersten deutschen Bomben auf die Londoner Innenstadt. Die britische Luftwaffe reagierte, indem sie Berlin bombardierte.

Regina Schwenke war fünf Jahre alt, als ein britisches Bombergeschwader den ersten Angriff auf die deutsche Hauptstadt flog. In ihren Kindheitserinnerungen mit dem Titel *Und es wird immer wieder Tag* beschreibt sie die erste Nacht im Luftschutzraum, der sich im Keller ihres Mehrfamilienhauses befand.[11] Darin war es kalt und feucht, es gab nur einige kaputte Einrichtungsgegenstände – alte Bänke, Tische, Betten und Matratzen. Alle Kinder hatten eine Tasche mit Spielen, Bilderbüchern, Malstiften und Papier dabei, um sich die Zeit zu vertreiben. Jemand brachte Thermosflaschen mit Tee und Kaffee mit. Die Menschen fühlten sich sicher und geschützt, bis die ersten Bomben das Haus erbeben ließen und einige Frauen und Kinder in Tränen ausbrachen.

Während einer Unterbrechung des Bombardements rief der Luftschutzwart Reginas Mutter nach draußen und bat sie, die verstümmelte Leiche eines Mannes zu identifizieren. Er hatte versucht, eine Brandbombe wegzuschaffen, die auf dem Dach ihres Mietshauses gelandet war. Die Bombe war in seiner Hand explodiert, jede Hilfe kam zu spät. Unterdessen schliefen die Kinder im Keller. Als sie am nächsten Morgen erwachten, unternahmen sie mit ihrer Tante eine Tour, um Granatsplitter von Flugabwehrkanonen und Bruchstücke der Bombe zu suchen – ein »Hobby«, dem wir Kriegskinder in den kommenden Jahren alle nachgingen.

Wie Briefmarkensammler machten wir nach jedem Luftangriff Jagd auf die größten und exotischsten Metallstücke, untersuchten sorgfältig Form, Gewicht und gezackte Kanten. Als unsere Sammlungen wuchsen, tauschten wir mit anderen Kindern, wenn wir Teile doppelt hatten oder ein besonders ungewöhnliches Exemplar haben wollten. Mit zunehmender Fachkenntnis, die wir mit jedem neuen Luftangriff vertieften, konnten wir bald auf den ersten Blick erkennen, ob die Trümmer deutscher, französischer, britischer oder amerikanischer Herkunft waren. Später fand ich heraus, daß britische Kinder diesem »Hobby« mit gleicher Findigkeit nachgingen. Auch sie bekamen ausreichend Gelegenheit dazu.

Am 1. September 1940 wurde es ernst mit dem Blitzkrieg. An jenem Tag schrieb Jill, ein kleines englisches Mädchen, das ein Klosterinternat in Hampshire besuchte, an seine Eltern: »Liebe Mummy, lieber Daddy, am Donnerstag war es hier aufregend. In der Nacht gab es nämlich einen Luftalarm. Es war komisch, die Lehrerinnen trugen Morgenmäntel, die Nonnen waren nicht richtig angezogen... Wir saßen beinahe eine Stunde unten im Bunker. Wir spielten und sind beinahe eingeschlafen. Den Rosenkranz haben wir auch gebetet. Am nächsten Tag waren wir so müde, daß wir uns ausruhen mußten. Fast die ganze Schule hat sich schlafen gelegt.«[12]

Am späten Nachmittag des 7. September, einem Samstag, begann der erste große Luftangriff auf London. Die immer neuen Angriffswellen deutscher Bomber dauerten bis zum Sonntagmorgen. Am folgenden Abend erfolgte ein neuerlicher Angriff, der über Nacht weiterging. Die Innenstadt wurde schwer beschädigt. Die Angriffe wurden während der ganzen Woche fortgesetzt, Nacht für Nacht. Am Sonntag, dem 15. September, beschloß die Luftwaffe, einen Angriff bei Tageslicht zu fliegen, doch die meisten deutschen Flugzeuge wurden aufgespürt; sechsundfünfzig wurden abgeschossen, bevor sie ihre Bombenlast abwerfen konnten. Dies war der Wendepunkt im Luftkrieg.

Drei Tage später berichtete das Oberkommando der Wehrmacht in Berlin, britische Flugzeuge hätten zivile Ziele im Norden und Westen Deutschlands angegriffen. Deutsche Zeitungen versicherten ihren Lesern: »Die Vergeltungsflüge gegen London werden mit steigender Heftigkeit fortgesetzt.«

London erlitt siebenundfünfzig Nächte in Folge, bis zum 3. November 1940, schwere Bombardierungen, an denen durchschnittlich 200 deutsche Bomber pro Tag beteiligt waren. Viele andere britische Städte, vor allem Coventry, wurden stark zerstört. Doch die britische Moral hielt stand. Das gleiche galt auch für die Deutschen, als sie in den kommenden Jahren Ziel der britischen und amerikanischen Flächenbombardements wurden.

Alice Brady, eine amerikanische Sozialarbeiterin, zeichnete in ihrem Tagebuch *Children Under Fire* ein Gespräch zwischen ihrem Neffen und ihrer Nichte auf, das sie in einer Nacht Anfang November während eines besonders heftigen Angriffs auf London mit angehört hatte. Eine Bombe schlug ganz in der Nähe ein und erschütterte das Haus in den Grundfesten. Darauf sagte der elfjährige Terence zu seiner jüngeren Schwester: »Hat sich angehört, als sei sie in den Garten gefallen. Sieh mal nach, ob was passiert ist.« Seine Schwester gab verächtlich zurück: »Wenn es dich interessiert, geh selber hin. Ich bin doch nicht Hitlers Dienstmädchen.«[13]

In derselben Woche wollten Helfer in London gerade die Arbeiten an einem zerbombten Haus in ihrer Nachbarschaft einstellen, weil sie glaubten, niemand könne mehr am Leben sein, als plötzlich eine dünne, zitternde Stimme »God Save the King« sang. Sie fingen zu graben an und retteten einen Fünfjährigen. Auf dem Weg ins Krankenhaus fragte ihn ein Mitglied des Hilfstrupps: »Warum hast du ›God Save the King‹ gesungen?« Der kleine Junge erklärte daraufhin: »Mein Vater war Bergarbeiter und hat erzählt, daß die Leute im Bergwerk klopfen und singen, wenn sie verschüttet werden. Ich war so eingequetscht, daß ich nicht klopfen konnte, und bin gerade erst in die Schule gekommen, und ›God Save the King‹ war das einzige Lied, das ich kannte.«[14]

Während des Blitzkriegs gab es in London nur einen wirklich sicheren Ort: tief unter den Straßen in den Tunneln des U-Bahn-Netzes. Familien schleppten Feldbetten und Decken auf die Bahnsteige und verbrachten dort die ganze Nacht, bis am Morgen die ersten Züge vorbeirumpelten. Es war unbequem, aber sicher, und die Kinder vertrieben sich die Zeit mit Liedern und Geschichten.

Manchmal blieb nicht genügend Zeit, um die unterirdischen Bunker aufzusuchen. Die sechzehnjährige Josephine Kenney war das siebte von elf Kindern einer irisch-englischen katholischen Familie, die während des Blitzkriegs im Londoner Vorort Cricklewood lebte. Sie schrieb:

Junge in der Londoner U-Bahn während eines Luftangriffs

> Nachts liege ich im Bett und lausche auf die Sirenen. Wir sind schon so weit, daß wir uns, statt aufzustehen und in den Bunker zu laufen, nur Watte in die Ohren stecken, die Decken über den Kopf ziehen und beten, daß die nächste Bombe nicht für uns bestimmt ist. Es mag fatalistisch klingen, aber so ist mein Leben. Wir müssen stets Gasmasken und Helme bei uns tragen, um uns bei unerwarteten Angriffen vor Vergiftungen und Trümmern zu schützen. Ich frage mich oft, was für ein Leben das für eine Jugendliche ist, aber ich kann nur daran denken, wie mich das hier auf Dauer beeinflussen wird, falls ich es überleben sollte.[15]

Kinder auf dem Land außerhalb Londons erinnern sich ebenso gut an die Bombenangriffe. Dinah Towns, die ungefähr fünfzig Kilometer von der Hauptstadt entfernt lebte, sah zu, wenn die Stadt bombardiert wurde, und zählte die Suchscheinwerfer und Sperrballons, die verhindern sollten, daß die Flugzeuge London erreichten. Sie erinnerte sich, wie die Maschinen an einem Samstagnachmittag nach Coventry flogen: »Sie flogen in Formation, genau über unser Haus hinweg«, sagte sie, »und zwar ziemlich tief, weil sie so schwer mit Bomben beladen waren. Auf dem Rückweg konnten wir erkennen, daß einige abgeschossen worden waren, denn sie flogen nicht mehr in Formation.«

Einige der für London oder Coventry bestimmten Bomben explodierten in Dinahs Nachbarschaft:

> Die Sirenen gingen los, und wir rannten in den Gartenbunker. Er war mit Erde bedeckt, an jeder Seite gab es eine Bank, und drinnen stand immer Wasser. Man platschte mit den Füßen hindurch. Oma und Opa lebten gegenüber. Manchmal wachten wir von den Sirenen nicht auf, dann kamen sie zu uns und hämmerten an die Tür: »Ab in den Bunker!« Dann sprangen wir mitten in der Nacht auf und liefen hin. Wir warteten auf die Entwarnung – ein gleichmäßiger Ton, wogegen der Alarm auf- und abschwoll –, rannten hinaus und sammelten die Granatsplitter auf.

Mitte November hörten die Bombardierungen unvermittelt auf. Die Deutschen hatten so viele Flugzeuge über England verloren, daß sich ihre Luftwaffe von den Verlusten, die sie im Sommer und Herbst über Großbritannien erlitten hatte, nie ganz erholte. Weihnachten verkündete das deutsche Oberkommando: »Die deutsche Luftwaffe hat am 25. Dezember keine Angriffshandlungen unternommen. Auch der Feind griff deutsches Reichsgebiet nicht an.«

In London sangen Alice Brady und ihr Neffe am Heiligen Abend Weihnachtslieder. Sie schrieb in ihr Tagebuch:

> Wir verbrachten eine ruhige Nacht, die erste seit langer Zeit. Am Weihnachtsmorgen radelten wir zur Chapel Royal H. C., wo der Knabenchor, der einzige in London und Umgebung, den man nicht evakuiert hatte, wunderschön »Unto Us a Son is Born« sang… Dann gingen wir ins Krankenhaus, um unserer Familie die Geschenke zu bringen… Die Ärzte und Schwestern haben sich großartig verhalten, sie mußten ihre normalen Patienten versorgen und sich auch noch Nacht für Nacht um die Notfälle kümmern. Doch diesmal war es wirklich eine »stille und heilige Nacht« ohne feindliche Angriffe. In Kirchenbunkern wurden viele zusätzliche Messen gelesen… Alle schienen sich wohl zu fühlen und begrüßten aus tiefstem Herzen die vorübergehende Aussetzung der Feindseligkeiten.

Im besetzten Paris sang Jean-Louis Besson bei der Christmette im Kinderchor und trug bei dieser festlichen Gelegenheit ein weißes Chorhemd und eine rote Soutane. Seine Familie war von ihrem Zufluchtsort in der Bretagne zurückgekehrt und lebte nach der Unterzeichnung des Waffenstillstands wieder in ihrer Wohnung nahe der Kirche Saint Jean-Baptiste-de-Belleville.

In Berlin verbrachte Regina Schwenke ein stilles Weihnachtsfest mit ihrer Familie und einigen Nachbarn. Ihr Vater war von Polen nach Frankreich abkommandiert worden und hatte einige Kostbarkeiten geschickt: Kekse, Pralinen, Bonbons, Zigaretten (zum Tauschen), Kaffee und Kakao. Regina bekam auch ein Kleid für ihre geliebte Puppe Malwine.

Am Silvesterabend meldeten deutsche Zeitungen den Sonderbefehl des Führers an seine Truppen: »Das Jahr 1941 wird die Vollendung des größten Sieges unserer Geschichte bringen!« Doch es kam anders.

2
Begegnung mit dem Feind

Im Frühjahr 1941 befand sich Westeuropa seit nahezu einem Jahr unter deutscher Besatzung. Die Luftwaffe flog noch Einzeleinsätze über Großbritannien, und die Royal Air Force antwortete mit der Bombardierung von Industriestädten im Norden und Westen Deutschlands. Bei einem Luftangriff auf den Marinestützpunkt Lowestoft am 21. April 1941 geriet der dreijährige Michael Foreman zum erstenmal in Kontakt mit einer Brandbombe. Er erinnert sich in *War Boy*:

> Ich wachte auf, als die Bombe durchs Dach fiel. Sie fiel schräg, verpaßte nur knapp mein Bett, prallte auf das Bett meiner Mutter, von dort aus gegen den Spiegel, fiel auf das Kamingitter und explodierte im Schornstein... Es war eine Brandbombe. Mein Bruder Ivan tauchte im Schlafanzug auf, den Stahlhelm der Home Guard auf dem Kopf. Er war bei der Home Guard und hatte dafür gesorgt, daß alle unsere Zimmer mit Sandsäcken versehen waren. Ivan warf Sand über die Bombe, doch der trockene Sand rutschte wieder herunter. Er warf den Kaminvorleger darüber und sprang auf der Bombe herum, bis mein Bruder Pud mit einem Eimer nassem Sand aus dem Garten hereinkam. Damit haben sie es dann geschafft.[1]

Als die RAF Berlin, Hamburg oder Frankfurt bombardierte, trafen die deutschen Kinder die gleichen Vorkehrungen. Ich war damals zwölf und meldete mich an unserer Schule freiwillig zur Luftschutzwache. Wir wurden Experten im Aufspüren von Brandbomben, die das Dach des Schulgebäudes oder die Decken der Klassenzimmer durchschlagen hatten. Mit Eimern bewaffnet rannten wir los, um die achteckigen Metallstäbe mit Sand zu bedecken, bevor sie explodierten. In größeren Stadtgebieten wie Berlin erhielten Kinder eine kleine Vergütung für ihre Pflichten – fünfzig Pfennig am Tag, eine Mark für Nächte, in denen sie die Umgebung der Schule prüften und Schäden verhinderten oder meldeten.

Die deutsche Luftwaffe hatte bei der Luftschlacht um England Verluste erlitten, die sich in den kommenden Jahren nicht ersetzen ließen. Und sie hatten noch eine andere, unerwartete Auswirkung. Die Flieger, die den Abschuß überlebt hatten, waren die ersten deutschen Soldaten, die englische Kinder zu Gesicht bekamen. Zu ihrem Erstaunen stellten sie fest, daß der Feind ein menschliches Antlitz trug. Robin, damals sieben Jahre alt, erinnerte sich in *A Child's War*: »Meine Begegnung mit den Kriegsgefangenen war eine interessante Erfahrung. Ich entdeckte, daß Menschen, die ich gefürchtet und gehaßt hatte – die zu fürchten und hassen man mich gelehrt hatte – genau so waren wie wir und nicht die grauenhaften, furchterregenden Feinde, von denen geredet wurde. Damals lernte ich zum erstenmal, andere Menschen zu verstehen und den ersten Eindruck nicht als vollständig, endgültig und unwiderruflich zu empfinden.«[2]

Keith Barton, einer meiner Kollegen an der University of California, war erst drei Jahre alt, als drei deutsche Kriegsgefangene bei ihm und seiner Mutter in deren winzigem Häuschen am Stadtrand von London einquartiert wurden: »In meinen ersten Erinnerungen tauchen diese drei Leute auf, die plötzlich in unserem Haus erschienen. Sie waren sehr freundlich, sprachen aber anders als wir. Sie bastelten Spielzeug für mich, darunter ein Holzauto, und sie sagten ›Guten Morgen‹, wenn sie zur Arbeit in die Kaserne gingen, und ›Gute Nacht‹, wenn sie abends heimkamen.«[3]

Die fünfjährige Dinah Towns, die auf dem Land zwischen London und Oxford aufwuchs, wohnte unmittelbar neben einem Kriegsgefangenenlager: »Meine Oma hatte dort einen Laden, und sie arbeiteten auf den Bauernhöfen und kauften bei ihr Zigaretten. Einer von ihnen – ein deutscher Junge namens Tony – freundete sich mit meinen Eltern an. Nach dem Krieg heiratete er eine Irin, und sein Schwiegervater, der gerade gestorben war, hinterließ ihm den Hof.«[4]

Auch die Kinder im besetzten Europa bekamen die Gelegenheit, dem Feind ins Gesicht zu sehen, allerdings sind ihre Erinnerungen eher zwiespältiger Natur: Viele betrachteten die deutschen Soldaten als fremd und potentiell gefährlich – sie lernten, sie zu ignorieren oder Distanz zu wahren. Christian Søe besuchte die erste Klasse, als deutsche Truppen in seiner Heimatstadt in Ostjütland stationiert wurden. »Aus meinem kindlichen Verständnis heraus betrachtete ich die vielen uniformierten Männer, die Militärlaster, Motorräder und Pferde eher mit Erstaunen als mit Angst«, erinnerte er sich später.[5] Lange Zeit hatten die Kinder keinen unmittelbaren Kontakt zu den Invasoren. Von den Erwachsenen bekam Christian zu hören, er solle immer »nicht verstehen« sagen.

In der Schule lernten Christian und seine Klassenkameraden patriotische Lieder aus Dänemarks stolzer Vergangenheit. Sie wurden ein wichtiger Bestandteil seines jungen Lebens. Sein Lehrer, der ihn in der kleinen ländlichen Schule unterrichtete, erzählte den Kindern voller Leidenschaft von den Taten des tapferen Noels Ebbesen, der im benachbarten Randers einen deutschen Tyrannen getötet hatte. »Das war vor sechshundert Jahren«, erinnerte sich der Junge, »doch wenn man dem Lehrer zuhörte, hätte es ebensogut vor einem Monat geschehen sein können. Er zog keine offenen Parallelen zur Gegenwart, aber ich glaube nicht, daß sie irgend jemandem entgangen sind.«

Dänische Kinder lernten Lieder, die sich gegen die Nazis wandten. Eines von Christians Lieblingsliedern war eine Parodie auf »Lili Marleen«:

Zuerst packen wir uns Goebbels an einem Bein,
Als nächstes hauen wir Göring mit einem Stein,
Dann knüpfen wir Hitler mit der Schlinge auf,
Gleich neben Herrn von Ribbentrop,
Dem dicken Nazischwein, dem dicken Nazischwein.

Doch als der Junge ein halbes Dutzend älterer und zum Teil verletzter deutscher Soldaten kennenlernte, verloren sie Fremdheit und Schrecken. Sie waren in der kleinen Missionshalle von Christians Heimatstadt stationiert und wurden von einem Offizier angeführt, der sich aufgrund seiner höflichen Umgangsformen Respekt erworben hatte. Bald nach ihrer Ankunft wurde Christians Mutter, die Witwe eines Pfarrers, gebeten, ihnen gelegentlich als Dolmetscherin zu dienen. Danach kamen manchmal zwei oder drei deutsche Soldaten zu ihnen nach Hause, um mit »Mutter Søe« zu sprechen, Gesellschaftsspiele mit ihnen zu spielen und im Radio die Abendnachrichten der BBC zu hören, weil sie der Londoner Informationsquelle mehr trauten als der Berliner.

»Wir Kinder lernten bald, ihr Deutsch in Grundzügen zu verstehen«, erinnerte sich der Junge.

> Sie sprachen über ihre Familien und zeigten kleine Fotos von zu Hause. Werner aus Hannover und ein oder zwei andere wurden uns so vertraut, daß wir sie als erwachsene Freunde betrachteten... Wir wußten alle, daß Leute auf einigen benachbarten Bauernhöfen einem deutschen Deserteur halfen, der aufs Land geflohen war. Sie stellten ihm Essen in die Scheunen... Schließlich erfuhren wir, daß man ihn gefaßt und nach Aarhus gebracht hatte, wo er standrechtlich erschossen wurde.

Die sechsjährige Jytte Christensen lebte in Nyborg, nur wenige Kilometer östlich von Odense, und hat ähnliche Erinnerungen an die Besetzung Dänemarks: »Wir sahen, wie die deutschen Soldaten singend durch die Stadt marschierten, aber sie machten uns keinerlei Schwierigkeiten. Die einfachen Soldaten taten niemandem etwas zuleide. Vermutlich wären sie lieber zu Hause geblieben, als in den Krieg zu ziehen.«[6]

Ihre schlimmste Erinnerung an den Krieg war der Anblick eines jungen Mannes, der von einer Handgranate getroffen worden war. Ein deutscher Soldat hatte sie in Panik nach ihm geworfen, der junge Mann hatte in der Nähe einer Eisenbahnbrücke herumgelungert. »Er lag tot vor unserem Fenster, mit Blut bedeckt. Meine Mutter breitete eine Decke über ihn.«

Im besetzten Holland mußten die Schulkinder Deutsch lernen, die Lesebücher enthielten nun politische Texte. Holländische Kinder erfuhren jetzt mehr über Deutschland, dessen Macht und vor allem die Tatsache, daß die Deutschen die Welt retten wollten – zur großen Mißbilligung von Lehrern und Eltern. Lucien Hut, der in Rotterdam die Grundschule besuchte, erinnerte sich daran, daß die meisten Lehrer unter strenger Aufsicht deutscher Verwalter arbeiteten, die ihre Tätigkeit im Klassenzimmer überwachten. Wichen sie von den Richtlinien ab, verloren sie ihre Stelle oder wurden zur Besserung in Arbeitslager geschickt.

1941 waren die Schultage der holländischen Kinder ständigen Unterbrechungen ausgesetzt. Täglich gab es Luftalarm: Britische Flugzeuge flogen auf dem Weg nach Deutschland regelmäßig über Rotterdam und bombardierten gelegentlich auch besetzte Gebiete, um militärische Ziele zu zerstören.

Doch Lucien erlebte auch, daß Besatzer und Besetzte einander freundlich und human begegneten. Luciens Mutter war eine entschiedene Gegnerin der Nazis und bereitete ihnen gern Schwierigkeiten, während sie andererseits anerkannte, daß viele deutsche Soldaten Opfer von Umständen geworden waren, die sich ihrer Kontrolle entzogen. Einmal fragte ein einzelner deutscher Soldat in der Straßenbahn sie nach einer öffentlichen Toilette. »Ja«, sagte er auf deutsch, »ich muß wirklich auf die Toilette.« Luciens Mutter schickte ihn zu einem bekannten Bordell. Der Soldat sagte freundlich »Danke schön« und marschierte in Richtung Freudenhaus!

Der Junge erfuhr aber auch, daß seine Mutter ein weiches Herz hatte, wenn es um einsame Soldaten ging, die an Heimweh litten. Ein Nachbar, Lieferant für deutsche Boote, machte sie mit zwei jungen Matrosen namens Willi und Hans bekannt. Sie brachten Luciens Familie Lebensmittel, wurden gelegentlich zum Essen eingeladen und freundeten sich mit dem Jungen an. Lucien sagte: »Im Rückblick finde ich diesen Wesenszug meiner Mutter ausgesprochen gut. Sie begriff, daß manche Deutschen Barbaren waren, man aber nicht jeden einzelnen Deutschen so bezeichnen konnte. Sie war eine richtige Dame.«[7]

Der vierzehnjährige Jan, der in Amsterdam lebte, war weniger versöhnlich. Er und vier seiner besten Schulfreunde – Piet, Charlotte, Hendrik und Jos – gründeten eine Geheimgesellschaft, die SS5, mit dem Ziel, den Nazis das Leben so schwer wie möglich zu machen. Eine ihrer ersten Widerstandshandlungen erfolgte, nachdem ein deutscher Offizier in ihr Klassenzimmer gekommen war und in einem Wutanfall das Bild von Königin Wilhelmina, das einen Ehrenplatz an der Wand einnahm, aus dem Rahmen gerissen hatte.

Am nächsten Tag prangten zwei große Wörter quer über dem

leeren Rahmen: VORÜBERGEHEND VERREIST – dies war das Werk von Charlotte, des einzigen Mädchens der SS5.

Charlotte spürte auch das Hotel auf, in dem der Offizier wohnte. Sie behielt seinen Wagen im Auge, dekorierte ihn eines Nachts mit einem großen, orangefarbenen W und kippte den Rest der Farbe auf den Rücksitz.

Zwei Wochen darauf errang die SS5 einen weiteren Sieg. Sie hatte an Freunde und Nachbarn weiße Nelken verteilt, die mit zerbrochenen Rasierklingen gespickt waren. Diese wurden am Geburtstag von Prinz Bernhard, dem Prinzgemahl, im Knopfloch getragen. Jan vermerkte in seinem Tagebuch, das in *Children of the Resistance* veröffentlicht wurde, was an jenem Tag geschah: »Überall sind Menschen mit weißen Nelken im Knopfloch. Wir grüßen einander fröhlich, als sei es unser eigener Geburtstag. Die Nazis sind wütend. Zu unserer Freude haben sie einen Befehl ausgegeben: Alle Nelken aus den Knopflöchern oder von den Kleidern reißen. Wir leisteten keinen Widerstand, und ihre Finger bluteten, die Straßen waren befleckt vom Blut der fluchenden und verfluchten Nazis. Ein bemerkenswerter Sieg für die SS5.«[8]

In diesem Jahr verschärften sich die Sabotageakte der SS5 noch. Jan berichtete in seinem Tagebuch:

> Unsere Künstler Jos und Charlotte genießen die dunklen Nächte. Sie haben sich darauf spezialisiert, Straßenschilder zu fälschen. Andere Jugendliche machen das gleiche, und viele Nazis werden aus den Kanälen gefischt. Wir hoffen, die Aale haben auch ihre Freude daran. Hendriks liebster Zeitvertreib ist das Kappen von Telefonleitungen. Er ist ein richtiger Fachmann geworden und hat sich besonders gefreut, als er eines Nachts das halbe Telefonnetz von Amsterdam lahmgelegt hat. Der kleine Jos konzentriert sich auf Brandstiftung. Piet und ich haben unsere Lkw-Prüfung bei Farmer Smit (einem Mitglied der Widerstandsbewegung) bestanden.

Der von den Jungen gesteuerte Lastwagen lieferte Rüben aus, daneben jedoch auch Pakete, die sie von ihrem Lehrer erhalten hatten und die an bestimmten Punkten an den Bahnschienen befestigt wurden. Auf der Rückfahrt hörten die Jungen eines Nachts eine gewaltige Explosion. Am nächsten Morgen erfuhren sie, daß ein deutscher Munitionszug auf dem Weg nach Belgien entgleist und dabei zerstört worden war.

Jans Tagebuch endet mit einer Warnung: »Bisher hatten wir Glück, doch wir müssen größere Vorsicht walten lassen. Hendrik ist knapp entkommen. Er bot an, eine Handpresse zu reparieren, auf der patriotische Flugblätter gedruckt wurden. Jos, der Wache stand, reagierte geistesgegenwärtig, sonst hätte man sechs Leute gefaßt... Bei der geringsten Provokation werden Geiseln genommen. Wir müssen besonders vorsichtig sein.«

Wenige Tage später wurden Piet und Jan von der Gestapo verhaftet, gefoltert und vor ein Militärgericht gebracht. Selbst die Nazis schreckten davor zurück, Jugendliche unter sechzehn hinzurichten. Sie wurden zu vier Jahren Gefängnis verurteilt. Aus der SS5 war nun die SS3 geworden, doch Charlotte, Hendrik und Jos setzten ihre Sabotageakte fort, bis die Alliierten dreieinhalb Jahre später Amsterdam einnahmen und alle politischen Gefangenen befreit wurden.

Die dreizehnjährige Willemien van de Zand vergaß nie ihre Begegnung mit einem Waggon voll holländischer Juden. Sie wartete auf einen Zug, mit dem sie von dem Dorf, in dem ihre Verwandten wohnten, in ihre Heimatstadt Nijmegen fahren wollte. Sie war viel zu früh am Bahnhof und setzte sich in den leeren Zug, der bereits dort wartete. Plötzlich bemerkte sie deutsche Soldaten, die alle Leute vom Bahnsteig verscheuchten. Ein Güterzug fuhr ihr gegenüber auf dem Nebengleis ein. Auf einmal entdeckte sie Hände, die aus den kleinen Fenstern an der Oberseite der Waggons ragten. Ein Bahnangestellter wollte den Menschen hinter den Fenstern etwas zu trinken geben, wurde aber von einem deutschen Soldaten mit dem Gewehrkolben vertrieben.

Das Mädchen machte sich so klein wie möglich, offensichtlich war das alles nicht für ihre Augen bestimmt. Dann traf eine Gruppe von ungefähr fünfundzwanzig Juden ein, die kleine Koffer bei sich trugen. Sie sah einige Jungen in ihrem Alter. Sie wurden auf dem gegenüberliegenden Gleis bis ans Ende des Zuges gebracht. Plötzlich fuhr der Zug an. »Ich war wie erstarrt vor Angst«, erinnerte sie sich. »Ich wußte, was geschah ... Ich konnte abends zu Hause nicht darüber sprechen. Im Bett weinte ich mir die Augen aus und konnte endlich meiner Schwester davon erzählen. Danach fühlte ich mich etwas besser, doch ich denke oft an jenen Augenblick zurück und sehe ihn deutlich vor mir wie in einem Film, aber in Zeitlupe.«[9]

Lucien Hut hatte ein ähnliches Erlebnis in der Nähe einer jüdischen Konditorei in Rotterdam. Es geschah an einem Sonntagmorgen, er war damals zwölf Jahre alt. Er beobachtete, wie ein deutscher Soldat mit dem Kolben seines Gewehrs die verschlossene Tür des Ladens einschlug. Nach wenigen Minuten tauchte er mit dem jüngsten Sohn der Familie auf, hob ihn an Arm und Fuß hoch und warf ihn in einen wartenden Lkw. Die beiden nächsten Kinder folgten. »Ich hörte die Eltern schreien«, erinnerte sich der Junge, »und sah, wie sie mit den Händen die Köpfe umklammerten. Die Deutschen schoben auch sie in den Lkw, danach haben wir sie nie wieder gesehen.«

Ola Austbo war elf Jahre alt, als er von der Judenverfolgung in seiner Heimat Norwegen erfuhr. Das Vorbild seines Onkels, eines Führers der Widerstandsbewegung, und seiner Lehrer, die sich weigerten, im Klassenzimmer die Nazi-Ideologie zu verbreiten, hinterließ einen tiefen Eindruck bei ihm. In der Nähe seiner Heimatstadt Bom Mel Oy war ein großer deutscher Flottenverband stationiert, um den Schiffsverkehr an der Westküste Norwegens zu überwachen. Tagein, tagaus beobachteten Ola und andere loyale Einwohner die deutschen Schiffe und meldeten deren Bewegungen an die Untergrundbewegung.

Abends hörte er heimlich die verbotenen Nachrichtensendungen aus England, die verschlüsselte Botschaften für den Widerstand enthielten. Eine der wichtigsten Untergrundaktivitäten bestand darin, politische Flüchtlinge, darunter auch Juden, von Norwegen nach Schottland, England und auf die Shetland-Inseln zu bringen. Ola erinnerte sich an die Fischerboote, die in stillen, mondhellen Nächten lautlos in die Fjorde hinausglitten. Sie lieferten Munition und andere Kriegsgüter, die für verschiedene Landesteile vorgesehen waren, und nahmen danach ihre kostbare menschliche Fracht an Bord.

Flüchtlingskinder verstecken sich in einer Scheune

Oft wurde der Junge bei Tagesanbruch von deutschen Soldaten geweckt, die Olas Haus nach illegalen Personen durchsuchten. Zum Glück wurden die vielen »Gäste«, die in der Nacht verschwanden, nie gefaßt. Wenn er seine Eltern fragte, wer diese Leute seien, lautete die Antwort: »Sie sind nur auf der Durchreise.«[10] Dank der Bemühungen der örtlichen Untergrundbewegung wurden über dreitausend Menschen über die Nordsee in einen sicheren Hafen gebracht. Olas Onkel hatte weniger Glück. Er wurde verhaftet, ins Gefängnis gebracht und gefoltert. Später wurden weitere Leute aus Olas Dorf festgenommen und in Konzentrationslager gebracht. Viele kehrten nie zurück.

Am 22. Juni 1941, ein Jahr nach der Kapitulation Frankreichs, überschritten deutsche Truppen den Njemen und drangen rasch nach Rußland vor. Unter den Infanteriesoldaten waren mein Bruder und zwei meiner Onkel. Wir sahen sie niemals wieder. Letztlich würde die Deutschen das gleiche Schicksal ereilen wie Napoleon und seine Truppen, die auf dem Weg nach Moskau denselben Fluß am gleichen Tag des Jahres 1812 überquert hatten – Niederlage und Rückzug im Schnee.

Die zehnjährige Lucia K., die am Stadtrand von Berlin lebte, hörte die Nachricht von der Invasion im Radio. Ihr Vater sagte schlicht: »Das ist das Ende.« Doch niemand schenkte dieser düsteren Prophezeiung Glauben, denn während des Sommers und Herbstes schien der Vormarsch der deutschen Truppen unaufhaltsam. Innerhalb weniger Tage wurden ganze Armeen eingeschlossen und Hunderte sowjetischer Flugzeuge auf den Flugplätzen zerstört. Zehntausende russischer Kriegsgefangener kamen nach Deutschland.

Im August wurde Leningrad (heute St. Petersburg) vom Rest des Landes abgeschnitten. Die Bevölkerung erlebte eine 900 Tage dauernde Belagerung. Am 2. Oktober begannen deutsche Truppen ihre Offensive, ihr Ziel war die Einnahme Moskaus. Zweieinhalb Wochen später, am 19. Oktober, wurde in der Sowjethauptstadt der Belagerungszustand ausgerufen. Am 28. November standen deutsche Panzer zwanzig Kilometer vor Moskau.

In meiner hessischen Heimatstadt wurden die Kinder in der Mittelschule angewiesen, alle guten Dinge zu streichen, die in ihrem Realienbuch über Rußland verzeichnet waren – Bücher, die man zwei Jahre zuvor gedruckt hatte, als die Sowjetunion und Deutschland einen Nichtangriffspakt geschlossen hatten. Wegen des akuten Papiermangels konnten keine neuen Bücher gedruckt werden, so daß die Schüler sie selbst zensierten. Eine eindrucksvolle Geschichtslektion!

Juri Kirschin war neun Jahre alt, als die Wehrmacht in die Sowjetunion einmarschierte. In *No Longer Silent* blickt er zurück auf die Ereignisse, die sich 1941 in seiner Heimatstadt Unecha in der Region Brjansk abspielten. Der deutsche Angriff überraschte seine Gemeinde nicht sonderlich. Die Schulkinder hatten sich bereits auf den Krieg vorbereitet. Sie lernten schießen, wie man die Wunden der Soldaten notdürftig behandelte, wie man sich bei Luftangriffen verhielt und mit Gasmasken umging. Mit seinen neun Jahren bestand Juri die erforderlichen Prüfungen und trug danach stolz das »Abzeichen für Schutz vor Luft- und chemischen Angriffen«.

Juri befand sich in einem Lager der Jungen Pioniere, ungefähr fünfzehn Kilometer von seiner Heimatstadt entfernt, als die Deutschen in Rußland einfielen. Sein Vater, ein Offizier im Ruhestand, meldete sich sofort freiwillig zum Kampfeinsatz. Bevor er an die Front ging, verabschiedete er sich von seinem Sohn. Ihre letzte Begegnung war für alle schwer. »Ich weinte«, erinnerte sich Juri, »und zum erstenmal sah ich auch Tränen in den Augen meines Vaters.«[11]

Juris Mutter blieb mit ihren drei Söhnen – sie waren neun und sechs Jahre und zwei Monate alt – in Unecha. Im August 1941 besetzten deutsche Truppen die Stadt. Kurz darauf wurde allen Juden untersagt, die Stadt zu verlassen, und sie mußten sechszackige Sterne aus weißem Stoff tragen. Niemand durfte mit ihnen sprechen. Später wurden alle Juden verhaftet und auf einer nahegelegenen Geflügelfarm interniert, die man in ein Gefängnis umgewandelt hatte.

Während der deutschen Besatzung (die ein Jahr dauerte, dann wurde die Stadt von der Roten Armee befreit), gab es nur wenig Nahrungsmittel und Kleidung für die Zivilbevölkerung. Wer das Glück hatte, noch ein brauchbares Kleidungsstück zu besitzen, tauschte es bei den Bauern gegen Kartoffeln und Mehl. Wann immer er konnte, ging Juri fischen, um den kargen Speiseplan zu bereichern. Dennoch hatte er ständig Hunger.

Juris Heimatstadt war ein bedeutender Knotenpunkt an der Bahnstrecke, die Moskau mit Golan verband. Während der ersten Kriegsmonate bombardierten deutsche Flugzeuge die Stadt. Nachdem die Deutschen in Unecha einmarschiert waren, flogen nunmehr sowjetische Piloten Angriffe auf die Stadt. Juri beobachtete auch einen Zwischenfall, bei dem ein Deutscher einen Lastwagen voller russischer Soldaten anzündete – nur hundert Meter von ihm entfernt! Drei Männer verbrannten. Der Junge half dabei, ihre Leichen zu begraben – diesen Anblick vergaß er nie. Dennoch war er Kind genug, um Gefallen an Kriegsspielen zu finden. »Jeden Tag«, erinnert er sich, »stritten wir leidenschaftlich darüber, wer Sowjet sein sollte und wer – Deutscher.« Niemand wollte freiwillig die Rolle der Deutschen übernehmen.

N. P. Dowbenko war nur wenige Monate älter als Juri, als er vom deutschen Einmarsch erfuhr. Er lebte im Dorf Golubichi in der Region Tschernigow und besuchte die dritte Klasse, als der Krieg in sein Leben hereinbrach. Innerhalb weniger Tage waren alle Männer seines Dorfes an die Front gegangen. Die alten Leute, Frauen und Jugendlichen mußten die Ernte von den Feldern des Kollektivs allein einbringen. Doch es gelang ihnen nicht, das Korn zu dreschen, bevor die Deutschen Ende August eintrafen.

Der Vater des Jungen war Mitglied der Kommunistischen Partei und hatte als politischer Ausbilder für die Sowjetarmee gearbeitet. Er wurde sofort an die Front geschickt. Aus Angst vor Repressalien von seiten der heranrückenden Deutschen verbrannte seine Mutter seine zurückgebliebenen Rangabzeichen und die Uniform, sämtliche Ausgaben des *Bolschewik* sowie die Werke von Lenin und Stalin im Küchenherd. Danach brachte sie ihre drei Kinder, die zwischen sechs Monaten und neun Jahren alt waren, zu Großmutter Ulita und trieb Kuh, Ferkel und Geflügel zusammen. Am 30. August beschossen die Deutschen das Dorf mit Mörsern.

Der Beschuß dauerte einen ganzen Tag. Als es dunkel wurde, eröffnete die schwere Artillerie der Sowjets das Feuer auf den Feind. Der Junge und seine Familie flohen in den Bunker und kauerten sich unter einem Federbett und Kopfkissen zusammen. Schließlich schlief der Junge trotz der ohrenbetäubenden Explosionen ein. Als er aufwachte, herrschte Stille, dann hörte er Mutter und Großmutter flüstern. Sie sagten: »Die Deutschen sind im Dorf.« Er erinnerte sich:

> Als die Sonne aufging, verließen wir den Bunker. Daneben, unter dem Apfelbaum ... hatten die Deutschen in der Nacht die Drähte [für ein Feldtelefon] gezogen, ganz lautlos,

> meine Verwandten hatten nichts davon mitbekommen. Kurz darauf sahen wir zum erstenmal einen Deutschen. Er kam die Straße entlang in Richtung Chaussee. Als er zu Onkel Seraphims Haus kam, fragte er dort nach Milch. Er trank, bedankte sich und ging weiter.[12]

Am ersten Tag der Besatzung verbreitete sich das Gerücht, im Dorf werde es zu einer Schlacht kommen. Die Mutter des Jungen bat ihre Nachbarn, sie und die Kinder in eine andere Siedlung zu bringen, in der ihre Schwester lebte. Zwei Kilometer vor deren Haus sahen die Kinder tote deutsche Soldaten, die aufgereiht am Straßenrand lagen. Sie waren einem sowjetischen Luftangriff zum Opfer gefallen, der deutsche Beerdigungstrupp hatte sie in einem Roggenfeld gefunden. Der Junge erinnerte sich:

> Kaum waren wir an diesem ungewöhnlichen Friedhof vorbei, als ... Deutsche unseren Wagen umringten. Sie entdeckten zwei Laibe selbstgebackenes Brot, ein großes Stück Butter und einen Topf Honig ... Sie nahmen alles mit ... Gott sei Dank ließen sie uns aber den Wagen ... Als wir bei Tante Mascha ankamen, verbrachten wir die Nacht ... in einem Bunker, den Onkel Sascha im Gemüsegarten aufgestellt hatte. Wieder hörten wir in der Nacht das Artilleriefeuer.

Nach zwei Tagen in Tante Maschas Haus machte sich die kleine Familie am 3. September zu Fuß auf den Heimweg. Sie brachen früh auf und gingen durch die Felder, wobei sie einen Bogen um die Dörfer machten. Einen Kilometer vor dem Haus, in dem sie vor dem Krieg gewohnt hatten, erlebte der Junge einen Kampf zwischen sowjetischen Kampffliegern und deutscher Flak. Die Kinder und ihre Mutter lagen in einem Kartoffelfeld und beteten, daß die Granatsplitter, die durch die Luft flogen, sie verschonen möchten. »Zum Glück schossen die Deutschen kein einziges Flugzeug ab«, erinnerte er sich. »Als es vorbei war, konnten wir aufstehen und nach Hause gehen.«

Ende September 1941 erfuhr der Junge von einem Augenzeugen, daß sein Vater im Kampf gefallen war. Seine Mutter brachte die

Kinder und ihre gesamten Habseligkeiten zur Großmutter, damit sie sicher und nicht allein waren.

Mitte November besuchte der Junge wieder die Grundschule. Zwei Jahre lang, während der Dauer der deutschen Besatzung, begegnete er dem Feind von Angesicht zu Angesicht. Gelegentlich kamen deutsche Truppen, die militärische Ausrüstung mit sich führten, in sein Dorf, um dort zu übernachten oder eine Ruhepause einzulegen. Manchmal schenkten sie ihm Lutscher oder Kekse; vielleicht dachten sie an ihre eigenen Kinder, die sie unter Umständen nicht wiedersehen würden.

Ljudmila Anopowa, die Tochter des russischen Romanschriftstellers Akindin Kadykow, war zehn Jahre alt, als sie die Belagerung von Leningrad erlebte. »Als erstes versuchten sie, die Kinder zu retten«, erinnerte sie sich. »Sie strickten mir eine kleine Schultertasche. Ich mußte allein, ohne meine Eltern, aufbrechen, zusammen mit einer Gruppe anderer Kinder, die alle die gleichen kleinen Schultertaschen trugen. Wir versammelten uns in einer Fabrik ... und dann kehrten alle nach Hause zurück.«[13]

Die Evakuierung fand nicht statt. Die Stadt war eingekesselt. Die Belagerung hatte begonnen. Nachts wurde das kleine Mädchen alle paar Stunden von Bombenangriffen oder dem Sperrfeuer der Artillerie geweckt. Beim Anziehen schnürte sie rasch ihre Stiefel, packte ihr Bündel und stolperte in der Dunkelheit quer über eine von Granateinschlägen durchlöcherte Straße bis zum Luftschutzbunker der Nachbarn. Im Bunker setzte sie sich sofort auf ihre Bank in der Mitte des Raumes und horchte auf die rumpelnden Geräusche in der Ferne, wo die Bomben fielen. Doch ihre Sorge galt etwas anderem: »Ich fürchte mich nicht vor [den Bomben]. Ich verberge meinen rechten Fuß vor den anderen Leuten. Ich habe gerade gemerkt, daß ich den Stiefel meiner Großmutter trage, den Schnürsenkel habe ich nur durch ein einziges Loch gezogen ... Ich bin so ungeschickt. Er ist mir fünf Nummern zu groß. Sicher, ich war im Halbschlaf, aber das hätte ich doch merken müssen! Was bin ich doch für ein Trottel! Ich kann es nicht ertragen – die Leute werfen alle gleichgültige Blicke in meine Richtung.«

Zum Winteranfang, als alle Vorräte der Stadt verbrannt waren, hielt der Hunger Einzug in Leningrad. Wieder gab es eine Evakuierung – diesmal zogen sich russische Truppen unter schwerem Beschuß von der Frontlinie in die Stadtmitte zurück. Die Deutschen schnitten die Wasserversorgung ab. Nun begann der schlimmste Winter, an den sich Ljudmila erinnern konnte.

Ihre Familie und die Nachbarn trugen Schlitten, Kochtöpfe und Milchkannen aus dem vierten Stock ihres Wohnhauses nach unten. Sie kämpften sich durch die Schneewehen zur Newa und schöpften Wasser aus den Löchern im Eis. Links und rechts von ihnen lagen zurückgelassene Leichen. Manche waren bekleidet, andere in Tücher gehüllt. Schon bald fürchtete sich das kleine Mädchen nicht mehr vor dem Tod.

Ihre Eltern nagelten die Fenster mit Sperrholz zu. Überall war es dunkel. Die einzige Wärmequelle war der eiserne Herd in der Küche, in dessen Nähe sich alle um den Tisch drängten. Ein winziger Docht, eigentlich nur ein gedrehter Stoffetzen, den man in Öl getaucht hatte, spendete schwaches Licht. Die Familie achtete nicht mehr auf die Granaten, die um sie herum einschlugen, flüchtete sich nicht mehr in die Luftschutzbunker. Ljudmila erinnerte sich:

> Ich lese den ganzen Tag. Die Bücher sind wunderbar! Über die junge Prinzessin, die Katharina II. wurde. Ich zeichne Bilder mit kleinen Häusern, Bäumen, Wäldern. Aber ich habe immer Hunger. Essen bekommt man nur gegen Lebensmittelmarken. Wir stehen in einer langen Schlange vor dem Geschäft... Für unsere sechs Rationierungsbücher bekommen wir ein bißchen Hirse, getrocknete Zwiebeln, ab und zu ein Stück gefrorenes Fleisch. Wir stehen stundenlang dort. Wir sind verfroren, aber wir warten und leiden schweigend.

Eines Tages schenkte ihr der Bäckereileiter der Brothandlung, in der ihr Vater arbeitete, die Krümel aus den riesigen Öfen. Die Menge, die sie davon aß, entsprach einem ganzen Laib. Am Abend glaubte sie, sie müsse sterben. Am Morgen war alles vorbei – der Schmerz, aber auch das Gefühl, satt zu sein. Doch noch lange, nachdem sie schließlich aus der belagerten Stadt entkommen war, sollte sie sich an den Duft der Brotkrusten erinnern.

Die sechzehnjährige Ina Konstantinowa führte mit ihren Eltern und einer jüngeren Schwester ein angenehmes Leben in der Nähe der Stadt Kaschin, nordöstlich von Moskau, als sie von dem Angriff auf Rußland hörte. Am 22. Juni 1942 schrieb sie:

> Gestern noch war alles so friedlich, so still, und heute... mein Gott! Mittags hörten wir Molotows Rede im Radio. Deutschland bombardiert unser Land. Es ist in Gefahr. Ich kann nicht beschreiben, wie ich mich fühlte, als ich diese Rede hörte! Ich regte mich so auf, daß mein Herz zu zerspringen schien. Es wird mobil gemacht; kann ich weiterleben wie bisher? Nein! Ich muß meiner Heimat in dieser Stunde der Not nach besten Kräften nützlich sein. Wir müssen gewinnen![14]

Am nächsten Tag vermerkte sie: »Dies ist der zweite Tag des Krieges. Erst der zweite Tag, doch ist in diesen beiden Tagen mehr geschehen als in den vergangenen zwei Jahren. Über unsere Region wurde das Kriegsrecht verhängt... Papa wurde bereits eingezogen... Und was ist mit mir? Gäbe es nur einen Weg, mich an der Front nützlich zu machen! Sofort und ohne zu zögern würde ich mich freiwillig zum Dienst im Kampfgebiet melden.«

Statt dessen schloß Ina sich einer freiwilligen Erste-Hilfe-Abteilung an. Zehn Tage später wurde sie vom Bezirkskomitee des Roten Kreuzes dienstverpflichtet. Gemeinsam mit anderen Freiwilligen erhielt sie Verbandsmaterial, Atemgeräte und Arzttasche. Früh am Morgen des 3. Juli wurde sie zum Bahnhof geschickt, um beim Ausladen der Verwundeten zu helfen. An diesem Abend schrieb sie in ihr Tagebuch: »Ich werde nie die blauen Augen eines Soldaten vergessen... in denen ein unerträglicher Schmerz zuckte. Wie hat er gelitten! Nie werde ich den dunkelhaarigen Jungen vergessen, der beide Beine verloren hatte... Doch am deutlichsten erinnere ich mich an die Stimmung der Soldaten. Sie alle glaubten an den Sieg, alle waren fröhlich... Nein, ich kann niemals genau beschreiben, was ich an diesem Abend erlebt habe. Ich war völlig erschöpft. Aber es war mir egal!«

Zwei Wochen später, am 16. Juli, verzeichnete sie in ihrem Tagebuch, daß die Deutschen Leningrad bombardierten und in Richtung Moskau vorrückten. Militärkommandos marschierten durch die Straßen ihrer Heimatstadt. »Sogar die Atmosphäre hat sich irgendwie verändert«, schreibt sie. »Was hält die Zukunft für uns bereit? Ich brenne darauf, meine Ausbildung zu beenden und an die Front zu gehen. Ich träume davon... unser Heimatland zu verteidigen und uns wieder glücklich zu machen!«

Am 5. August berichtet sie: »Jede Nacht erleidet Moskau Bombenangriffe. Die feindlichen Truppen rücken immer näher. Wie schrecklich! Dennoch, man wird sie bald aufhalten.« Ina mußte vier lange Monate warten, bevor die Rote Armee am 5. Dezember 1941 ihre Gegenoffensive startete. Am 17. Dezember schrieb sie: »Heute haben wir gute Neuigkeiten im Radio gehört. Die Deutschen beziehen eine Tracht Prügel und sind auf der Flucht. Das ist herrlich! Schon bald wird uns ein Kommuniqué des Informbüros verkünden, daß unsere Truppen in Berlin einmarschiert sind. Welch ein Tag zum Feiern wäre das! Ich kann es gar nicht erwarten!«

Ina hat diese Nachricht nicht mehr erlebt. Mit siebzehn schloß sie sich den Partisanen im Untergrund an und übernahm Sabotage- und Spionagetätigkeiten hinter den feindlichen Linien. Eines Tages wurde der Unterstand, in dem sich Ina und ihre Gruppe versteckt hielten, von einem Zug Deutscher entdeckt und umzingelt. Als sie begriff, daß sie in der Falle saßen, befahl sie ihren Kameraden, aufzubrechen, und deckte deren Rückzug mit ihrer Maschinenpistole. Am nächsten Tag fand man sie tot unter einer Kiefer.

Am 11. Dezember 1941 teilten deutsche Zeitungen ihren Lesern mit: »Deutschland ist von heute ab im Kriegszustand mit den Vereinigten Staaten.« Eine Woche später, am 18. Dezember 1941, erging folgende Ankündigung aus dem Führerhauptquartier: »Im Zuge des Übergangs aus den Angriffsoperationen zum Stellungskrieg der Wintermonate werden z. Z. an verschiedenen Abschnitten der Ostfront die erforderlichen Frontverkürzungen vorgenommen.«

Es war ein außerordentlich kalter Dezember. Meine Klassenkameradinnen und ich verbrachten die Abende damit, Socken, Mützen und wollene Handschuhe zu stricken, um unseren Kriegsbeitrag zu leisten. Überall packten Kinder Weihnachtsgeschenke für Väter, Brüder, Cousins und Onkel an weit entfernten Orten ein. Im Radio lief »Leise rieselt der Schnee« – mein liebstes Adventslied.

Am letzten Tag des Jahres, das den größten Sieg in der deutschen Geschichte hätte bringen sollen, verkündeten die Zeitungen: »Schwere Abwehrkämpfe an der Ostfront! Haussammlung von Woll- und Wintersachen! Skier abgeben! Alles für unsere Soldaten!«

Der Vater der siebenjährigen Elsbeth Emmerich schickte seiner Familie von der russischen Front eine selbstgebastelte Weihnachtskarte. »Weit ist der Weg zurück ins Heimatland« stand unter der Zeichnung eines Weihnachtsmannes mit einem kleinen Christbaum.[15] Es war das Lieblingslied heimwehkranker deutscher Soldaten und wurde zur Melodie von »It's a long way to Tipperary – It's a long way back home« gesungen. Als seine Weihnachtsgrüße Frau und Kinder erreichten, war er bereits in der Nähe von Leningrad gefallen.

Jean-Louis Besson verbrachte in jenem Dezember in Paris viel Zeit damit, in der Kälte nach Nahrungsmitteln anzustehen. Wie die anderen Kinder im besetzten Europa, in Großbritannien und Deutschland besaß er ein Rationierungsbuch. Weil er und seine Schwester unter sechzehn waren, standen ihnen mehr Brot, Milch und Fleisch zu als den erwachsenen Familienmitgliedern.

Besonders lang waren die Schlangen in den Geschäften, wenn Produkte verkauft wurden, für die man keine Marken benötigte, darunter Lauch, Kartoffeln oder Steckrüben. Die Menschen wurden sehr erfinderisch. Sie entdeckten, daß sich aus Kartoffeln alle möglichen Dinge, selbst Weihnachtsgerichte, zubereiten ließen, solange man ein wenig Mehl zur Verfügung hatte. Die Mutter von Jean-Louis röstete Gerste, die sie mit dem deutschen Begriff Kaffee-*Ersatz* bezeichnete. Und so feierte man das Fest, so gut es eben ging!

Um es warm zu haben, drängten sich Jean-Louis und seine Familie um den großen Küchenherd, in dem sie Kugeln aus gepreßtem, minderwertigem Kohlenstaub verfeuerten. Nachts wärmte seine Mutter die Betten mit einem aufgeheizten Ziegelstein, den sie in einen Stofflappen gewickelt hatte. Einmal im Bett, konnten die Kinder nicht mehr aufstehen, wenn sie es warm haben wollten.

Als Jean-Louis seine Tante und seinen Onkel in Versailles besuchte, zeigten ihm seine Cousins voller Stolz auf dem Dachboden einen Pingpongtisch, den sie in ein Schlachtfeld verwandelt hatten. Armeen, Panzer und Flugzeuge wurden durch kleine, angemalte Holzstücke dargestellt, die mit Rosetten (für die Alliierten) und Hakenkreuzen (für die Deutschen) gekennzeichnet waren. Die Seeschlachten waren am eindrucksvollsten, und dem Jungen kamen die gepanzerten Schiffe mit ihren Schornsteinen und Geschütztürmen absolut realistisch vor.[16]

Ende des Jahres 1941 hörten die Menschen in Frankreich und den anderen besetzten Ländern im Westen die verbotenen BBC-Sendungen aus London. Der Radiosprecher versicherte ihnen, 1942 werde den Beginn der deutschen Niederlage bringen. Die kommenden Ereignisse gaben ihm recht!

3
Abschied von zu Hause

»Liebe Mutter, ich bin gar nicht glücklich... Komm bitte, so schnell Du kannst. Ich mache mir Sorgen und habe dreimal geweint... Ich komme heim, wenn ich kann. In Liebe... Aldyth.«[1] Wie dieses kleine englische Mädchen, das eine hastig geschriebene Postkarte an die Eltern schickte, empfanden Millionen anderer Kinder, die im Zweiten Weltkrieg von zu Hause weggebracht wurden, Heimweh – sowohl in Großbritannien als auch in Deutschland.

Unter den ersten evakuierten Kindern aus »Großdeutschland«, die nach Großbritannien kamen, waren über 10 000 jüdische Kinder ohne elterliche Begleitung, die zwischen dem 2. Dezember 1938 und dem 1. September 1939 nach England geschickt wurden. In einem Akt der Barmherzigkeit, der zu diesem Zeitpunkt nirgendwo auf der Welt seinesgleichen fand, bot die britische Regierung den Kindern Einreisevisa an.

»Operation Kindertransport« war ein freiwilliges Projekt, an dem Juden und Christen, vor allem Quäker, teilnahmen. Die praktisch mittellosen Kinder und Jugendlichen wurden in eilends eingerichteten Jugendherbergen, Schulen und Privathäusern in ganz Großbritannien untergebracht. Diese Bemühungen retteten Tausenden von Kindern das Leben. 1990 erzählten zweihundertfünfzig Überlebende in einem Buch mit dem Titel *I Came Alone* ihre Geschichte. Darin danken sie ihren Eltern, die sie in die Sicherheit entließen, und den britischen Gastgebern, die sie großzügig in einer neuen Heimat willkommen hießen.[2]

Der »Kindertransport« endete abrupt am 1. September 1939, dem Tag der deutschen Invasion in Polen. Aus Angst, der Krieg könne eine sofortige Bombardierung durch die Deutschen bedeuten, evakuierte Großbritannien nun seine eigenen Bürger; nach einem offiziellen Regierungsplan wurden bis zum 3. September (nur wenige Stunden nach der Kriegserklärung) nahezu 1,5 Millionen britische Staatsbürger aus gefährdeten Städten wie London, Liverpool, Newcastle und Manchester herausgebracht. Die Menschen, hauptsäch-

Evakuierte Kinder in Großbritannien

lich Kinder, kamen in Auffanggebiete auf dem Land. Während eines Zeitraums, der drei Monate vor Kriegsausbruch begann und sich bis in die ersten Kriegswochen erstreckte, brachten sich weitere zwei Millionen Menschen durch private Vereinbarungen mit Freunden und Angehörigen in Sicherheit.

Die Evakuierung britischer Kinder: 1939–1945

Ungefähr die Hälfte der Kinder in England und ein Drittel der schottischen Kinder wurden in sicherere Gegenden gebracht – die meisten nur für kurze Zeit. Da es nicht zu den erwarteten Luftangriffen kam, kehrte die Hälfte von ihnen noch vor Jahresende nach Hause zurück. Die Kinder wurden gewöhnlich auf zwei Arten untergebracht: Entweder nahm man die Zuweisungen willkürlich vor, oder man ließ den Pflegeeltern die freie Wahl: Sie durften sich die Kinder aus Gruppen auswählen, die man in einem Saal oder auf der

Evakuierte Kinder in Großbritannien

Straße versammelte. Viele Kinder und ihre Pflegeeltern erinnern sich an diese »Kinderversteigerungen«. Die Familie von Dinah Towns war im Rahmen des Evakuierungsplans zur Aufnahme von Kindern vorgesehen. Dinah erinnert sich:

> Die Busse kamen aus London, fuhren auf den Dorfplatz, und man ging hin und suchte sich die Kinder aus. Es gab drei Kinder, die anscheinend keiner wollte, also wurde entschieden, daß meine Mutter sie nehmen sollte. Am Abend kam der Schuldirektor mit den drei kleinen Mädchen zu uns und fragte, ob wir sie nehmen könnten, wir hätten schließlich genügend Platz. Es muß niederschmetternd für die Kinder gewesen sein, daß man sie so herumschob. Sie trugen ihre schönsten Kleider, was nicht viel heißen will, weil sie arm waren, und hatten eine Tasche mit ihrer Ration dabei – Margarine und eine Dose Corned Beef. Alle hatten

> Läuse, und ich erinnere mich, daß meine Mutter ihre Kleider verbrannte, während die kleinen Mädchen weinten. Dann gaben wir ihnen abgelegte Kleider von mir und meiner Schwester. Es gab keinerlei soziale Betreuung für sie. Im Rückblick tun mir diese Kinder leid.[3]

Die Evakuierung lenkte den Blick auf das Problem der Armut in Großbritannien. Einige sehr arme Kinder aus den städtischen Mietskasernen hatten noch niemals einen Wasserhahn oder eine Innentoilette benutzt oder in einem Bett geschlafen. Manche hatten niemals Unterwäsche oder einen Pyjama getragen, sie waren praktisch in ihre einzige zerlumpte Ausstattung eingenäht. Trotz aller Probleme kam es jedoch häufig vor, daß evakuierte Kinder und deren Pflegefamilien einander sehr ans Herz wuchsen. Dies galt auch für Dinahs Familie. Eines der Mädchen blieb den ganzen Krieg über bei ihnen.

Viele Kinder aus den Städten empfanden das Landleben als Abenteuer. Am 29. Oktober 1939 ließ der BBC-Rundfunk einen Londoner Jungen, der zum erstenmal in seinem Leben eine Kuh gesehen hatte, zu Wort kommen:

> Die Kuh ist ein Säugetier. Sie hat sechs Seiten, rechts, links, oben und unten. Hinten ist ein Schwanz, an dem ein Pinsel hängt. Damit vertreibt sie die Fliegen, damit sie nicht in die Milch fallen. Der Kopf ist dazu da, daß Hörner daran wachsen, außerdem muß der Mund ja irgendwo sein. Die Hörner sind zum Stoßen, der Mund ist zum Muhen. Unter der Kuh hängt die Milch. Sie ist zum Melken vorbereitet. Wenn Leute melken, kommt die Milch raus, sie wird nie alle. Ich habe noch nicht verstanden, wie die Kuh sie macht, aber sie macht immer und immer mehr. Die Kuh hat einen feinen Geruchssinn: Man riecht sie schon von weitem. Deshalb ist die Luft auf dem Land auch so frisch... Die Kuh ißt nicht viel, aber was sie ißt, ißt sie zweimal, damit es auch reicht. Wenn sie hungrig ist, muht sie, und wenn sie nichts sagt, liegt es daran, daß sie innen voller Gras ist.[4]

Nachdem die Bombardierungen tatsächlich begonnen hatten und im Sommer 1940 verstärkt wurden, wurde im September 1940 die zweite offizielle Evakuierung durchgeführt. Ungefähr 1,25 Millionen Menschen, zumeist Schulkinder, wurden umgesiedelt – viele von ihnen bereits zum zweitenmal. Doch auch diesmal kehrten viele ungeachtet der Gefahren in die Städte zurück.

In ihrem *Cambridge Evacuation Survey* zeichnete Susan Isaacs die Ansichten von 300 Londoner Schulkindern auf, die man während der zweiten Evakuierung 1940 nach Cambridge geschickt hatte. Dabei halfen ihr Lehrkräfte, die die Kinder zwei Aufsätze schreiben ließen. Der eine hatte das Thema »Was mir an Cambridge gefällt«, der andere lautete »Was ich in Cambridge vermisse«.

Die Acht- bis Vierzehnjährigen waren ziemlich offen. Ein vierzehnjähriges Mädchen begann mit der harten Feststellung: »Die meisten Leute in Cambridge sind Snobs.«

Einige der Kinder aus dem Norden Londons wurden in prächtigen Herrenhäusern untergebracht, in denen Dienstmädchen arbeiteten. Dies führte zu gemischten Reaktionen. Eine Zwölfjährige schrieb: »Ich esse immer mit den Mädchen und nicht mit der Dame des Hauses. Die Mädchen sind sehr nett.« Eine Vierzehnjährige ließ sich davon nicht beeindrucken: »Manchmal bin ich unglücklich mit meiner Zuteilung, da die Dienstmädchen häufig streiten, was für uns sehr unangenehm ist.«

Auch das exquisite Essen in den Herrenhäusern wurde unterschiedlich beurteilt. Ein vierzehnjähriges Mädchen schrieb: »Wir bekommen gutes Essen, Wildbret, Fasan, Hase und andere Köstlichkeiten, die wir uns zu Hause nicht leisten können«; doch eine ihrer Klassenkameradinnen bemerkte: »Ich vermisse mein anständiges englisches Essen, denn meine Leute hier stammen vom Kontinent und haben einen ganz anderen Geschmack als wir.«

Die Kinder vermißten die Neckereien, die rauhen Spiele und das ungezwungenere, wildere Leben, das sie von zu Hause her kannten. Viele litten unter Heimweh. Dies fiel in Cambridge weniger ins Gewicht, weil Lehrer mit den Kindern, die ohne Begleitung waren, reisten und ihnen ein Gefühl der Zusammengehörigkeit und der Kontinuität in ihrem Leben vermittelten.

Im Sommer 1940 wurden Kinder auch nach Übersee geschickt: Als die Luftangriffe zunahmen, trafen Angebote aus den Vereinigten Staaten, Kanada, Australien, Neuseeland und Südafrika ein, britische Kinder aufzunehmen. Der Children's Overseas Reception Board (CORB) wurde gegründet. Die Regierung trug die Reisekosten, die Eltern steuerten bei, was sie aufbringen konnten. An die 2500 Kinder wurden durch CORB nach Übersee geschickt; weitere 14 000 reisten privat dorthin, mehr als ein Drittel von ihnen in die Vereinigten Staaten. Amerikanische Seeleute boten an, britische Kinder kostenlos zu »seavacuate« [per Schiff zu evakuieren] – aber nur, wenn sowohl arme als auch reiche Kinder transportiert würden.[6]

Nicht alle Kinder waren von der Vorstellung angetan, nach Übersee in Sicherheit gebracht zu werden. Der elfjährige David Wedgwood Benn, Sohn eines bekannten Labour-Abgeordneten, schrieb einen Brief an seine Eltern, der im Juli 1940 in der *Times* abgedruckt wurde:[7]

Ich flehe euch an, mich nicht nach Kanada zu schicken (ich nehme an, ihr wißt, daß wir wahrscheinlich dorthin fahren?). A) Weil ich Großbritannien während des Krieges nicht verlassen will. B) Weil ich furchtbares Heimweh haben werde. Ich leide schon jetzt darunter. C) Weil es vermutlich netter wäre, mit euch zu sterben... als mich bei Fremden zu lassen und meine glückliche Kindheit auf diese Weise zu beenden. D) Ich würde euch für eine unbestimmte Zeit nicht sehen, vielleicht nie wieder. Briefe würden mein Heimweh nur noch verstärken.

PS. Ich möchte lieber in Stücke gebombt werden, als England zu verlassen.

Andere genossen ungeachtet der Übungen mit den Rettungsbooten und der Anfälle von Seekrankheit das Abenteuer der »Seavacuation«. Unter ihnen war auch die dreizehnjährige Morag Donald aus Bishop in Schottland, die in einem Gedichtwettbewerb, der im Sommer 1940 auf der HMS *Batory* abgehalten wurde, den ersten Preis gewann.

Die *Batory*, auch »Das singende Schiff« genannt, fuhr von Liverpool nach Australien und Neuseeland. Während der sechzigtägigen Reise legte das Schiff in Kapstadt, Bombay, Colombo, Singapur, Fremantle, Melbourne und Sydney an. Über ihre Erfahrungen auf See schrieb Morag:[8]

Wenn die Welle sich hebt und der Seewind weht,
Möchte man niemals mehr segeln,
Das Bett kommt grad recht, man fühlt sich nur schlecht
Oder taumelt den Gang entlang.
Liegt man an Deck unter Lumpen,
Sieht andere ins Wasser spucken,
Oh, man fühlt sich so lahm,
Spürt sein Ende nahn,
Und wünscht sich,
Man wär nie gefahren.
Man kann nicht essen und nachts nicht schlafen,
Der Bauch fährt nur Karussell;
Und ist es ganz schrecklich, schmerzt der Kopf entsetzlich,
Daß man beinahe in Ohnmacht fällt.
Doch bald ist's vorbei – man fühlt sich ganz frei –
So glücklich wie Vögel im Mai.
Man singt und springt und tollt umher,
Das Leben ist gar nicht mehr schwer!

Margaret Beal war fünfzehn Jahre alt, als sie von ihrer Heimatstadt Scarborough in Yorkshire nach Kanada fuhr. Während der Reise führte sie Tagebuch:[9]

Freitag, 9. August 1940
Schließlich hieß es, wir fahren los... Wir sangen Lieder und... stiegen in Busse, die uns zum Bahnhof von Glasgow brachten. Dort stiegen wir in den Schiffszug. Alle schauten uns an, als wir die Straße entlang gingen, und wir winkten den Leuten zu.
Der Schiffszug brachte uns nach Greenock... Dort gingen wir an Bord des Beiboots. Es war windig, doch wir standen an Deck und sahen zu, wie das Land sich immer weiter entfernte. Schließlich lagen wir Seite an Seite mit dem Passagierschiff *Antonia* ... Das Schiff ist nicht sehr groß, aber hübsch... Wir bekamen herrliches Essen, und der Kellner ist sehr nett... Die Koje ist sehr gemütlich, und ich habe gut geschlafen. Wir machen Übungen mit den Rettungsbooten und müssen ständig Gasmasken tragen.

Fünf Tage später litt Margaret vorübergehend unter Seekrankheit: »Stand auf und fühlte mich miserabel. Wollte mich nicht bewegen, doch sie schickten mich an Deck. Fühlte mich ein wenig besser und schlief, aß einen halben Apfel und spuckte ihn zum Glück nicht gleich wieder aus.«

Am Montag, dem 19. August, sichteten die Kinder am Nachmittag Land. »Endlich legten wir in Halifax an«, schrieb Margaret. »Man stelle sich unsere Freude vor, als ein Kameramann von der Wochenschau an Bord kam und uns fotografierte.« Sie gingen an Land und ins Zollamt. Nach Mitternacht bestiegen Margaret und die anderen den Zug nach Winnipeg.

Ihr Tagebucheintrag vom 20. August lautet:

> Alle winken uns zu, wenn wir vorbeifahren, und in den Bahnhöfen kommen die Leute und reden mit uns und schenken uns jede Menge Süßigkeiten ... Die Leute hier sprechen so freundlich mit uns ... Wir sehen immer Soldaten, manchmal bleiben ihre Züge neben unseren stehen, dann unterhalten wir uns mit ihnen. Viele haben uns Süßigkeiten gegeben, und wenn wir weiterfahren, winken sie und strecken die Daumen in die Höhe. Wir tun das gleiche.

Zwei Tage später, am 22. August, fuhr der Zug in Winnipeg ein. Margaret vermerkte in ihrem Tagebuch: »Auf dem Bahnsteig warteten Leute auf uns ... Sie kamen von der Zeitung und fotografierten uns ... Es sieht aus, als würde man den Leuten sagen, durch welche Bahnhöfe wir fahren, und daß deshalb alle dorthin kommen, um uns zu sehen.«

Am nächsten Tag genossen die Kinder eine Busrundfahrt durch die Stadt. Margaret schrieb:

> Es hat Spaß gemacht, durch die Stadt zu fahren und all die Geschäfte zu sehen ... Nach unserer Rückkehr bekamen wir die Zeitungen mit unseren Fotos darin, sie sind sehr schön geworden. Komisch, auf dem Bahnsteig hatte ich zu jemandem gesagt, Peter Parson sei ein Flegel. Es war offensichtlich ein Reporter gewesen, denn in der *Winnipeg Free Press* stand zu lesen: »Die kleine Margaret Beal, die Peter Parson,

> 6 Jahre, (eigentlich ist er 11) während der Reise unter ihre Fittiche genommen hatte, erklärte, sie würde lieber fünf Millionen Bomben ertragen als eine Stunde mit Peter. Sie lächelte aber dabei.«

Drei Wochen später, im September 1940, ertranken siebenundsiebzig Kinder in grausam kalter See, als die *City of Benares* vor der irischen Küste von einem deutschen U-Boot torpediert wurde. Dreizehn Kinder überlebten, darunter Jacky Keely, neun Jahre, der mit seiner Schwester Joyce, sechs Jahre, unterwegs war. In einem Gespräch mit Ruth Inglis für ihr Buch *The Children's War: Evacuation 1939-1945* erinnerte sich Jack:

> Wir nahmen den Zug nach Liverpool, zusammen mit einer Wagenladung Kinder... und legten am Freitag, dem 13., um 18.00 Uhr mit der *City of Benares* ab. Wir wußten, es ging nach Kanada, hatten aber keinerlei Vorstellung von der Entfernung. Die ersten Tage auf der *Benares* fanden wir sehr lustig. Wir wurden von Kellnern bedient und bekamen so viel Eis, wie wir wollten... Drei Tage lang... wurden wir von zwei Zerstörern begleitet. Am vierten Tag [17. September] glitt ein deutsches U-Boot unter den mittleren Teil des Schiffsrumpfes. Wir lagen alle im Bett, dann gab es eine heftige Explosion. Ich wurde ins Wasser geschleudert [die *Benares* sank binnen dreißig Minuten] und von den Wellen umhergeschubst. Ich sah zwei Männer auf einem Floß... Ich zog mich hinauf, und die beiden Männer setzten sich auf mich. Nur so fanden wir drei Platz darauf. Ich hatte keine Angst, aber meine Zähne klapperten wie ein deutsches Maschinengewehr. Wir drei schienen eine Ewigkeit auf diesem Floß zu hocken. Wir ernährten uns von Keksen, die wir in einem... Schrank gefunden hatten. Es gab auch ein wenig Büchsenmilch und Wasser. Ich kam mir die ganze Zeit über vor wie in einem Nebel. Als hätte ich die Grippe. Als uns nur noch eine Büchse Milch geblieben war, entdeckten wir ein Kriegsschiff. Es war die HMS *Hurricane*, ein wunderbarer Anblick nach achtundvierzig Stunden auf See. Es brachte uns zurück nach Glasgow, wo wir vier oder

> fünf Tage verbrachten. Das alles war ein Alptraum, aber dennoch, irgendwie hat es keine tiefen Spuren hinterlassen.[10]

Jacks sechsjährige Schwester Joyce ertrank vermutlich in dem Moment, als er sich auf das Floß rettete. Das CORB-Programm wurde nach dieser Katastrophe eingestellt. Ab Oktober 1940 gab es keine Transporte mehr.

Die Erfahrungen, die britische Kinder in Übersee machten, waren im allgemeinen positiver als die Erlebnisse der Kinder, die man aufs Land schickte. Diese wurden oftmals verhöhnt und von ihren neuen Klassenkameraden als »Vaccies«, »Vacs« oder »Skinnies« beschimpft. Wer nach Amerika kam, wurde meist von ziemlich wohlhabenden Pflegefamilien aufgenommen und als Familienmitglied behandelt. Diese Erfahrung drückt sich vielleicht am besten in dem Bericht der zwölfjährigen Caroline und des zehnjährigen Eddie Bell aus Oxford aus, die ihr erstes Weihnachtsfest fern der Heimat in New Milford, Connecticut, verbrachten. Sie schrieben in *Thank You Twice or How We Like America* (1941):

> Es war ein schöner, kalter Abend ohne Mond, aber mit vielen Sternen … Als wir uns dem Dorf näherten, sahen wir die kleinen, erleuchteten Weihnachtsbäume vor den hübschen, weißen Häusern. Das kannten wir nicht, in England gab es draußen keine Weihnachtsbäume … Wir spazierten über den Dorfplatz, betrachteten die leuchtenden Bäume und die Kerzen in den Fenstern. Dann beschlossen wir, zu Fuß nach Hause zu gehen, und sangen dabei Weihnachtslieder … Wir schmetterten: »Good King Wenceslaus« und andere bekannte englische Lieder. Als uns keine mehr einfielen, stimmten wir Kirchenlieder an … Es war ein friedvoller Spaziergang … Natürlich dachten wir an England, das jetzt in Dunkelheit lag, und die Menschen dort, die wir liebten. Aber wir verbargen diese Gedanken voreinander, und die Deutschen hatten zumindest versprochen, in dieser Nacht keine Bomben zu werfen … Wenn wir heimfahren, wird uns vor allem dieses amerikanische Weihnachtsfest mit den

> kleinen, erleuchteten Bäumen in Erinnerung bleiben, das wir am meisten geliebt haben. Man hat das Gefühl, daß die Amerikaner ihre Weihnachtsfröhlichkeit mit allen teilen wollen. Das gibt einem ein warmes, glückliches Gefühl.[11]

Die letzte große Evakuierungswelle in Großbritannien erfolgte im Juni 1944, nachdem die ersten V-Waffen und V-2-Raketen auf den Südosten Englands und London abgeschossen worden waren – diese Gegend wurde als »buzzbomb alley« bekannt. Wieder kehrten viele evakuierte Kinder bald nach Hause zurück – manche nur wenige Wochen nach ihrer Ankunft im »sicheren Gebiet«. Der zehnjährige Alan Skitton erinnerte sich, daß ihr Bestimmungsort bis zur Ankunft geheimgehalten wurde. »Die Verteilung war ähnlich wie bei einer Sklavenauktion«, berichtete er. »Es war schlimm, da mein Freund und ich bis zum Schluß übrigblieben. Zwei Jungen zusammen waren nicht gerade begehrt.«[12]

Er und viele andere Kinder kehrten aus solchen Gründen zurück, in einem Brief an seine Eltern schrieb er:

Liebe Mum, lieber Dad,
der Ort und die Leute gefallen mir, doch ich möchte lieber nach Hause kommen. Heute bin ich zur Schule gegangen, aber es gefällt mir nicht so gut wie in unserer Schule... Ich vertreibe mir die Zeit, indem ich durch die Felder laufe oder Bücher anschaue. Ich trage meine Kniestrümpfe, aber ich mag sie nicht mehr. Gestern war es so heiß... Wir haben keinen Garten zum Spielen... Ich wünschte, ich könnte nach Hause fahren.

Wenige Tage später erhielt seine Mutter eine Mitteilung von der Frau, die sich um den Jungen kümmerte: »Es tut mir leid, aber Alan lebt sich nicht ein... Er weint noch immer viel... Ich habe alles Menschenmögliche getan, damit er glücklich ist und sich wohl fühlt... aber [er] vermißt natürlich [seinen] Garten.«

Als der Krieg auf dem Kontinent im März 1945 in die Endphase ging, gab es in den ländlichen Gebieten Englands nur noch 400 000 Evakuierte, hauptsächlich aus London. Sechs Monate später, nach Ende des Zweiten Weltkriegs, waren noch ungefähr 38 000 Kinder übriggeblieben, die kein Zuhause oder keine Eltern mehr hatten oder von ihren Familien verlassen worden waren. Die örtlichen Behörden kümmerten sich um diese »unzustellbaren« Kinder.[13]

Die meisten britischen Beobachter stimmen darin überein, daß die Evakuierung der Kinder zwei positive Folgen hatte: Die Kinder wurden aus den bombardierten Städten gerettet, und sie führte zu einer Verbesserung der Lebensumstände jener Generation, die nach dem Krieg geboren wurde. Was als vorübergehende Sicherheitsmaßnahme begann, konfrontierte die Privilegierten mit den Unterprivilegierten und wurde in der Nachkriegszeit in eine Wohlfahrtspolitik für Kinder umgesetzt, die die Lebenssituation britischer, vor allem armer britischer Kinder beträchtlich verbesserte. Deshalb kann die Evakuierung als soziales Experiment mit weitreichenden Folgen angesehen werden: Inmitten der Wirren des Krieges genossen Kinder erstmalig Vorrang, wenn es um die Versorgung mit Lebensmitteln, Kleidern, Wohnraum, medizinischer Behandlung und finanzieller Unterstützung ging.[14]

Machten die gemeinsamen Erfahrungen der Evakuierung Kinder in England und anderen Ländern zu einer »besonderen Generation«? Peter Shillingford, der während des Krieges von London nach Surrey evakuiert wurde, ist davon überzeugt:

> Ich glaube, die Evakuierung hat eine ganze Generation verändert. Die Erwartungen der Armen stiegen. Wir wurden uns der ökonomischen Unterschiede stärker bewußt. Ich glaube nicht, daß irgend jemand von uns die Lebensumstände hätte begreifen können, unter denen einige Familien im England der damaligen Zeit lebten. Wir hätten gar nicht gewußt, daß es so etwas gibt. [Die Evakuierung] war das Ereignis meines Lebens.

Die Evakuierung deutscher Kinder: 1940–1945

Die Geschichte der Evakuierung von ungefähr fünf Millionen deutschen Kindern, die an sichere Orte im ländlichen Deutschland und in den besetzten Ländern wie Bulgarien, der Tschechoslowakei, Dänemark, Ungarn, Lettland, Polen und Jugoslawien gebracht wurden, begann am 27. September 1940 (drei Tage nach dem ersten britischen Bombenangriff auf Berlin), und zwar mit einer Botschaft des Reichsleiters Martin Bormann an die Leitung der NSDAP. Die Botschaft trug den Vermerk »Streng vertraulich« und wurde eröffnet und beendet mit dem Hinweis: »Der Führer hat angeordnet«.

Es ist seltsam, daß es nur sehr wenige Veröffentlichungen über die Odyssee, das Leiden und Überleben der deutschen Kinder gibt, die an der größten Kinderevakuierung der Weltgeschichte beteiligt waren. Das Unternehmen nannte sich »Kinderlandverschickung« (KLV). Über vier Jahre lang brachten um die 200 000 Sonderzüge fünf Millionen Kinder zwischen sechs und fünfzehn Jahren in 12 000 eilends errichtete Lager – begleitet von Zehntausenden Lehrern und (meist weiblichen) Freiwilligen.

Als die Alliierten ihre Bombardierung deutscher Städte, vor allem im Norden und Westen des Landes, verstärkten, fuhren die Züge nur noch nachts. Auch Busse und Dampfer auf Rhein, Elbe und Donau beförderten evakuierte Kinder. Gegen Ende des Krieges, kurz vor dem Zusammenbruch, wurden sogar Pferdewagen requiriert, um so viele Kinder wie möglich zu retten. Viele waren den ganzen Krieg über unterwegs, zogen von Lager zu Lager, da die sicheren Gebiete ständig kleiner wurden.

Das Schweigen über das Ausmaß und die Auswirkungen dieser Massenevakuierung von Kindern spiegelt ein Dilemma wider, mit dem sich Nachkriegsdeutschland bei der Beurteilung der Nazizeit konfrontiert sah. Diese KLV, die auf einen Befehl Hitlers zurückging, hatte zweifellos das Leben vieler Kinder gerettet und diese jahrelang vor dem Grauen der Flächenbombardements geschützt. Aber die Kinder waren von ihren Eltern getrennt worden, und Millionen von Kindern waren der Massenindoktrination durch die nationalsozialistische Propaganda ausgesetzt. Die Lager wurden nämlich von Lehrern und Funktionären der Hitlerjugend geleitet.[15]

Die KLV konzentrierte sich vor allem auf drei Personengruppen:

1. Mütter mit Kleinkindern und Kindern im Vorschulalter, die in ländlichen Gebieten, meist auf Bauernhöfen, untergebracht wurden;
2. Kinder unter zehn Jahren, die bei Pflegeeltern untergebracht und in örtliche Schulen aufgenommen wurden;
3. Kinder zwischen zehn und fünfzehn Jahren, die in Gruppen in KLV-Lagern untergebracht und von Lehrkräften aus ihren Heimatstädten begleitet wurden.

Die meisten jüngeren Kinder gewannen ihre Pflegeeltern lieb und blieben mit ihnen in Kontakt, nachdem der Krieg zu Ende war. Ende 1945 schrieb eine Elfjährige aus Nürnberg einen Aufsatz über ihre Erfahrungen:

> Wir erlebten mehrere schwere Angriffe. Bis meine Eltern sich entschlossen, mich und meinen Bruder aufs Land zu schikken. Meine Mutter packte unsere Sachen zusammen. Dann, nach einigen Tagen, es war am 1. September 1943, fuhren mein Bruder und ich mit der Schullandverschickung fort. Ein Lehrer von unserem Schulhause war auch dabei. Wir waren dreißig Kinder, in verschiedenem Alter, von der ersten bis zur achten Klasse. Mit dem Zug fuhren wir bis Weißenburg. Dort stiegen wir aus. Da kam ein Omnibus gefahren, mit dem wurden wir dann in das Dorf Bergen gebracht. Dort standen wir alle zusammen. Dann bekamen wir eine Nummer. Das war eine Hausnummer. Die wurde danach aufgerufen. Und irgend jemand von der Familie war da, die uns abholten. So kam ich mit meinem Bruder auf einen großen Bauernhof zu ganz fremden Leuten. Aber sie waren sehr freundlich zu uns. Uns beiden ging es gut, wir bekamen viel und was wir wollten zu essen. Natürlich mußten wir auch tüchtig mitarbeiten. Wir waren ungefähr anderthalb Jahre dort in Bergen. Da hielten meine Eltern es für richtig, uns wieder nach Nürnberg zu tun, da sie wußten, daß der Krieg für uns verloren sei.[16]

Das Leben der älteren Kinder, die in KLV-Lagern unterkamen, verlief nach einem strengen Plan, der beispielsweise wie folgt aussehen konnte:

Ein evakuiertes Mädchen aus Deutschland bewacht seine Habseligkeiten

7.00 Uhr	Wecken
7.05 Uhr–7.15 Uhr	Morgengymnastik
7.15 Uhr–8.00 Uhr	Waschen und Zimmer aufräumen
8.00 Uhr	Fahnensalut
8.15 Uhr–8.45 Uhr	Frühstück
8.45 Uhr–10.20 Uhr	Unterricht
10.20 Uhr–10.30 Uhr	Toilettenpause

10.30 Uhr–10.45 Uhr	Frühstückspause
10.45 Uhr–12.15 Uhr	Unterricht
12.20 Uhr–13.30 Uhr	Mittagessen
13.30 Uhr–15.00 Uhr	Freizeit
15.00 Uhr–16.00 Uhr	Sport
16.00 Uhr–16.30 Uhr	Nachmittagsimbiß
16.30 Uhr–18.30 Uhr	Hausaufgaben
18.30 Uhr–19.00 Uhr	Waschen
19.00 Uhr–19.30 Uhr	Abendessen
19.30 Uhr–20.45 Uhr	Zeit zum Singen, Lesen, Nähen, Briefe schreiben und Nachrichten hören
20.45 Uhr	Zapfenstreich
21.00 Uhr	Nachtruhe

Vielen jüngeren Kindern gefiel diese Routine. Ein zwölfjähriges Mädchen aus Nürnberg schrieb:

> Die schönste Zeit in meinem Leben verlebte ich in einem KLV-Lager im Isergebirge. Das Gebäude, in dem ich mit vielen Kameradinnen Schutz vor dem feindlichen Bombenterror fand, liegt am Fuße eines 1000 m hohen Berges, am Nußstein. Riesige Mischwälder, Berge und Schluchten, Flüsse und Bächlein zwischen bemoosten Felsen hervorspringend, zeigen die Romantik dieser herrlichen Gegend … Mit unserer Lagerleitung wanderten wir zu den nahen Bergen und den rauschenden Wasserfällen. Unser Leben im Lager war sehr abwechslungsreich gestaltet. Langeweile kannten wir nicht. Neben den 4–6 Schulstunden, die wir täglich, außer Sonntag, hatten, wurde gesungen, musiziert und gespielt. Wir bildeten uns im Schwimmen und Skilaufen aus … An den langen Winterabenden … schrieben [wir] Briefe oder lasen gute Bücher. So wurde uns die schwere Zeit des Grauens und der Not verschönert.[17]

Jugendliche beurteilten die Erlebnisse in den KLV-Lagern eher zwiespältig, gelegentlich auch eindeutig negativ. Ein Junge, der bei seiner Evakuierung dreizehn war, schrieb:

> 1942/43 [fanden] die ersten Luftangriffe auf Nürnberg statt... Als die Alarme und Angriffe sich häuften und an einen regelmäßigen Schulunterricht nicht mehr zu denken war, hieß es, wir sollten in ein KLV-Lager. Man versprach uns das Blaue vom Himmel herunter... es sei dort das reinste Paradies. Auch meine Eltern ließen sich von so vielen schönen Worten verleiten und gaben ihre Zustimmung. So kam ich... nach Rothenburg... Tag für Tag H.J.-Dienst, wenig und schlechtes Essen, wenig Freizeit... Wir lagen zu neunt in einer Stube... Wir ärgerten die H.J.-Führer viel. Wenn wir auch meistens danach aufgeschwanzt [= schikaniert] wurden, so machten wir uns doch wenig daraus und ärgerten sie weiter... So verging ein halbes Jahr Lagerleben, und wir hätten nun nach der Abmachung vor unserer Verschickung heimgedurft. Aber es hieß: der Führer will seine Jugend in Sicherheit wissen, und so mußten wir weiterhin im KLV-Lager bleiben.[18]

Ein fünfzehnjähriges Mädchen aus derselben Stadt kam ein Jahr später ins Lager:

> Zerstörte Schulhäuser, unterbrochene Bahnverbindungen, häufige Tagesalarme machten einen geregelten Schulunterricht nicht mehr möglich. Neben den Eltern wird sich auch die Schuldirektion Sorge um das persönliche Wohlergehen der Kinder gemacht haben. So kam es zu dem Beschluß zur Kinderlandverschickung. Im März 1944 wurde auch unsere gesamte Schule ins Riesengebirge verlegt... Dort in dem kleinen Gebirgsdörfchen Petzer hatten wir wieder einen geregelten Schulunterricht... und hatten alle zusammen schon nach einigen Wochen – Heimweh! Darüber half alle gute Verpflegung... nicht hinweg... Eine große Enttäuschung war für uns, daß... sofort nach der Ankunft die Briefzensur eingeführt wurde... All diese angenehmen Abwechslungen halfen aber nicht darüber hinweg, daß wir fast alle nach Hause wollten. Dazu trugen auch wohl die sich ständig mehrenden Luftangriffe auf die Großstädte bei, bei denen wir uns immer große Sorgen um die Lieben daheim machten.[19]

Ihre Sorgen waren berechtigt: In der Mitte des Krieges berichtete eine Lehrerin aus einem KLV-Lager in den Karpaten in einem Notizbucheintrag von den Verlusten zu Hause. Zunächst beschreibt Margarete M. die Schönheiten der Umgebung und die Sicherheit des Lagers, bevor sie dann in fein säuberlicher Handschrift die Namen von 184 der 250 Kinder in ihrem Lager aufführt, deren Zuhause seit der Evakuierung von Bomben zerstört und deren Eltern obdachlos oder auf der Flucht waren. Am Ende der Liste finden sich sechs weitere Namen:

> Margot Wolschky: Eltern und kleiner Bruder tot.
> Elly Witthans, geb. 24. 1. 32: Mutter tot.
> Ruth Steen, geb. 22. 9. 32: Keine Nachricht über das Schicksal der Eltern.
> Hertha Köhler, geb. 16. 3. 32: Eltern tot.
> Ursula Bantien, geb. 16. 1. 1933: Mutter und Geschwister tot.
> Ursula Raithel, geb. 5. 3. 1931: Mutter und Geschwister tot.

Die Kinder in den Lagern waren gewöhnlich tief erschüttert, wenn sie die Nachricht erhielten. Bernd M. erinnerte sich an den Tag, an dem ein Lehrer einen seiner Zimmerkameraden zu sich rief, den kleinen Jungen in die Arme schloß und ihn beiseite nahm, um ihm einen Brief vorzulesen: »Wir sahen den Jungen erst am Abend wieder, blaß, still kroch er in sein Bett, zog die Decke über den Kopf, und erst nach Stunden, als ich zufällig wach wurde, hörte ich sein Weinen ... Erst nach Tagen erfuhren wir, daß seine Mutter und Großmutter und seine kleine Schwester bei einem Bombenangriff ums Leben gekommen waren.«[20]

Und Stefanie M. erinnert sich an ihre Reaktion, als eine ihrer Klassenkameradinnen erfuhr, daß ihr Vater im Kampf gefallen war: »[Wir mochten] mehrere Tage nicht mit ihr reden. Um ehrlich zu sein: Wir mieden sie. Sicher nicht, um ihr weh zu tun. Heute denke ich: Wir wurden mit dieser Situation einfach nicht fertig.«[21]

Weihnachten war eine bittersüße Zeit für die evakuierten Kinder in den KLV-Lagern. Ihre Briefe an das Christkind spiegeln ein wachsendes Bewußtsein für den Mangel: Kinder, die sich 1943 Bücher und Spiele gewünscht hatten, baten 1944 um Werkzeug, um zerbrochenes Spielzeug zu flicken. Doch sie erfreuten sich auch an Tellern voller Süßigkeiten und Plätzchen und vor allem an den leuchtenden Weihnachtsbäumen.

Annemarie Landenberger aus Hamburg, die sich als Lehrerin in einem KLV-Lager in Polen aufhielt, berichtet in ihrem Tagebuch von einem Ereignis, das auffällige Ähnlichkeit mit den Erfahrungen der evakuierten Kinder aus Großbritannien hat, die ihr erstes Weihnachtsfest in den Vereinigten Staaten erlebten: »Später [stapften] die etwa 200 Kinder schweigend durch den tiefen Schnee bis zum nahegelegenen Wald. Es war kalt und der Himmel sternenklar. Plötzlich erblickten sie vor sich eine hohe Tanne, an der inmitten der übrigen dunklen Bäume viele brennende Kerzen einen hellen Schein verbreiteten. Sie standen im Halbkreis vor dem ›Christbaum‹ und sangen Weihnachtslieder. Alle Kinder waren sich einig: Sie erlebten ihr schönstes Weihnachtsfest!«[22]

Die Kinder hatten Hamburg im Juni 1943 verlassen, als die Stadt noch weitgehend unversehrt war. Man hatte ihnen nicht gesagt, daß die schweren Bombenangriffe im Juli, August und September ihre Heimatstadt in Schutt und Asche gelegt hatten.

Ein vierzehnjähriger Junge war sich über die düstere Wirklichkeit im klaren. Er war Mitte Oktober 1943 evakuiert worden. »Wir konnten aber trotzdem zufrieden sein, denn wir brauchten wenigstens nicht die grausamen Fliegerangriffe mitmachen.« Ein Jahr später erhielt er an einem grauen Novembertag in einem anderen KLV-Lager, in das man ihn verlegt hatte, die Nachricht, daß sein Vater im Kampf gefallen sei. »Ich bekam 14 Tage Urlaub. Es waren traurige Tage. Als ich nach 14 Tagen wieder ins KLV-Lager zurückgekommen war, rückte das zweite Weihnachten im Lager näher... Am Weihnachtsabend wurden wir reichlich beschert. Auch an Silvester bekamen wir Punsch und Plätzchen. Alle Abend hörten wir im Wehrmachtsbericht, daß der Feind den Grenzen immer näher rückt.«[23]

In den folgenden Monaten unternahm man verzweifelte Versuche, die Kinder in den KLV-Lagern vor den näherrückenden Alliierten in Sicherheit zu bringen. Am 14. April 1945 verließ ein KLV-Transport mit sechzig Kindern, die unter Aufsicht der jungen Medizinstudentin Anneliese Schnitter standen, Bad Podiebrad in Böhmen. Sie erreichten Prag, wo eine Gruppe kranker Kinder zu ihnen stieß, und fuhren weiter nach Fürth. Dort trafen sie am 16. April ein und wurden an einen Zug des Roten Kreuzes angekoppelt, der von Flakgeschützen bewacht wurde. Früh am nächsten Morgen wurden sie in Schwandorf von feindlichen Tieffliegern angegriffen. Neunzehn Kinder starben: Sie waren zwischen acht und siebzehn Jahren.

Unter den Überlebenden war auch die dreizehnjährige Ingrid Janicke:

> Als die ersten Einschläge detonierten, stürzte die Schwester in unseren Wagen, schrie uns hellwach: Tieffliegerangriff!... Die Einschläge kamen immer näher... ich hockte, unfähig, einen weiteren Schritt zu machen, auf dem Boden des Mittelganges im Waggon. Elisabeth zog eine Wolldecke über unsere Köpfe, um uns vor Glassplittern zu schützen... ich verlor das Bewußtsein. Als ich wieder zu mir kam, sah ich durch die aufgerissenen Holzplanken den Himmel... auf meinem rechten Arm lastete eine der schweren Röntgenkisten, meine Beine konnte ich nicht bewegen... In den Lärm der allmählich schwächer werdenden Detonationen mischten sich die furchtbaren Schreie verletzter Menschen. Angst und Entsetzen erfüllten mich derartig, daß ich zu schreien begann, dann wieder betete und wieder um Hilfe schrie... Ein Soldat packte mich an den Schultern... Auf seinen Armen trug er mich auf einen großen Platz (Bahnhofsplatz), mahnend, die Augen zu schließen, wohl wegen des grauenhaften Bildes der Umgebung... Ich hielt die Augen geschlossen, als ich eine Frauenstimme meine Platzpartnerin fragen hörte, ob das Kind tot sei. Ich riß angstvoll die Augen auf und sah vor mir das beruhigende Bild einer Nonne.[24]

Als sich der Krieg in Europa seinem Ende näherte, flohen viele Kinder auf eigene Faust aus den KLV-Lagern und versuchten, zu Fuß nach Hause zu gelangen. Der dreizehnjährige Emil Weber verließ sein KLV-Lager im Bayerischen Wald, wanderte durch Süddeutschland und holte seinen zehn Jahre alten Bruder aus einem Lager bei Garmisch. Die beiden Jungen zogen gemeinsam durch die verwüstete Landschaft:

Ein erschöpfter evakuierter Junge auf dem Weg nach Hause

Nachts versteckten wir uns in Scheunen, tagsüber bettelten wir amerikanische Soldaten an. In München wollten wir unsere Tante suchen. Wir irrten durch die Trümmer, setzten uns dann in eine Ecke und weinten. Eine alte Frau nahm uns mit nach Hause, kochte uns eine Wassersuppe

> und ließ uns eine Nacht bei sich auf dem Fußboden schlafen... Wir hauten aber ab und gingen weiter in Richtung Norden. Erst vier Wochen später kamen wir in Düsseldorf an. In den Trümmern fanden wir nur mühsam unsere Straße, unser Haus stand nicht mehr, meine Mutter war auch nicht da. Nachbarn sagten uns, daß sie in die Nähe von Euskirchen evakuiert worden sei. Als wir das hörten, versagten meine Kräfte. Ich bekam einen Weinkrampf.

Doch nach Jahren der Indoktrination glaubten einige Kinder nach wie vor an den Führer und den Endsieg. Am 20. April 1945 lauschte in den KLV-Lagern, die von alliierten Truppen eingekreist waren, eine große Zahl evakuierter Kinder Goebbels' Rede – er versprach anläßlich des Führergeburtstags Treue und Sieg. Gerhard M. erinnerte sich:

> Unser Lagerleiter stellte am 20. April das Radio an – wie in allen Jahren zuvor. Wir mußten auf dem Hof antreten, hißten die nationalsozialistische Fahne und hörten die uns so vertrauten Laute Goebbels'. In diesem Moment fühlte ich mich unendlich stolz, hatte nur einen Gedanken – mitzukämpfen. Ich wollte mein Leben opfern. Dazu aber hatte ich keine Gelegenheit mehr. Zwei Tage später besetzten die Amerikaner unser Lager.

Unter den Dokumenten aus den KLV-Archiven, die den Krieg überdauerten, befindet sich auch ein Bündel Briefe. Sie fassen zusammen, was es bedeutete, ein evakuiertes Kind in Hitler-Deutschland zu sein. Das Mädchen, das die Briefe schrieb, erzählt eine »gewöhnliche« Geschichte aus einer ungewöhnlichen Zeit:[25]

Inge L. aus Hamburg verbrachte beinahe fünf Jahre in der KLV. Im Oktober 1940 wurde sie zunächst nach Süddeutschland evakuiert und kehrte erst im Herbst 1945 heim. In den ersten beiden Jahren der Evakuierung lebte sie bei freundlichen Pflegeeltern. Danach wurde sie in mehreren Lagern (in besetzten Gebieten) untergebracht. Die Lehrer dort waren überzeugte Nazis. Inge sorgte sich wegen der Sicherheit ihrer Eltern und der endlos scheinenden Trennung von ihrer Familie. Am Ende erlebte sie den totalen Zusammenbruch ihres Landes und der Ideologie, an die sie geglaubt hatte.

Am 22. Oktober 1940 schreibt die neunjährige Inge ihren ersten Brief aus Süddeutschland nach Hamburg: »Liebe Eltern, ich bin schon zwei Tage in Trieb. Ich mußte noch nicht in den Luftschutzkeller.« Ihre Pflegeeltern beruhigen die Eltern: »Ihre Tochter Inge ist seit Sonntag früh halb neun bei uns. Sie brauchen gar keine Sorgen um Inge zu haben; sie ist bei uns gut aufgehoben.«

Weihnachten bedankt sich die Pflegemutter bei Inges Mutter für die Süßigkeiten und die gute Seife, die sie ihnen geschickt hat. Sie fügt hinzu: »Es war auch für uns dieses Jahr ein schönes Weihnachtsfest, denn mit Kindern ist es immer schöner.« Im Frühjahr 1941 bittet Inge um die Zusendung ihres Fahrrads und verkündet: »Wenn der Krieg aus ist, schreibe ich an Herrn Hitler, daß ich noch länger hierbleiben darf.«

Im Mai fragt die Pflegemutter Inges Eltern in einem Brief: »Glauben Sie, daß der Krieg im Herbst aus ist?« Sechs Monate später, Mitte November, setzt sie Inge in den Zug nach Hamburg. Das Mädchen verbringt Winter und Frühjahr bei seiner Familie. Die Luftangriffe gehen weiter. Im Sommer 1942 besucht Inge ihre Pflegeeltern und verbringt mehrere Wochen bei ihnen, hilft bei der Ernte und spielt mit ihrer Freundin Bärbel.

Im Herbst wird Inge elf und kann nicht länger bei ihren geliebten Pflegeeltern bleiben. Die allmächtige Bürokratie entscheidet, daß sie in ein KLV-Lager evakuiert wird. Am 25. November 1942 beginnt ein neues Kapitel in Inges Leben: Sie reist mit ihrer Klasse in ein Lager nach Böhmen, der früheren Tschechischen Republik. Dort verbringt sie das Weihnachtsfest und erkrankt an Gelbsucht. Am 10. März 1943 schreibt ihre Lehrerin an die Eltern in Hamburg: »Schon zweimal hatte Ihre Tochter Inge einen leichten Anfall von Gelbsucht... und da hielt es der Arzt für das beste, Inge einige Zeit in ein Erholungsheim zu schicken. Dort befinden sich schon mehrere Kinder aus unserem Lager.« Inge schreibt ihren Eltern vom Krankenbett aus: »Eine Wut habe ich auf den Tommy, daß er Euch nicht in Ruhe läßt. Im Nachbarzimmer haben drei Mädchen die Nachricht erhalten, daß ihr Haus bis auf den Grund weg ist... ist das nicht traurig?«

Die nächste Phase in Inges Evakuierung beginnt im Juni 1944; zuerst kommt sie ins KLV-Lager Politschka, dann nach Hlinsko. Nach dem Attentat auf Hitler vom 20. Juli 1944 schreibt Inge an ihre Mutter: »Wenn ich nach einem Bombenangriff in Hamburg von Dir Post bekomme, bin ich immer beruhigt... Es ist doch auch eine Vorsehung, daß unser geliebter Führer nur mit leichten Verletzungen davongekommen ist. Wir erfuhren alles durch unsere Lehrerin und weinten vor Wut und Freude zugleich.«

Im August versucht Inge, ihre Mutter zu trösten, die sich wegen der häufigen Bombenangriffe auf Hamburg fürchtet: »Nur keine Angst, liebe Mutti, und immer Optimist bleiben. Die Zeiten werden bald so, daß wir nach Hause können. Unser Führer weiß schon, wann er zuhauen soll.« Doch im Oktober 1944 erhalten Inges Eltern zu ihrer Überraschung einen hastig mit Bleistift hingeworfenen Brief: »Ich schreibe Euch heute heimlich einen Brief... Setzt alles in Bewegung, daß ich für ganz nach Hause komme. Ich habe Kopfschmerzen und fühle mich so unwohl. Seit einer Woche friere ich ununterbrochen.« Einen Tag später trifft eine weitere geheime Nachricht ein. »Es ist wirklich so schlimm hier im Lager. Jeden Abend, wenn ich im Bett liege, überkommt mich das Heimweh.« Tage später schreibt Inge in einem »offiziellen«, von ihrer Lehrerin kontrollierten Brief: »Gestern las uns die Lehrerin den Aufruf des Führers an alle Männer von 16 bis 60 Jahren zum Kriegseinsatz vor. Ich möchte so gern ein Junge sein und mitkämpfen.«

Ungeachtet der fortwährenden Luftangriffe auf Personenzüge besucht Inges Mutter ihre Tochter kurz vor dem Weihnachtsfest 1944 und kehrt dann nach Hamburg zurück. Inge schreibt ihren Eltern vom Weihnachtsfest im Lager: »Gemeinsam hörten wir am Heiligen Abend die Ansprache von Dr. Goebbels. Wir denken oft und gern an unsere tapferen Soldaten... Besonders müssen wir an unseren Führer denken, denn er sorgt sich Tag und Nacht um sein Volk.«

Im Januar 1945 holt der Krieg die Kinder ein. Die Postverbindung nach Hamburg bricht zusammen. Im März schreibt Inge an ihre Großmutter: »Eben jagt ein ganz wahnsinniger Gedanke durch mein Gehirn. Ich habe mich selbst davor erschrocken. Ich dachte, wenn Mutti und Papi etwas zustößt, denn mußt Du ja für die kleine Schwester und den kleinen Bruder sorgen.«

Die evakuierten Kinder treten eine weitere Reise an, diesmal nach Westen, auf der Flucht vor den heranrückenden Russen. Eine Woche vor Ostern befinden sie sich kaum zehn Kilometer von dem Dorf, in dem Inge 1940 zu ihrer ersten Pflegefamilie kam. Ihre Pflegemutter besucht sie mit dem Fahrrad, doch Inge darf das Lager nicht verlassen. Ostern schreibt sie einen kurzen Brief an ihre Eltern: »Leider wird es in diesem Jahr keine Ostereier geben. Wir verzichten doch aber gern auf alles, wenn wir dadurch den Krieg wieder ein Stück seinem siegreichen Ende zuführen können.«

Dies war das letzte Propagandawerk ihrer Lehrerin, die wenige Tage später das Lager verließ, kurz bevor die Amerikaner in die Stadt einmarschierten und Süßigkeiten an die zurückgebliebenen Kinder verteilten. Inge war verwirrt, man hatte sie gelehrt, es seien Teufel in Menschengestalt. Monatelang hörte sie nichts von ihren Eltern. Abends saßen sie und die anderen Kinder im Lager, hörten im Radio, wie lange Namenslisten von vermißten Personen verlesen wurden. Schließlich gelang es einigen Mädchen, auf eigene Faust nach Hamburg zurückzukehren.

Inge blickt zurück auf die Jahre, die sie als Evakuierte verbracht hat: »Mich hat das Schicksal begünstigt. Meine Eltern und Geschwister blieben am Leben, am Anfang hatte ich auch liebevolle Pflegeeltern, und später in den Lagern wurden wir gut ernährt. Trotzdem, wenn ich ein Urteil fällen muß: Es war eine ständige Vergewaltigung von Kinderseelen.«

Nicht alle ehemals evakuierten Kinder teilen Inges Ansicht über die KLV-Lager. 1981 veröffentlichte Gerhard Dabel eine ausgezeichnete Sammlung aus den Archiven der KLV: *Die erweiterte Kinder-Land-Verschickung: KLV-Lager 1940-1945*. Die Sammlung zeigt, wie einige der Teilnehmer, inzwischen mittleren Alters, die Auswirkungen der Evakuierung auf ihr Leben empfinden.[26]

Die meisten Beteiligten begrüßten Dabels Bemühungen um eine Dokumentargeschichte der KLV, weil diese mehr Menschen begreiflich machen könnte, daß die Evakuierung in ländliche Gebiete unzählige Kinder vor dem sicheren Bombentod rettete. Die Mehrheit stimmte darin überein, daß dieser Schritt den Schulbesuch der Kinder gesichert hatte, deren Unterricht in der Heimatstadt durch die Luftalarme ständig unterbrochen wurde.

Die meisten Beteiligten lobten ihre Lehrer, die während der Zeit der Trennung zu Ersatzeltern wurden. Insgesamt erhielten die normalen Lehrer, die sie Fähigkeiten lehrten, die man für das Überleben nach dem Krieg benötigte, weitaus mehr Anerkennung als die Funktionäre der Hitlerjugend, die sie indoktriniert hatten. Viele evakuierte Kinder treffen sich noch heute jedes Jahr mit ihren Klassenkameraden und Lehrkräften aus den Lagern.

Die meisten ehemaligen Evakuierten waren der Meinung, daß die Erfahrungen in den Lagern sie flexibel und unabhängig gemacht, und, falls sie im Ausland untergebracht wurden, dazu noch ihren Horizont erweitert haben. Die meisten negativen Eindrücke stammen aus der letzten Zeit des Lagerlebens, als die Propaganda von Hitlerjugend und Partei ihr Leben vollkommen vereinnahmte. Die meisten Evakuierten im Teenageralter lehnten diese Einmischung in ihr Leben ab, konnten aber nichts dagegen tun.

Man darf nicht vergessen, daß nur ungefähr die Hälfte der zehn Millionen deutschen Schulkinder, die zwischen 1929 und 1939 geboren wurden, an der staatlich finanzierten Evakuierung aufs Land teilnahmen. Im Gegensatz zum Wehrdienst war die Teilnahme an der KLV freiwillig und hing von der Zustimmung der Eltern ab. Viele Familien zogen es, ebenso wie in Großbritannien, vor, zeitweilig bei Freunden und Verwandten auf dem Land unterzukommen. Während der Luftangriffe wollten Familien lieber zusammen bleiben, als den Trennungsschmerz ertragen, vor allem, wenn es sich um Kleinfamilien handelte.

Als die schweren Bombenangriffe auf das Rheinland begannen, wo ich selbst aufgewachsen bin, war meine Mutter so vernünftig, mich zu Hause zu behalten. Von unserer engsten Familie waren nur sie und ich übriggeblieben. Meinen Vater und meinen älteren Bruder hatte man eingezogen, sie waren damals in Frankreich und Rußland stationiert, mein Bruder bei der Infanterie, mein Vater bei der Luftwaffe. Zweifellos hatte sie auch Angst vor der Einsamkeit und ahnte intuitiv, daß ihre bekanntermaßen rebellische Tochter sich nur schwer in das Lagerleben und die Disziplin fügen würde.

Als wir schließlich im Frühjahr 1945 den Befehl zur Evakuierung erhielten und die alliierten Truppen schon jenseits des Rheins standen, weigerte ich mich zu gehen. Wie Gerhard und Inge – damals noch in KLV-Lagern – meinte ich, ich müsse das Vaterland verteidigen, bis die erhoffte »Wunderwaffe« das Kriegsglück wendete! Ich wurde schwer getadelt, weil ich mich dem Befehl des Führers widersetzt hatte. Nur wenige Tage später rollten Pattons Panzer durch die engen Straßen meiner Heimatstadt.

4

So fern und doch so nah

> *7. Dezember 1941, gegen 11.30 Uhr*
> Als ich im Laden nebenan einkaufen ging, tötete eine japanische Bombe meine Nachbarn. Bald darauf wütete ein Feuer, und ich half dabei, unsere Sachen und die der Nachbarn auf die andere Straßenseite in Sicherheit zu bringen... Bis sie das Feuer unter Kontrolle gebracht hatten, war der ganze Block, darunter auch unser Haus, abgebrannt... Ich war sehr traurig.

Diese Worte stammen von einem japanisch-amerikanischen Pfadfinder vom Zug 36, Ortsgruppe 1, Honolulu.[1] Der Junge schrieb jeden Tag in sein Tagebuch, das sich heute im Hawaii War Records Depository befindet. Darin verzeichnet er die Nachwirkungen des Angriffs auf Pearl Harbor, der die amerikanischen Kinder mit der Wirklichkeit des Krieges konfrontierte.

Dorinda Makanaonalani, sieben Jahre, aß zu Hause in Pearl City gerade ihr liebstes Sonntagsfrühstück – Papayas, pikante Würstchen, gebratenen Reis und Eier –, als der Angriff erfolgte. In *Pearl Harbor Child* schildert sie die Ereignisse, die ihr Leben und ihr Land verändern sollten:

> Plötzlich hörten wir die Geräusche von Tieffliegern, dann, beinahe sofort, laute Explosionen, gefolgt von weiteren Flugzeugen, die direkt über unser Haus flogen... Mein Vater sprang vom Küchentisch auf und rannte in den Vorgarten. Ich war gleich hinter ihm. Wir schirmten unsere Augen ab... und schauten geradewegs auf das orangerote Emblem mit der aufgehenden Sonne. Die Flugzeuge flogen tief, sie berührten beinahe die Dachfirste, so daß wir die Gesichter der Piloten und sogar ihre Fliegerbrillen erkennen konnten... Obwohl wir sie nicht hörten, trafen die Brandbomben ihre Ziele. Unsere Küche stand in Flammen, Teile des Da-

> ches waren verschwunden. Die Haustür unserer Nachbarn war so durchlöchert, daß sie aus den Angeln fiel. Vom Ende der Halbinsel, auf der wir wohnten, konnten wir das Schlachtschiff *Utah* sehen, das im trüben Wasser auf der Seite lag. Wohin wir auch schauten, überall waren Rauch und Feuer... Ein Kriegsschiff trieb kieloben, andere waren den Flammen hilflos ausgeliefert... Es schien, als sei das ganze Wasser von brennendem Öl bedeckt. Über uns sahen wir ein einsames japanisches Flugzeug, das in aller Seelenruhe durch die schwarzen Wolken stieß und einen Angriff nach dem anderen auf die manövrierunfähigen Schiffe flog... Da uns nichts anderes einfiel, fuhr Vater mit unserem alten, schwarzen Sedan in die Zuckerrohrfelder auf den Hügeln über Pearl Harbor. Von dort aus... beobachteten wir den Himmel und konnten uns zwischen den hohen Pflanzen verbergen, wenn die japanischen Flugzeuge zurückkehrten. Ich dachte an das Frühstück, das ich auf dem Küchentisch zurückgelassen hatte. Die Bananen und Papayas wären jetzt köstlich. Vielleicht war meine Hündin »Hula Girl« inzwischen so hungrig, daß sie sich das Frühstück geschnappt hatte. Doch wenn sie nun von einer Bombe oder Granate getroffen worden war? Da mußte ich zum erstenmal weinen.

Kinder, die weiter entfernt von Pearl City lebten, hörten das Donnern der Geschütze und sahen Flugzeuge, die über dem Flottenstützpunkt herabstießen und wieder nach oben stiegen, hielten es aber für eine Militärübung und ließen sich nicht in ihren sonntäglichen Aktivitäten stören. Ein Junge, der die achte Klasse der Kalakau Intermediate School besuchte, sauste nach dem Frühstück nach draußen, um mit seinen Freunden in einem nahegelegenen Park Basketball zu spielen:

> Wir hatten gerade angefangen zu spielen, als eine heulende Granate über uns hinwegflog... Dann flogen in unregelmäßigen Abständen weitere Granaten über uns hinweg... Wir dachten, es sei ein weiteres Kriegsmanöver. Plötzlich schaute ich in Richtung Pearl Harbor und Hickam Field und sah riesige, schwarze Rauchsäulen und Flugabwehrge-

> schosse, die am Himmel explodierten. »Seht mal!« rief ich meinen Freunden zu. Niemand sagte etwas, während wir voller Erstaunen das Schauspiel betrachteten. Dann hörten wir Tiefflieger über uns und sahen, wie ein Flugzeug ein anderes jagte. Es feuerte kurze Maschinengewehrsalven auf seine Beute ... Wir rannten nach Hause ... Ich sah unsere Nachbarn auf dem Dach stehen, sie schauten sich das Spektakel mit Ferngläsern an. Keiner von ihnen dachte an die Gefahr. Ich lief ins Haus und schaltete das Radio ein ... Plötzlich rief ein aufgeregter Sprecher: »Die Japaner haben Pearl Harbor angegriffen. Die Vereinigten Staaten und Japan befinden sich jetzt im Kriegszustand.« ... Ich saß wie betäubt neben dem Radio und schaute meine Eltern an. Ich las die Angst in ihren Gesichtern ... Sie waren in Japan geboren und dachten zweifellos: »Was geschieht bloß mit den Japanern auf diesen Inseln?«[3]

Marjorie Bond besuchte Punahou, ein privates Internat, das nur wenige Meilen von der Stadtmitte Honolulus entfernt lag. Sie und die anderen Schülerinnen waren vor dem Frühstück zur Kirche gegangen. Erst nachdem sie in den zweiten Stock ihres Studentenwohnheims *Castle Hall* zurückgekehrt waren, entdeckten sie den dichten, schwarzen Rauch über Pearl Harbor. In einem 1944 verfaßten Aufsatz über »Hawaii im Krieg« schrieb sie:

> Als das Radio verkündete, es herrsche Krieg, gerieten alle in große Aufregung. Niemand wußte, was zu tun war. Schließlich rief Miss Bryce uns ins Erdgeschoß und sagte, wir sollten uns hinter den Möbeln verstecken. Nach einer Weile wurde es sehr unbequem, und wir schlichen eine nach der anderen zum Notausgang, von wo aus wir die Lunalilo School brennen sahen. Nachmittags hielten wir mehrere Luftschutzübungen ab. Jede von uns schleppte eine Matratze nach unten, und wir stellten sie in drei Zimmern an den Wänden auf. Jedes Mädchen hatte einen Kopfkissenbezug dabei, darin waren die nötigsten Dinge für den Fall, daß wir ausgebombt würden. Als mitten in der Nacht eine Granate auf das Schulgelände fiel, griff ich als erstes

> nach meinem Bündel und preßte mich dann gegen die Wand. Danach dachte niemand mehr an Schlaf, und wir warteten ängstlich auf die Dämmerung.[4]

Als es am 7. Dezember dunkel wurde, hatte die Nachricht vom japanischen Angriff auf Pearl Harbor das amerikanische Festland erreicht. In *Victory Gardens and Barrage Balloons* erinnerte sich Helen Jean Stubblefield, die damals die erste Klasse der Bremerton High School im Staate Washington besuchte:

> Wir hörten gerade Weihnachtsplatten, als unsere Nachbarn ... den Hügel hinaufgelaufen kamen und an unsere Tür hämmerten. Sie waren kreidebleich, Alma weinte. Al sagte: »Schaltet das Radio ein, die Japse haben Pearl Harbor angegriffen, wir sind im Krieg.« Mein Vater trat ans Radio, und meine Mutter sank mit gerötetem Gesicht auf die Couch, Alma gleich neben sie. Mir war klar, daß dieser dramatische Schlag nicht nur Pearl Harbor getroffen hatte, sondern auch uns ganz persönlich.[5]

Meine Schwägerin Nancy Jacobsen, damals elf, erfuhr vom Angriff am späten Nachmittag, als sie in ihrem Bauernhaus in Minnesota Radio hörte. Nancy und ihre Familie sorgten sich um den ältesten Bruder Richard, der bei der US-Marine diente. Sein Schiff, die USS *Lexington*, war auf Hawaii stationiert. Wenige Tage später erfuhren sie, daß die *Lexington* nur Stunden vor dem Angriff ausgelaufen und Richard in Sicherheit war. Ihr fünfzehnjähriger Bruder Stanley schwor an jenem Abend, auch er wolle zur See fahren und in dem »gerechten« Krieg kämpfen. An seinem siebzehnten Geburtstag meldete er sich prompt zur Marine.

Harriet Neufeld, fünfzehn Jahre, saß bei Einbruch der Dämmerung in der Küche ihres Elternhauses in Belmont, Massachusetts und machte Hausaufgaben. Ihr Vater hatte gerade das Radio eingeschaltet, um die Unterhaltungssendungen zu hören, als die Nachricht kam, die Japaner hätten den US-Flottenstützpunkt im fernen Hawaii angegriffen. Am nächsten Tag bezeichnete Franklin D. Roosevelt den 7. Dezember 1941 als »Tag der Infamie«. Der Präsident sprach langsam, stockte und sagte: »Ich fordere den Kongreß auf zu erklären, daß seit diesem nicht provozierten und feigen Angriff durch Japan ... Kriegszustand herrscht.«

Binnen weniger Tage nach dem japanischen Angriff und der Kriegserklärung begann Amerika mit dem Bau von Luftschutzbunkern. »9. Dezember 1941: Ich habe meinem Vater geholfen, den Luftschutzbunker auszuheben«, schrieb ein Pfadfinder in Honolulu in sein Tagebuch. »Habe zu Hause geholfen, haben Luftschutzbunker gebaut«, berichtete ein anderer Junge am 10. Dezember. »Wir haben einen Luftschutzbunker im Garten fertiggestellt«, schrieb ein dritter Junge am 14. Dezember.[6]

Die Mädchen von der Punahou School in Honolulu gewöhnten sich an die totale Verdunkelung. »Da es abends kein Licht gab, unterhielten wir einander mit Gespenstergeschichten«, schrieb Marjorie Bond. Alle Schulen blieben bis zum Jahresende geschlossen. Die siebenjährige Dorina Makanaonalani verbrachte gemeinsam mit ihrem Hund »Hula Girl« die nächsten Tage damit, in der Umgebung Granatsplitter und kleine Patronenhülsen zu sammeln. Ihr Vater entfernte Kugeln aus der Küchenwand.

Der Militärgouverneur drängte alle Zivilisten, die nicht für den Kriegseinsatz gebraucht wurden, Hawaii zu verlassen. Viele Familienmitglieder von Armeeangehörigen fuhren per Schiff aufs sichere Festland. Auf ihrer Reise an die Westküste sangen die Kinder ein Lied, das sie soeben gelernt hatten: »Erinnern wir uns an Pearl Harbor, wenn wir dem Feind gegenübertreten. Erinnern wir uns an Pearl Harbor wie an Alamo.« Die Bewohner Hawaiis, die zurückblieben, bereiteten sich auf die erwartete japanische Invasion vor.

»24. Dezember 1941: Heiligabend ohne Mitternachtsmette. Nachrichten aus dem Orient sehr beunruhigend«, lautet der Tagebucheintrag einer Nonne aus der Sacred Hearts Academy in Honolulu. »Weihnachten 1941: Eine Kriegsweihnacht, die wir zumeist in unserer geliebten Kapelle verbrachten, wo wir zum Wohle aller beteten, vor allem aber für den Frieden auf Erden. Viele unserer Schülerinnen kommen uns besuchen; jede einzelne von ihnen ist tapfer und bereit, Opfer zu bringen.«[7]

Überall auf dem amerikanischen Festland fürchteten Kinder, daß der feindliche Bombenregen auch sie treffen könnte. Die Kinder an der Westküste, von Kalifornien bis Oregon, fühlten sich besonders angreifbar. In San Francisco wurde ihre Angst noch durch die Sirenen gesteigert, die am Abend der amerikanischen Kriegserklärung ertönten: »Die Luftalarme an der Pazifikküste begannen um 18.45 Uhr, als [unbestätigte] Berichte über feindliche Flugzeuge eingingen ... In San Francisco heulten die Sirenen durch die Market Street, und alle Lampen gingen aus, als Suchscheinwerfer über den Himmel kreisten ... Die Stadt am Golden Gate sah plötzlich wie London und Rotterdam aus.«[8]

Für den Fall, daß sie evakuiert würden oder ums Leben kämen, mußten die Kinder in San Francisco während der kommenden Monate Kennmarken tragen, deren Nummern auf den Listen der zivilen Verteidigung verzeichnet waren. In Hawaii blieb die Angst vor einem weiteren japanischen Angriff bestehen, obgleich die Schulen Anfang Februar 1942 den Unterricht wieder aufgenommen hatten. Die Kinder erhielten Gasmasken und mußten sich regelmäßigen Tests mit Tränengas unterziehen.

Dorinda Makanaonalanis Bruder Ish war erst zwei Jahre alt. Seine Maske war beinahe ebenso lang wie er selbst. »Die Kleinkinderversion war wirklich lustig«, schrieb seine Schwester. »Eigentlich war es eine Art Sack, in den man hineinstieg, oben mit großen Hasenohren verziert und einem Fenster, aus dem man hinausschauen konnte.« Jeden Tag ging das kleine Mädchen mit der Gasmaske in der Hand zur Schule.

Ein Mädchen, das die achte Klasse in Punahou besuchte, beschrieb eine Übung an ihrer Schule:

> Bei der Gasübung mußten alle den Luftschutzbunker [den die Jungen gegraben hatten] verlassen und in die Duschen im Keller von Bishop Hall gehen. Alle stellten sich hintereinander auf, und dann bewegte sich der Zug durch die Doppelreihe der Duschen. Ich wusch den Rücken des Mädchens vor mir, und das Mädchen hinter mir wusch meinen Rücken ... Ein Mann vom Chemical Engineering Department der Armee ... bereitete eine Tränengaskammer vor, und alle mußten mit ihren Gasmasken hineingehen. Nach der Hälfte des Weges nahmen wir unsere Masken ab ... Ich kam weinend heraus und begriff den Wert einer Gasmaske. Danach bin ich nicht mehr so achtlos damit umgegangen.[9]

Dorindas Eltern, die in Pearl City geblieben waren, betätigten sich als Luftschutzhelfer und leiteten Übungen mit künstlich herbeigeführten Bombendetonationen. Am liebsten war dem kleinen Mädchen die Rolle als »Opfer«. Sie mußte sich am Straßenrand hinlegen und warten, bis freiwillige Sanitäter sie fanden und ihre »Verletzungen« verbanden. Sogar an der Verdunkelung hatte sie Spaß – zuerst jedenfalls. »Dann ging ich mit meiner Taschenlampe in den Wandschrank und schaute mir Bilderbücher an oder hörte Radio«, erinnerte sie sich. »Es war so lange ein Abenteuer, bis ich begriff, daß man nach dem Dunkelwerden eigentlich nur noch ins Bett gehen konnte. Da entschied ich, daß es mir doch keinen Spaß machte.«

Auf dem Festland gerieten einige Kinder bei den Luftschutzübungen in der Schule in Panik. »Ich hatte immer Angst«, erinnerte sich ein junges Mädchen, »daß meine Familie bombardiert würde, während ich in der Schule war« – eine Reaktion, die sie mit vielen Kindern in England und Deutschland teilte.[10] Andere Kinder genossen die Verdunkelung, solange sie bei ihren Eltern bleiben konnten, die ihnen beim Licht der Taschenlampe vorlasen oder Geschichten erzählten. Ein Mädchen aus Detroit erinnerte sich: »Wenn eine Sirene ertönte, schalteten wir alle Lampen im Hause aus, gingen auf die Veranda und sahen nichts als Sterne, Mond und Suchscheinwerfer.«

Ein eher nüchterner Bericht über eine Luftschutzübung findet sich in einem Brief, den eine Neunjährige an die Zeitschrift *Jack and Jill* schrieb: »Wenn der Alarm ertönt ... gehen wir in das untere Stockwerk unserer Schule und setzen uns auf unsere Bücher. Wir sitzen auf unseren Büchern, damit uns das Stehen nicht müde macht.«[11]

Im März 1942 veröffentlichte *Life* einen Bericht, in dem die Kinderpsychologin Carolyn Zachry Ratschläge gibt, wie man amerikanische Kinder am besten vor Luftangriffen schützen könne. Sie empfahl Eltern, »die ›grausame Wirklichkeit des Krieges‹ so bald wie möglich in das Familienleben einzubeziehen«. Ihr Rat gehörte zu einem dreiseitigen bebilderten Essay, der veranschaulichte, wie sich die Familie Mott aus Long Island, New York, auf die zivile Verteidigung vorbereitete. Laut Miss Zachry lernten der siebenjährige Billy Mott und seine vierjährige Schwester Evelyn, »was immer auch kommen mochte, als Spiel zu betrachten«.

Auf dem ersten Foto kauern sich die Kinder unter dem Eßtisch zusammen und spielen »Luftschutzbunker«, ausgerüstet mit »Churchill-Anzügen« und Helmen aus Blech. Auf dem zweiten Bild bläst Vater Mott in eine Pfeife, und die Kinder rennen in Dekkung. Das nächste Foto zeigt Eltern und Kinder im Keller, mit Taschenlampe und Erste-Hilfe-Kasten. Auf dem letzten Bild kauert die ganze Familie Mott am Heizkessel, während Mutter Mott Evelyn vorliest und Vater Mott mit Billy ein Buch anschaut. Zum Glück blieben den Motts aus Long Island, New York, und Miss Zachry von *Life* die Schrecken eines echten Luftangriffs erspart. Die einzigen amerikanischen Kinder auf dem Festland, die durch feindlichen Einfluß ums Leben kamen, starben nicht bei einem Luftangriff, sondern bei der Explosion einer japanischen Ballonbombe in Oregon. Die Tragödie ereignete sich am 5. Mai 1945, zwei Tage vor der deutschen Kapitulation und drei Monate vor der Niederlage Japans. In der Hoffnung, sie würden nach Osten über den Pazifik in die Vereinigten Staaten getragen, hatten die Japaner Ende 1944 circa 6000 mit Bomben versehene Ballons steigen lassen. Mit einer Geschwindigkeit von bis zu 480 Stundenkilometern zogen die Ballons in wenig mehr als einem Tag Tausende von Meilen über den Ozean. Eingebaute Zeituhren ließen die Ballons sinken und lösten die Detonation der Bomben aus.

Am Morgen des 5. Mai, es war ein Samstag, wollten der Pastor Archie Mitchell, seine schwangere Frau Elsye und fünf Sonntagsschulkinder aus Bly, Oregon, zum Angeln gehen. Die Kinder waren Sherman Shoemaker – elf Jahre, Jay Gifford, Edward Engen und Joan Patzke – 13 Jahre, und Joans Bruder, Dick Patzke – 14 Jahre. Archie Mitchell stellte den Wagen an einer sumpfigen Stelle im Ponderosa-Kiefernwald ab. Seine Frau, der vom Fahren übel geworden war, stieg aus und spazierte mit den Kinder zu einem nahegelegenen Bach. Gegen 10.20 Uhr rief Elsye ihrem Mann zu: »Sieh mal, Liebling, was ich gefunden habe.« Ihr Ehemann antwortete: »Einen Moment, ich schaue es mir gleich an.«

Archie startete den Wagen und fuhr den Hang hinauf, gefolgt vom Vorarbeiter einer Straßenkolonne, die in der Nähe arbeitete. Die Männer konnten die Frau und die Kinder in etwa hundert Metern Entfernung im Wald sehen. Sie schauten sich etwas an. Dann folgten zwei furchtbare Explosionen. Die verstümmelten Leichen der vier Jungen lagen um den Bombentrichter verstreut; das Mädchen überlebte die Detonation, starb aber später, genau wie Elsye, die schwangere Frau des Pastors. Um eine Panik zu verhindern, bewegten Vertreter der Bundesregierung den Leichenbeschauer zu der folgenden Erklärung: »Bei der Todesursache handelt es sich meiner Ansicht nach um eine Explosion ungeklärten Ursprungs.« Auf den Grabsteinen steht jedoch: »Getötet von einer feindlichen Ballonbombe.«

In der zweiten Hälfte des Jahres 1942 fühlten sich die Amerikaner mit ihrer militärischen und zivilen Verteidigung recht sicher, und die Furcht, ihre Kinder könnten Bomben zum Opfer fallen, legte sich. Mit Hilfe von Schulen und Freiwilligen-Organisationen (wie den Pfadfindern, den Camp Fire Girls und den Future Farmers of America) rief die US-Regierung nun die Kinder Amerikas auf, eine Reihe patriotischer Aufgaben zu übernehmen. Sie machten sich an die Arbeit: sammelten Schrott, kauften und verkauften Kriegsanleihen und pflanzten Victory-Gärten zur Selbstversorgung.[13]

Am enthusiastischsten drückte Little Orphan Annie, eine Comic-Figur, die Verbindung zwischen freiwilliger Arbeit und Patriotismus aus. Im Sommer 1942 lasen Millionen amerikanischer Kinder den täglich erscheinenden Comicstrip, in dem Annie die Ostküste der Vereinigten Staaten vor einem Angriff deutscher U-Boote rettete. Zufällig wurde einige Monate später ein echtes deutsches U-Boot entdeckt und vor der Atlantikküste versenkt! (Mein Onkel Herbert Werner, einer der wenigen überlebenden Kommandanten eines deutschen U-Bootes, schilderte diese Erlebnisse in dem Buch *Iron Coffins* [*Die eisernen Särge*]).[14]

Als Annie und ihrer Schulkameradin Loretta von den anderen Kindern vorgeworfen wurde, daß sie niemals Zeit zum Spielen hätten, erklärten sie ihnen: »Loretta und ich haben was Wichtigeres zu tun als spielen. Wir machen Kriegsarbeit. Es ist unser Krieg, er geht jeden von uns was an. Wir geben alles, um denen zu helfen, die alles für uns geben!«

Binnen eines Monats, nachdem Annie ihre jungen Freunde aufgefordert hatte, ihren Teil beizusteuern, wurden im ganzen Land »Junior Commando«-Gruppen gegründet – Tausende von Kindern wühlten sich durch Müllhaufen und klopften an Türen, um all die

Rohstoffe zu sammeln, die in der Rüstungsindustrie dringend gebraucht wurden. Jungen und Mädchen waren eifrig darauf bedacht, die Kriegsanstrengungen zu unterstützen und sich einen Rang zu verdienen. An vorderster Stelle stand natürlich Colonel Annie![15]

Unterdessen schlug der zwölfjährige Clive Oldroyd dem Oberbefehlshaber im Pazifik, General MacArthur, vor, wie er die verfügbaren Waffen verbessern könne. Am 22. Juli 1942 schrieb Oldroyd:[16]

Sehr geehrter Herr,

ich schicke Ihnen diese Idee, weil ich mir dachte, Ihre Experten könnten etwas damit anfangen. Ich interessiere mich sehr für Flugzeuge und habe schon welche gebaut. Da ich erst zwölf bin, kann ich meine Ideen nicht selbst ausführen. Ich kann nur darüber nachdenken und Flugzeuge zeichnen. Die Idee besteht darin, den Bordschützen vor feindlichem Maschinengewehrfeuer abzuschirmen. Während er auf ein Flugzeug feuert, kann ihn ein anderes angreifen, doch das wäre sinnlos, weil die Armierung die Kugeln abfängt. Ich lege Zeichnungen bei. Ich wäre dankbar, wenn Sie mir schreiben könnten, was Sie von meinen Ideen halten. Die Japse sollen kapieren, wo sie hingehören. Meine zweite Idee wäre eine Schnellfeuerwaffe … Das Geschütz funktioniert wie ein riesiges Gewehr, aber die Geschosse rutschen durch den Ladeschacht, während ein Gewehr mit Klammern arbeitet. Sobald ein Geschoß abgefeuert ist, fällt die Hülse aus [der] Öffnung für die verbrauchten Hülsen, die nach dem Abfeuern automatisch aufgeht. Das nächste Geschoß fällt aus dem Ladeschacht und nimmt die Stelle des ersten ein und so weiter, bis der Schacht leer ist. Dann wird der Schacht nacheinander mit Geschossen geladen. Sie sind in Gestellen untergebracht. Die Ladezeit erlaubt ein Abkühlen des Schachtes.

Mit freundlichen Grüßen
Clive Oldroyd

Ein junges Mädchen aus Lawrenceville, Virginia, empfand den Aufruf zum Handeln als äußerst dringend. Ihr Brief vom 9. August 1942 wurde fast fünfzig Jahre, bevor die US-Armee Frauen bei Kampfhandlungen einsetzte, geschrieben:[17]

Lieber General MacArthur,

dies ist kein spaßiger Brief, sondern eine ernsthafte Bitte. Ich habe den Präsidenten, den Senator und die Kongreßabgeordneten gebeten, meine Briefe zu beantworten. Ich habe nie eine Antwort erhalten. Ich bitte Sie daher, wenigstens diesen Brief zu beantworten. Ich bin zwölf Jahre alt (wenn Sie diesen Brief erhalten). Ich weiß, er wird Ihnen komisch vorkommen, aber ich bin Amerikanerin und habe Rechte. Ich glaube, für diese Rechte sollte ich kämpfen. Ich habe versucht, Clubs zu gründen, aber es funktioniert einfach nicht. Daher möchte ich jetzt drastischere Schritte ergreifen und bitte Sie, mich in die Armee aufzunehmen. Selbst wenn es nur als Schwesternhelferin ist (ich verstehe ein bißchen vom Verbinden). Sie werden wohl sagen: »Du wirst zu Hause gebraucht«, aber das stimmt nicht – ich tue ja nichts… Ich möchte eine Waffe tragen und Befehle entgegennehmen und in Schützengräben hocken und die Deutschen in Massen niedermähen. Bitte beantworten Sie diesen Brief, und sagen Sie mir, was ich tun kann.

Herzliche Grüße,
Patricia A. Coyle

Am 10. November 1942 schickte ein Mädchen aus Wichita, Kansas, dem General einen Bericht über *ihre* Arbeit zu Hause:

Sehr geehrter Herr,

Sie werden sich fragen, weshalb ich Ihnen schreibe und wer ich bin. Nun, zuerst habe ich in der Zeitung gelesen, daß ein Junge von neun Jahren Ihnen geschrieben hat. Das hat mich auf die Idee gebracht, und deshalb schreibe ich Ihnen. Vielleicht möchten Sie wissen, wie ich aussehe, also werde ich mich so gut wie möglich beschreiben. Ich bin zwölf und ungefähr eins vierundfünfzig. Ich habe braune Augen und braunes Haar. Ich gehe in die siebte Klasse und mag alle meine Lehrer, was ziemlich ungewöhnlich ist. Ich nehme an, Sie möchten wissen, was wir zu Hause tun. Meine Mutter sammelt Fett für Kugeln. Ich kaufe immer eine Kriegsmarke, wenn ich einen Vierteldollar zusammenhabe. Wir sammeln Papier, alle Arten von Metall und Gummi. Ich habe ein Fahrrad, aber ich fahre nicht sehr oft, um Reifengummi zu sparen. Eine Fabrik hat einen Kinderclub gegründet, er heißt »Junior Commandos« und macht seine Sache ganz toll. Wir Pfadfinderinnen kümmern uns auch um kleinere Kinder, damit die Eltern in den Kriegsfabriken arbeiten können. Außerdem erledigen wir Besorgungen für Leute. Ich dachte, Sie möchten vielleicht erfahren, daß wir ein Bild von Ihnen mit einer amerikanischen Flagge darüber im Wohnzimmer hängen haben. Ich habe fünf Onkel in der Armee und einen Cousin bei der Marine... Ich hoffe, Sie bekommen diesen Brief, denn ich weiß Ihre genaue Adresse nicht. Übrigens, falls Sie möchten, daß meine Klassenkameraden Ihnen schreiben, müssen Sie es nur sagen. Jetzt ist Zeit zum Zapfenstreich, also beende ich besser diesen Brief.

Mit freundlichen Grüßen,
Miss Joan Dooley

P. S. Es wäre mir eine große Ehre, wenn Sie Zeit hätten, meinen Brief zu beantworten. Wir alle wissen, wie großartig Sie Ihre Aufgabe drüben erfüllen, und ich weiß, daß wir alle versuchen, unseren Teil beizutragen.

1942 verkündete der War Production Board (WPB), es werde dringend Altmetall benötigt. Kinder wie Larry Lauerhass (sieben, aus Long Beach, Kalifornien) und Jugendliche wie mein zukünftiger Ehemann Stanley Jacobsen (aus Lake Benton, Minnesota) durchkämmten ihr Zuhause und die Nachbarschaft nach den verschiedensten Gegenständen und luden sie in ihre Handwagen. Bei einer landesweiten Schrottkampagne, die an drei aufeinanderfolgenden Samstagen im Oktober 1942 stattfand, klebten Kinder überall im Land Plakate. Diese informierten die Öffentlichkeit darüber, daß man aus einem Wandheizkörper siebzehn Gewehre Kaliber 30 produzieren könne; ein Rasenmäher ergebe sechs Drei-Zoll-Granaten; und eine Schaufel ließe sich in vier Handgranaten verwandeln. Um die 30 Millionen Kinder sammelten 1 500 000 Tonnen Altmetall, genug, um 425 Liberty-Schiffe zu bauen, wie der WPB erklärte. Auf einem davon fuhr Stanley Jacobsen 1944 zum Kriegsdienst in den Pazifik.

Im November 1943 druckte die Kinderzeitschrift *Jack and Jill* eine Fortsetzungsgeschichte in sechs Teilen mit dem Titel »Der Club der Schrottsammler«, die an den Patriotismus amerikanischer Jungen und Mädchen appellierte. Während der Vater im Krieg ist, gründen seine vier Kinder den Scrap Happy Wanderclub. Eine amerikanische Flagge schwenkend ziehen sie über Land und singen: »Wir sammeln Schrott, um einen Japs zu kriegen.« Der Höhepunkt ihrer Schrottkampagne findet sich im vierten Teil der Geschichte, als die Kinder im Gebüsch einen alten Rollwagen entdecken. Sie geraten in Versuchung, ihn als geheimes Clubhaus zu benutzen, doch ihr Patriotismus gewinnt die Oberhand. Sie übergeben ihn dem Bürgermeister, damit, wie eines der Kinder erklärt, »mein Daddy Gewehre bekommt«. Der Bürgermeister ehrt die vier Kinder in einer öffentlichen Feierstunde; ihr Vater kommt überraschend auf Urlaub; ihr Großvater baut ihnen ein Clubhaus im heimischen Garten; und alle essen Eis.[19]

1944 wurde der Papiermangel kritisch, denn die Rüstungsproduktion lief mittlerweile auf Hochtouren, so daß ungeheure Mengen an Verpackungsmaterial gebraucht wurden. Am 7. Juni 1944 schrieb Sammy Berman (fünf, aus Minneapolis, Minnesota) seinem Vater, der als Sanitätsoffizier bei der US-Armee in England diente: »Lieber Papi, das Papier darf nicht zur Schule. Es muß auf die Straße und wird weggenommen. Ich hoffe, Du bist noch heil!«[20]

Die Aufrüstung, das heißt die Produktion von Geschützen, Bomben und Munition, erforderte viel Geld. Kriegsanleihen wurden zu einer besonderen Art des Sparens. Die Bürger der Vereinigten Staaten liehen ihrem Land Geld, das später mit Zinsen zurückgezahlt werden sollte. Auch Kinder halfen mit Anleihen, indem sie einzelne Sparmarken kauften und in ein dafür vorgesehenes Heft klebten. In Hawaii verzichtete Dorinda Makanaonalani auf ihr Mittagessen, um Zehn-Cent-Marken zu kaufen, die sie in ihr Markenheft klebte. Als sie es mit 18,75 Dollar in Marken gefüllt hatte, brachte sie es zum Postamt und tauschte es gegen eine Kriegsanleihe. Sie stand nicht allein mit ihren Bemühungen.

Am Erntedankfest 1943 verfaßte Robert Puchmond, ein Achtkläßler aus Nassau County, New York, einen leidenschaftlichen Aufsatz zum Thema »Weshalb wir unser Versprechen, Kriegsanleihen zu kaufen, halten müssen«:

> Wir alle sollten unser Versprechen halten, weil alle Soldaten am Kriegsschauplatz im Pazifik oder an der [europäischen] Front es von uns erwarten. Wir möchten sie doch nicht im Stich lassen. Wenn wir das tun, könnte es [für sie] den Unterschied zwischen Leben und Tod bedeuten. Sie kämpfen

Dieser Schatten darf nicht auf sie fallen. Kauft Kriegsanleihen.

> jeden Tag in heldenhaften Schlachten. Und vertreiben die japanischen Horden und die Nazis aus den besetzten Ländern. Unterstützt unsere kämpfenden Männer und kauft Verteidigungsmarken und Anleihen, damit der Tag der Befreiung [kommt] und alle unterdrückten und besetzten Länder wieder frei werden und das leuchtende Licht der Hoffnung und des Friedens sich auf ihren glücklichen Gesichtern widerspiegelt... Laßt uns also die Aufgabe erfüllen, die man uns zu Weihnachten gestellt hat, nämlich daß wir, die ganze Schule, für 9000 Dollar Verteidigungsmarken und Anleihen kaufen und 375 000 Schuß Munition liefern oder kaufen. Ich bin sicher, alle Kinder möchten ihre Väter, Brüder und Cousins so bald wie möglich wieder zu Hause haben.[21]

Bis Weihnachten 1943 hatten die Kinder der Schulen von Nassau County genügend Geld gesammelt, um zu Ehren der Geburt des Friedensfürsten fünfundzwanzig Kampfflugzeuge und 646 000 Schuß Munition zu kaufen.

In einem Brief vom 27. Januar 1944 schrieb Isabel Berman aus Minneapolis, Minnesota – Mutter von David, zehn Jahre, Betsy, sieben, und Sammy, fünf – ihrem Ehemann Captain Reuben Berman:

Liebster Reuben,

David hat fast 18,75 Dollar auf seinem Konto. Er wollte eine Anleihe kaufen. Ich gab ihm einen Scheck. Er soll mir das Geld von seinem Sparkonto zurückzahlen. Eigentlich kann er beides haben. Er wollte die Anleihe nicht auf die Namen David Berman und Isabel R. Berman kaufen, sondern hat mich als Begünstigte eingesetzt. Er sagte, die Anleihe gehöre ihm ganz allein... Als nächste möchte Betsy eine Anleihe kaufen. In der Schule werden Sparmarken für den Krieg verkauft. Mit vier Dollar von Rose und Dave und ungefähr fünfzig Cent pro Woche von der Schule wird es nicht lange dauern, bis Betsy eine Anleihe kaufen kann. Und danach ist Sammy an der Reihe.

Noch etwas anderes verband Dorinda Makanaonalani aus Hawaii und David Berman aus Minnesota: Sie pflegten ihre Victory-Gärten. Dorinda zog viel Gemüse und tropische Früchte, haßte aber das Unkrautjäten. Auch bei David wuchs Unkraut, aber es gab auch »Käfer,

Radieschen (rote und weiße), Kopfsalat, Rote Bete, Möhren und Tomaten. Außerdem habe ich ein Tütchen gemischten Blumensamen«, schrieb er seinem Vater an einem schönen Tag im Mai.

Ältere Kinder und Jugendliche nahmen die Stelle der Erwachsenen ein, die in den Krieg gezogen waren. Mit zwölf Jahren wurde meine zukünftige Schwägerin Nancy Jacobsen, die zwei Brüder bei der Marine hatte, »Farmhelferin« auf ihrem Hof in Minnesota: »Ich lernte Kühe melken. Außerdem wie man ein Pferdefuhrwerk lenkt. Danach lernte ich Autofahren. Vater kaufte einen John-Deere-Traktor, und ich lernte, auch damit umzugehen.«

Wegen des akuten Mangels an Arbeitskräften, der in Hawaii herrschte, arbeiteten Barbara Butler und ihre Freundinnen aus der achten Klasse der Punahou School einen Tag in der Woche auf den Ananasplantagen und in den Konservenfabriken. Die Jungen aus ihrer Klasse gründeten eine Einheit für das Sanitätskorps und »bemannten« nachts die Erste-Hilfe-Stationen. Joshua Akana von der Kamehameha Boys School in Honolulu schrieb einen Brief an die *Weekly News Review* in Washington, D.C., in dem er den Lesern schilderte, was »die hawaiianischen Jungs hier draußen an der Front so machen«:

Die Jungs aus den oberen Klassen besuchen zwei Wochen die Schule und übernehmen danach zwei Wochen lang Teilzeitjobs. Diese Jungen... sind in der Lage, auf den Flugplätzen, beim Elektrizitätswerk, bei Hawaiian Airlines, der Telefongesellschaft und so weiter die Arbeit von Fachleuten zu übernehmen... Wir sind stolz auf unsere Leistung und versuchen, dem Motto unserer Klasse gerecht zu werden: DRÜBER REDEN UND ES DANN TUN. Das Tun hat hier bei uns den höchsten Stellenwert. Wir arbeiten während der Freizeit und in den Ferien – so sieht heute unser normaler Alltag aus.[22]

Doch der Patriotismus besaß auch eine dunkle Seite. In seinem 1995 erschienenen Buch *Earning Their Stripes: The Mobilization of American Children in the Second World War* sagt Robert W. Kirk, daß, obwohl altruistisch denkende Erzieher die Kinder aufforderten, nicht einseitig über die feindlichen Völker zu urteilen, die Propaganda von Regierung und Medien viele Kinder zum Haß auf ihre Feinde anstachelte. Sie lernten, die Brutalität der Nazis zu

Folgt dem Rattenfänger – Tretet in die Schulgarten-Armee der Vereinigten Staaten ein

hassen und zu fürchten, aber man impfte ihnen auch einen rassistisch begründeten Haß auf die Japaner ein.

Obgleich amerikanische Kinder schon immer Cowboy und Indianer, Räuber und Polizist und Krieg gespielt hatten, erreichte die Beliebtheit dieser Spiele nun einen neuen Höhepunkt. Eine besorgte Mutter klagte: »Es ist einfach lächerlich. Mein Sohn hat noch nie eine Bombe gesehen. Ich möchte bezweifeln, ob er auch nur die geringste Ahnung hat, woran man einen Japaner erkennen kann, von einem Deutschen ganz zu schweigen. Und dennoch genießen sie geradezu das Töten.«[23]

Ein Artikel, der unter der Überschrift »Spielzeug: neu und anders« im Dezember 1942 im *Parents' Magazine* erschien, präsentierte eine gelassenere Sicht. Die Verfasserinnen empfahlen den Kauf eines »Super-Klack-Klack-Gewehrs« als geeignetes Weihnachtsgeschenk. »Es bewegt sich auf und ab, während eine Ratsche das Geräusch der Flugabwehrgeschosse simuliert. Hölzerne Geschosse werden automatisch ausgeworfen.« *Parents' Magazine* rechtfertigte die Empfehlung, da »sich Kinderbetreuer darin einig sind, daß Kinder das, was sie vom Krieg hören und diesbezüglich empfinden, im dramatischen Spiel frei ausdrücken sollten«.

Diese Kinder, Angehörige eines ausgesprochen mobilen Volkes, verbreiteten ihre Kriegsspiele von den Kuhweiden des Mittleren Westens bis zu den Ufern des Mississippi und den sonnenverbrannten Tälern Kaliforniens. In abgelegten Uniformen, dekoriert mit Abzeichen und Borten und bewaffnet mit Red-Ryder-BB-Gewehren attackierten die Jungen den Feind. Niemand wollte der Feind *sein.* Und der Feind wurde *immer* besiegt!

Die Art und Weise, wie die Kinder den Feind sahen, wurde auch durch die Kriegsfilme beeinflußt. Am 5. Mai 1944 diktierte der fünfjährige Sammy Berman einen Brief an seinen Vater in England:

Ich bin sehr stolz, weil Du Pilot bist. Ich weiß, warum Memphis Belle *ein toller Film ist. Darin geht es nämlich um Flugzeuge… Ich würde gern in einem großen Flugzeug fliegen. Ich habe auch vorher schon Kriegsfilme gesehen.* Guadalcanal Diary *war sehr gut.* Salute to the Marines – *in dem hat ein amerikanisches Flugzeug jede Menge Japs-Flugzeuge abgeschossen. Viele Japs-Flugzeuge haben eine Brücke überfahren, und ein Amerikaner hat die Brücke gesprengt, und die Panzer von den Japsen sind ins Wasser gefallen.* Destination Tokyo – *dabei ging es um ein amerikanisches U-Boot. Ein Zerstörer von den Japsen kam vorbei, und sie haben mit Torpedos drauf geschossen und den Japs versenkt, den Zerstörer. Und dauernd sind sie raufgekommen, um zu gucken.*

Zwei Wochen zuvor hatte der Junge seinem Papa anvertraut: »Ich habe geträumt, daß ich ein japanisches Flugzeug abgeschossen habe... Der Pilot sagte zum Co-Piloten: ›Ich wette, er weiß nicht, daß wir Schwerter haben.‹ Es war toll, weil es nur ein Traum war.« Und am 7. Juni 1944 berichtete er: »Ich hab ein Gedicht für Dich. ›Hirohito, ich hoffe, Du erstickst, wenn Tokio in Rauch aufgeht.‹«

In diesem Brief riet Sammy seinem Vater:

Ich möchte nicht, daß Du nett zu den Deutschen oder Japanern bist, weil sie gemein sind. (Seine ältere Schwester fragt: »Soll er denn nicht nett sein zu den japanischen Babys und japanischen Mamis und japanischen Papis, die nicht in der Armee sind?«) Du darfst die deutschen Babys und die deutschen Leute mögen, die nicht in der Armee sind. Weil Hitlers Männer sie bekämpfen... Und Hitler, mußt Du wissen, ist ein sehr böser Mann.

Und seine siebenjährige Schwester Betsy schrieb am 20. September 1944: »Wenn ich Flügel wie ein Engel (!) hätte, würde ich ein paar Bomben nehmen und nach Deutschland und Japan fliegen und sie abwerfen, dann könntest Du schneller nach Haus. Ich will Dich am meisten von allen.«

Manchmal halfen umsichtige Lehrer den Kindern dabei, die menschliche Seite hinter den stereotypen Feindbildern zu erkennen. Eine von ihnen war Inez Drummond aus Minnesota, eine Grundschullehrerin, die meine Schwägerin Nancy Jacobsen in einer ländlichen Schule unterrichtete:

> Ich erinnere mich an diese Lehrerin... Sie sagte: »Versetzt euch in ihre Lage.« Sie wiederholte es, um unsere Aufmerksamkeit zu gewinnen: »Versetzt euch in ihre Lage! So viele von uns sind gegen die Deutschen, gegen die Japaner, aber nicht diese Menschen treffen die Entscheidungen, sondern ihre Anführer.«
>
> Diese Botschaft habe ich nie vergessen. Sie war einzigartig – ein wahrhaft guter Mensch. Sie wohnte neben uns und war mit einem Mann verheiratet, der im Krieg fiel, und dennoch hatte sie diese Botschaft für uns.[24]

Andere Kinder begegneten »dem Feind« in Gestalt von Kriegsgefangenen und waren überrascht, daß die Leute nicht wie Teufel aussahen. Larry Lauerhass hatte Cousins in Arizona. Dort befand sich in der Nähe eines Luftwaffenstützpunkts auch ein Lager für deutsche Kriegsgefangene, und Larry erfuhr von seiner Großmutter, daß »die Gefangenen sehr nett waren und Heimweh hatten und meine Cousins mochten, weil sie so blond waren«.[25] Einer der Deutschen rettete seinen zweijährigen Cousin, der in einen Brunnen gefallen war. Letztlich ging es darum, den fremdartigen Namen und Bildern, die während des Zweiten Weltkriegs durch die Köpfe der amerikanischen Kinder geisterten, ein menschliches Gesicht zu geben.

Eine der anrührendsten Erinnerungen über das »Kennenlernen der Leute von drüben« stammt aus Lloyd Hornbostels Buch *War Kids, 1941-1945: World War II Through the Eyes of Children.* Hornbostel beschreibt eine Kriegsweihnacht in Wisconsin, die ihm deutlicher in Erinnerung geblieben ist als alle Kriegsfilme. Im Herbst 1944 hatten er und seine zehnjährigen Klassenkameraden Spielzeug gesammelt und repariert, um es in ein Dorf im fernen Frankreich zu schicken, das bei der Invasion befreit worden war. An Heiligabend geschah ein kleines Wunder. Als er in der Kirche saß, ging seine Nachbarin, die französisch sprach, kurz vor Ende der Messe nach vorn. Sie trug ein flaches Paket:

> Zuerst übersetzte sie einen Weihnachtsgruß, den wir aus dem französischen Dorf erhalten hatten... und dann öffnete sie das Paket. Darin lag eine Schallplatte. Jemand stellte den alten Plattenspieler vor den Altar, und kurz darauf erklangen Kinderstimmen, die uns mit althergebrachten Weihnachtsliedern dankten, in der Kirche. Nach dem Segen war kein Auge mehr trocken. Als wir an diesem Weihnachtsabend mit unseren Familien in die kalte Nacht hinaustraten, waren wir erfüllt vom Geist der Freude, den uns ein kleines französisches Dorf gesandt hatte. Wir hatten so wenig gegeben und so viel zurückbekommen.[26]

Drei Monate später, im Frühjahr 1945, überquerten amerikanische Truppen den Rhein und stießen tief nach Deutschland vor. Der elfjährige David Berman war eifrig mit dem Sammeln von Kriegsan-

Schulkinder zitieren den Treueeid (San Francisco, Kalifornien)

denken beschäftigt. Am 21. April schrieb er seinem Vater aus Minneapolis: »Ich habe den Kindern die Nazi-Anstecknadel und das Stoffband in meinem Zimmer gezeigt... Schick mir bitte noch mehr deutsche Briefmarken und andere Andenken.« Und zehn Tage später: »Vielen Dank für die Abzeichen, das Angelmesser und die Münzen. Schick uns bitte noch ganz viele Andenken aus Deutschland. Aber gib acht auf die Minen.«

Larry Lauerhass, zehn Jahre, schrieb einem seiner Brieffreunde aus Long Beach in Kalifornien und bat um etwas, das man dem Feind abgenommen hatte. Gegen Ende des Krieges erhielt er eine ungewöhnliche Sammlung:

> Alles war auf ein Stück Stoff geheftet, dreißig an dreißig Zentimeter, dunkler Samt, mit einem schwarzen Band eingefaßt. Darauf waren alle möglichen Medaillen und kleine Keramikpuppen in verschiedenen Uniformen befestigt. Es gab die Skipatrouille und das Afrika-Korps und lauter so

> etwas … Und dann bekam ich noch eine Reihe kleiner Fotobücher mit einer kleinen Kordel an der Ecke … Darin waren lauter Fotos von Hitler und Parteiveranstaltungen und Militäraktivitäten … Ich habe es noch heute.

Am 6. Mai 1945, in der Woche, in der Deutschland bedingungslos kapitulierte, schrieb David Berman seinem »lieben Papa«, den er seit zwei Jahren nicht gesehen hatte:

Endlich haben wir den Sieg über die Zerstörer der Menschheit errungen. Sechs Jahre lang haben die Nazis die Menschlichkeit in einer Art unterdrückt, die in der Weltgeschichte nicht ihresgleichen findet. Jetzt möchte ich aber zur Sache kommen. Ich glaube, daß man Dich und die anderen Männer jetzt, nachdem wir die Nazis besiegt haben, heimkehren lassen sollte. Ich meine, daß viele Leute der gleichen Meinung sind wie ich.

Drei Monate später, am 14. August 1945, ergaben sich auch die Japaner. Dorinda Makanaonalani erlebte die Siegesfeier in Pearl City, in der Nähe des Flottenstützpunktes, wo der Krieg begonnen hatte. Sie war jetzt zehn Jahre alt und erfüllt von Freude und Dankbarkeit: »Wir konnten das Feuerwerk im Hafen sehen und das Geheul der Sirenen hören … und Pfeifen von den Schiffen. Der Himmel über dem Hafen wurde von Leuchtkugeln erhellt … Der Krieg war vorbei.«

Als der Sommer 1945 zu Ende ging, hatten die meisten amerikanischen Jungen die Schlachtfelder in ihren Gärten verlassen. Ihre Mütter hörten immer seltener die »Bumm! Bumm! Du bist tot!«-Rufe vor dem Küchenfenster. Die Jungen hatten ihre Red-Ryder-BB-Gewehre endlich beiseite gelegt und beschäftigten sich wieder in Garagen, Schuppen und Kellern. Am 2. September 1945, sechs Jahre nach Ausbruch des Zweiten Weltkriegs in Europa und drei Wochen, nachdem eine nukleare Explosion Nagasaki zerstört hatte, veröffentlichte das *New York Times Magazine* einen Artikel. Er schilderte, wie eine neugierige Mutter erforschte, welche Aktivitäten nun an die Stelle der Kriegsspiele getreten waren. Sie fand ihren Sohn und seine Freunde, die dabei waren, eine seltsame Apparatur aus Blechdosen und Blitzlichtbirnen zu konstruieren. Als sie sich nach dem Zweck erkundigte, erklärten ihr die Jungen, sie bauten eine Atombombe!

5
Hinter Stacheldraht

Am 10. Dezember 1941, drei Tage nach dem japanischen Luftangriff auf Pearl Harbor, schrieb eine Nonne der Sacred Hearts Academy in Honolulu in ihr Tagebuch: »Gestern abend wurde das einzige Mädchen, das noch bei uns war, die in Deutschland geborene Gertrude Schröder, von hier weggeholt. Sie wird nun auf Sand Island festgehalten. Wir waren tief bestürzt, da wir genau wissen, wie unschuldig und harmlos sie ist. Dennoch können wir nichts tun, um sie zu befreien.«[1]

Erst nach siebenwöchigen Verhandlungen mit dem Western Defense Command und den innigen Gebeten der Ehrwürdigen Mutter Louise Henriette und ihrer Nonnen wurde das kleine Mädchen schließlich freigelassen. Am 26. Januar 1942 findet sich eine gute Nachricht im Tagebuch der Nonne: »Zur Freude aller haben die Schulen wieder geöffnet. Die Akademie platzt beinahe aus den Nähten. Gertrude Schröder wurde freigelassen und ist heute hier angekommen, sie war überglücklich! Und wir haben sie liebevoll willkommen geheißen.«

Während des Zweiten Weltkriegs wurden nur wenige hundert deutsch- und italienischstämmige Personen, darunter Gertrude, zeitweise aus Hawaii und den Sperrgebieten an der Ost- und Westküste der Vereinigten Staaten abtransportiert. Die amerikanische Ausschlußpolitik konzentrierte sich zumeist auf die etwa 110 000 Einwohner japanischer Herkunft. Die meisten japanischstämmigen Amerikaner, die aus Gründen der »nationalen Sicherheit« von zu Hause weggeholt wurden, waren Kleinkinder, Schulkinder und Jugendliche, die noch kein Wahlrecht hatten. Zwei Drittel von ihnen waren in den Vereinigten Staaten geboren. Niemand von ihnen hatte sich eines politischen Verbrechens schuldig gemacht – dennoch wurden sie allesamt interniert und mußten verlassen, was sie besaßen und liebten.[2]

Mein Kollege Isao Fujimoto ist einer der freundlichsten Menschen, die ich kenne. Er wurde im Indianerreservat von Yakima im

Zwei japanisch-amerikanische Mädchen warten auf einen Bus, der sie evakuieren wird

Staate Washington geboren und besuchte die dritte Klasse, als die Vereinigten Staaten in den Zweiten Weltkrieg eintraten. Er erinnert sich:

> Unmittelbar nach Pearl Harbor kam das FBI zu uns nach Hause, und mein Vater verschwand einfach. Ich weiß noch, was seine letzten Worte waren: »Lassen Sie mich wenigstens meine Hose anziehen.« Das war alles. Er kam ins Bezirksgefängnis von Yakima. Von dort aus schickte man ihn in ein Lager in Missoula, Montana... Ich habe ihn erst anderthalb Jahre später wiedergesehen. Meine Mutter bat mich, einen Brief an Präsident Roosevelt zu schreiben. Ich berichtete ihm von unserer Lage. Alle von uns arbeiteten auf dem Hof, und obwohl mein Vater im Dezember verschwand, brachten wir im Frühjahr die neue Saat aus. Was sollten wir als nächstes tun? Also schrieb ich an Roosevelt und schilderte ihm, wie gut es wäre, wenn mein Vater zurückkäme, da wir seine Hilfe dringend benötigten. Meine Mutter war damals erst fünfundzwanzig und hatte bereits fünf Kinder. Wir bestellten das Land mit Pferden. Das war sehr schwer für kleine Kinder, die einen Pflug nicht richtig führen konnten. Also erklärte ich dem Präsidenten, wie hilfreich es wäre, wenn mein Vater zu seiner Familie zurückkehren könnte. Natürlich erhielt ich keine Antwort... Ich war damals acht.[3]

Die Familie Fujimoto sollte während des gesamten Kriegs keine Saat mehr ausbringen oder Ernte einfahren. Am 2. März 1942 erklärte der Befehlshaber des Western Defense Command aufgrund einer Vollmacht, die ihm Präsident Roosevelts Vollzugsanordnung 9066 verlieh, die Bundesstaaten Washington, Oregon, Kalifornien und Teile von Arizona zu »strategischen militärischen Gebieten«. Er ordnete an, alle Personen japanischer Abstammung, die dort lebten, aus ihren Häusern zu entfernen. Sie durften nur mitnehmen, was sie tragen konnten.

Am 31. März 1942 begann die Internierung. Zuerst brachte man die Menschen in Sammellager, wo sie im Durchschnitt 100 Tage blieben, und von dort aus in hastig errichtete Umsiedlerlager. Dreizehn von sechzehn Sammellagern befanden sich in Kalifornien; die anderen drei jeweils in Washington, Oregon und Arizona.

Die traumatischste Erfahrung vieler japanisch-amerikanischer Kinder von der Westküste war die Trennung von ihren geliebten Haustieren, die sie nicht mitnehmen durften. Ein Junge, der seinen Collie zurücklassen mußte, schrieb: »Er wußte, daß etwas nicht stimmte... Er hat es geahnt, weil wir unsere Koffer dabeihatten. Als wir durch den Garten gingen... kam er hinter uns her. Ich sagte, er solle nach Hause gehen. Er saß einfach nur da und jaulte und schrie. Mein Cousin und ich wurden wütend auf ihn, aber wir liebten ihn beinahe so sehr wie einen Menschen... Als wir abfuhren, saß er von innen hinter dem Zaun und sah uns nach.«[4]

Grace Nakamura, die 1981 vor der Commission on Wartime Relocation and Internment of Civilians aussagte, erinnerte sich an ihre Reise:

> Wir brachen am 16. Mai 1942 um 9.30 Uhr auf... zu einem unbekannten Ziel. Bis heute kann ich mich lebhaft an die Leiden der älteren Menschen erinnern, von denen manche auf Tragen lagen, an Waisenkinder, die von den Aufsichtspersonen in den Zug gescheucht wurden, und vor allem an ein junges Paar mit vier Kindern im Vorschulalter. Zwei verängstigte Kleinkinder klammerten sich an den Mantel ihrer Mutter. Auf dem Arm trug sie zwei schreiende Babys. Der Vater hatte sich Windeln und anderes Babyzubehör auf den Rücken geschnallt. Dazu kämpfte er noch mit Seesack und Koffer. Während der ganzen Zugfahrt blieben die Sonnenblenden geschlossen. Die Militärpolizei patrouillierte in den Gängen.[5]

Bis heute erinnern sich diese Kinder an drei Bilder, die sich ihnen bei der Ankunft in den Sammellagern eingeprägt haben: einen Kordon bewaffneter Wachposten, den Stacheldraht und die Suchscheinwerfer, Symbole eines Gefängnisses. Viele Familien wurden getrennt und trafen unvollständig in den Sammellagern ein. In manchen Fällen, wie bei Isao Fujimoto, waren die Väter schon früher vom FBI in Gewahrsam genommen worden. Peter Ota, sechzehn,

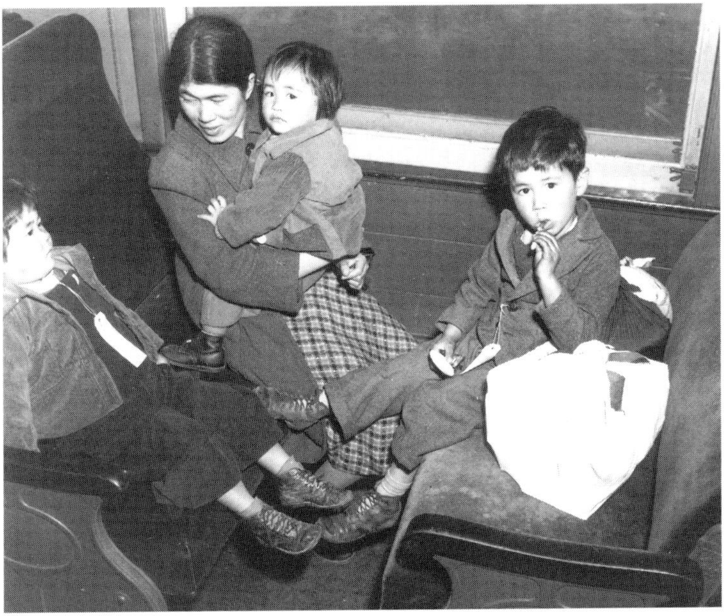

Eine Mutter und ihre drei Kinder während der Zugfahrt ins Umsiedlerlager Manzanar, Kalifornien

und seine dreizehnjährige Schwester reisten allein. Ihren Vater hatte man festgenommen, und ihre Mutter befand sich in einem Lungensanatorium, wo die Kinder sie in viereinhalb Monaten nur einmal besuchen durften.

Besonders schwer erträglich war die mangelnde Privatsphäre in den Sammellagern. Achtköpfige Familien wurden auf sechsunddreißig Quadratmetern untergebracht; sechs Personen, wie im Falle von Isaos Familie, lebten auf zweiundzwanzig Quadratmetern; und vier Personen schließlich auf vierzehn Quadratmetern. Die japanisch-amerikanischen Internierten bemühten sich, innerhalb der Sammellager eine Gemeinschaft zu bilden. Sie organisierten Schulunterricht, Sportveranstaltungen und Talentshows. Dennoch wußten selbst die Jüngsten unter ihnen, daß sie Gefangene waren.

Ein junges Mädchen beschrieb das Leben im Schatten der Wachtürme im Sammellager Tanforan, Kalifornien:

> Um 6.30 Uhr ist Anwesenheitsappell. Vor dem Appell gehe ich jeden Tag in die Sporthalle, wo wir Basketball spielen oder am Barren turnen. Wenn die Sirene ertönt, habe ich solche Angst, daß ich manchmal schreie, so daß sich die Leute vor mir erschrecken statt vor der Sirene. Wir laufen, so schnell es geht, nach Hause, warten fünf Minuten, bis der Inspektor kommt und prüft, ob wir alle zu Hause sind... Nach dem Anwesenheitsappell erklingt wieder die Sirene... Ich hasse den Appell, weil man solche Angst bekommt.[6]

Ironischerweise betrachteten die Kinder den Unabhängigkeitstag als Anlaß für aufwendige Feiern. Sachi Kajiwara beschrieb ihre Vorbereitungen für den 4. Juli in Tanforan:

> Ich leitete die Freizeitaktivitäten für eine Gruppe Mädchen zwischen sieben und zehn Jahren. Einer der Höhepunkte waren wohl die endlosen Papiergirlanden, die wir (meine sieben- bis zehnjährigen Mädchen) aus Streifen von Zeitungspapier bastelten und für das Tanzfest am 4. Juli rot, weiß und blau färbten... Diese Papiergirlanden schmückten die Wände der Sporthalle. So feierten wir den Unabhängigkeitstag, obwohl wir hinter Stacheldraht lebten, von Militärpolizei umgeben, und wir konnten das riesige Schild »South San Francisco« auf dem Hügel draußen vor dem Sammellager Tanforan sehen.[7]

Im Spätsommer und Herbst 1942 leerten sich die Sammellager. Die Bewohner wurden mit dem Zug in die folgenden Umsiedlerlager gebracht: Manzanar und Tule Lake in Kalifornien; Poston und Gila in Arizona; Topaz, Utah; Minidoka, Idaho; Heart Mountain, Wyoming; Granada, Colorado; und Jerome und Rohwer in Arkansas. Wie schon in den Sammellagern mangelte es auch dort an Raum, sanitären Einrichtungen und Schutz vor der Witterung.

Sie befanden sich in gottverlassenen Gegenden der Vereinigten Staaten, wo die Internierten dem Wüstenwind, der Gluthitze des Sommers und eisigen Wintern ausgesetzt waren. In Poston, Arizona, herrschten im Sommer Temperaturen von über 45° C; in

Minidoka, Idaho, lag der Durchschnitt bei 42° C. In den Umsiedlerlagern in Wyoming und Colorado sanken die Temperaturen im Winter bis minus 35° C. Die Lager in Arkansas befanden sich in Sumpfgebieten, in denen Giftschlangen lebten.[8]

Die junge Itsuko Taniguchi beschreibt in einem Gedicht ihre Reise in das »Land mit Bergen von Sand«:[9]

Mama, Papa und ich
Wir drei
Fürchteten den Tag
An dem wir fortgehen mußten
Weit weg in das Land
Mit Bergen von Sand
Mama, Papa und ich
Am Tag der Internierung
Verließen wir den kleinen Hof
Verließen unsere Freunde
Und meinen Baum, der sich neigt
Hin zu dem Land
Mit Bergen von Sand
Mama, Papa und ich

Im August 1942 bestiegen Isao Fujimotos Mutter und ihre fünf Kinder im Alter zwischen acht Jahren und zehn Monaten einen klapprigen Zug, der sie vom Sammellager Portland ins Umsiedlerlager Heart Mountain bringen sollte. Sie wurden von bewaffneten Wachposten begleitet. Isao erinnert sich:

> Nachdem wir in Heart Mountain angekommen waren, folgte ein traumatisches Erlebnis, denn wir wurden erneut getrennt. Meine jüngste Schwester Keiko hatte Masern und kam in Quarantäne. Meine Mutter mußte bei ihr bleiben. Als wir in die Baracken gebracht wurden, wußte ich nicht, wo meine Mutter war. Ich lief durch das ganze Lager und suchte sie. Ich fand sie, wie, weiß ich nicht mehr... Ich entdeckte sie in einer leeren Baracke, wo sie ganz allein mit meiner [kleinen] Schwester saß.

Kindergarten im Umsiedlerlager Heart Mountain, Wyoming

Keiko war nicht das einzige Kleinkind, das Jahre seines Lebens in einem Lager verbringen sollte. Einhunderteins japanisch-amerikanische Waisen und Pflegekinder – manche von ihnen nicht älter als sechs Monate – wurden im Sommer 1942 heimlich von der US-Armee abgeholt. Diese Kinder wurden in ein hastig errichtetes Kinderdorf im südkalifornischen Umsiedlerlager Manzanar gebracht. Ein Teil von ihnen hatte sich in der Obhut von Nonnen im Maryknoll Home for Japanese Children in Los Angeles befunden. Vater Hugh T. Lavery vom Catholic Maryknoll Center war von der Härte des Kommandanten, der die Verantwortung dafür trug, wie diese Waisenkinder aus ihrer gewohnten Umgebung gerissen wurden, derart entsetzt, daß er nach dem Krieg an Präsident Truman schrieb, als man diesen Mann zum Staatssekretär für die Armee berufen hatte: »Colonel Bendetsen hat sich als kleiner Hitler erwiesen. Ich erwähnte, daß wir ein Waisenhaus für Kinder japanischer Abstammung leiteten und daß einige dieser Kinder zur Hälfte, andere zu einem Viertel oder weniger japanisch waren. Ich fragte, welche Kinder wir ihm schicken sollten ... Bendetsen erwiderte: ›Ich bestehe darauf, daß jedes Kind, das auch nur *einen* Tropfen japanisches Blut hat, ins Lager kommt.‹«[10]

Bendetsen verhielt sich getreu seinen Worten. Am 28. April 1942 erteilte er den ersten Befehl zur Räumung eines Waisenhauses – des Shonien oder Japanese Children's Home of Los Angeles. Der Vorstand des Aufsichtsrats flehte um Gnade, fand aber kein Gehör. Vierundzwanzig Kinder aus dem Shonien wurden nach Manzanar gebracht. Die katholischen Nonnen des Maryknoll Home for Japanese Children warteten den Armeebefehl gar nicht erst ab. Sie versuchten, dreiunddreißig Kinder heimlich bei Pflegeeltern außerhalb des Sperrgebiets an der Westküste unterzubringen. Schließlich wurden nur sieben ihrer Waisen nach Manzanar geschickt.

Auch die Aufseher des japanischen Kinderheims, das die Heilsarmee in San Francisco unterhielt, kämpften sehr darum, ihre neunzehn Kinder zu behalten – ohne Erfolg. Vertreter der Armee schickten sogar sieben japanisch-amerikanische Kinder, die bei weißen oder hispanischen Pflegefamilien lebten, nach Manzanar. Selbst ein blonder, hellhäutiger Junge von sechs Jahren, sein Name war Dennis Bambauer, wurde aus einem Waisenhaus für weiße Kinder in Los Angeles geholt; vor einem Blick in die Unterlagen hatte niemand gewußt, daß seine Mutter japanischer Abstammung war.

Am 21. Juni trafen die ersten vierzig Waisenkinder in Manzanar ein. Eine Sozialarbeiterin namens Matsumoto versuchte, sie während der Fahrt in dem Armeebus bei Laune zu halten. Sie ermunterte ein vierjähriges Mädchen zu singen. Ein junger Militärpolizist weinte, als er hörte, wie die Kleine »God Bless America« anstimmte. In den folgenden zweieinhalb Jahren wurden weitere einundsechzig Kinder ins Kinderdorf von Manzanar gebracht. Unter diesen »Waisen« waren auch Babys, die minderjährige ledige Mütter in anderen Umsiedlerlagern zur Welt gebracht hatten. Andere wurden als Waisen eingestuft, wenn das FBI ihre Väter verhaftet hatte und ihre Mütter tot waren oder sich wegen Tuberkulose oder Geisteskrankheit in stationärer Behandlung befanden.[11]

Manzanar

Das Kinderdorf in Manzanar bestand aus drei eingeschossigen Holzgebäuden, die gleich neben einem Obstgarten lagen. Sie waren größer als die anderen Baracken in Manzanar und hatten an allen Seiten eine Veranda und eine große Rasenfläche. Anders als im übrigen Lager verfügte jedes Gebäude über fließendes Wasser, Bäder und Toiletten. Das Ehepaar Matsumoto, beide Sozialarbeiter aus dem japanischen Kinderheim in Los Angeles, arbeiteten dort als offizielle Verwalter. Ihnen standen zwei Nonnen aus Maryknoll, drei Mitarbeiter aus dem Kinderheim der Heilsarmee und einige ältere Mädchen aus dem Hauptlager zur Seite, die als »Teilzeithelferinnen« im Dorf arbeiteten.

Francis L. Honda war sieben Jahre alt, als man ihn ins Kinderdorf brachte, und erinnert sich an einen »sehr einsamen Ort mit weinenden Babys, an dem es nichts zu tun gab. Mir kam es vor wie das Ende der Welt.«[12] Da sie keine Familie hatten, waren die Kinder einander Trost und Stütze. Nachts erzählte der junge Sohei Tohri den vierzehn kleinen Jungen seines Schlafsaals, die in metallenen Klappbetten schliefen, Gutenachtgeschichten. Da es nur wenige Bücher gab, erzählte er sie aus dem Gedächtnis und spielte ihnen Szenen aus seinem Lieblingsstück *Die Elenden* vor. Im Kinderdorf gab es auch einen Kindergarten, doch die meisten Kinder nutzten Schule und Freizeitmöglichkeiten des Hauptlagers in Manzanar. Jeanne Wakatsuki, damals sieben Jahre, fiel auf, daß die anderen internierten Kinder die Waisen behandelten, »als seien sie weniger wert als alle anderen, weil sie keine Eltern hatten«.[13]

Am Erntedanktag 1942 besuchte Ralph P. Merritt, der Direktor des Umsiedlerlagers Manzanar, die Waisen und zeigte sich tief gerührt von ihrem Schicksal. In seinen täglichen Notizen schrieb er: »Ich verbrachte den Morgen im Kinderdorf mit [bisher] 90 Waisen, die man von Alaska bis San Diego gebracht und nach Manzanar geschickt hat, weil sie eine Bedrohung der nationalen Sicherheit darstellen könnten. Welch eine Verzerrung der Gerechtigkeit!«[14]

Manzanar, an die 340 Kilometer nordöstlich von Los Angeles in der kalifornischen Wüste gelegen, umgeben von Sand, Salbei und Josuabäumen, war das erste Umsiedlerlager für japanisch-amerikanische Internierte. Außerdem war es das größte; auf dem Höhepunkt der Internierungsaktion lebten hier über zehntausend Männer, Frauen und Kinder. Es war von Stacheldraht umgeben und hatte acht Wachtürme, die mit Maschinengewehren ausgerüstet waren. Kein Winkel im Lager, den die Kugeln der Soldaten nicht hätten erreichen können, selbst nachts war man nicht sicher, da Suchscheinwerfer über das Gebüsch schwenkten.

Das Lager hatte eine Fläche von zweieinhalb Quadratkilometern und war in sechsunddreißig Blocks mit je vierundzwanzig Baracken aufgeteilt. Jede Baracke war sechs Meter breit und sechsunddreißig Meter lang. Wäscherei und Waschräume befanden sich jeweils in der Mitte des Blocks. Jeder Block verfügte über eine offene Messe. Die Soldaten brachten die Neuankömmlinge zur Messe, wo sie registriert wurden. Wachen durchsuchten sie, beschlagnahmten alles, was ihnen gefährlich erschien – Küchenmesser, Stricknadeln, sogar Warmhalteteller für Babymilch.

Jeder Internierte erhielt eine Pritsche, eine Armeedecke und einen Sack, der mit Stroh gefüllt und als Matratze verwendet wurde; dann wies man die Familien entsprechend ihrer Größe und Kinderzahl einer Baracke zu.

Eine vierköpfige Familie lebte auf fünfundvierzig Quadratmetern; zwei kinderlose Paare teilten sich einen Raum, Bettlaken dienten als Trennwand. Schon bald waren Deckel von Blechdosen für alle japanisch-amerikanischen Familien im Lager ein heiß begehrtes Gut. Sie nagelten die Deckel über Astlöcher in Boden und Wänden, um den Wüstenwind abzuhalten. Doch es gelang niemandem, sich vor dem erbarmungslosen Zugriff des groben Wüstensandes wirklich zu schützen.[15]

Alle 250 Bewohner eines Blocks mußten sich den gemeinsamen Waschraum teilen. In der Mitte des Raumes waren die Toiletten ohne Zwischenwände paarweise auf einer Betonplatte angeordnet. Vor allem Jugendliche reagierten empfindlich auf den Mangel an Intimsphäre, der sie in ihrer Persönlichkeit verletzte. Erst nach zahlreichen Beschwerden wurden Trennwände errichtet.

Kinya Noguchi beschrieb in seiner Aussage vor der Commission on Wartime Relocation and Internment of Civilians in San Francisco den Tagesablauf:

> Das Leben begann jeden Tag um 7.00 Uhr mit einem Sirenenton. Das Frühstück wurde wie in einer Cafeteria serviert. Um 8.00 Uhr begann die Arbeit für die Erwachsenen, der Schulunterricht um 8.30 Uhr oder 9.00 Uhr. Das Lagerleben war einem strengen Zeitplan unterworfen, und man mußte praktisch mit den anderen Gruppen um die Wette zum Waschbecken laufen und zum Frühstück, Mittagessen und Abendbrot in die Messe rennen. Wenn ein Mensch in Gefangenschaft gerät, gilt es nur noch zu überleben. Wir verbrachten unzählige Stunden damit, dem System zu trotzen oder es zu überlisten.[16]

In *Farewell to Manzanar* beschrieb Jeanne Wakatsuki, wie ihre Brüder sich ein Spiel aus dem Versuch machten, zu einer Mahlzeit so viele Messen wie möglich aufzusuchen: »Als erster in der Schlange von Block 16 stehen, Essen hinunterschlingen, nach der Hälfte der Essenszeit nach Block 17 rennen, eine weitere Portion verschlingen und nach Block 18 laufen, sich ans Ende der Schlange stellen und die dritte Abendmahlzeit in sich hineinstopfen ... So schlecht das Essen auch sein mochte, man konnte immer essen, bis man satt war.«[17]

Rechtzeitig zur Messe kommen, eine leere Dusche finden, die Babywindeln waschen und mit Hitze, Staub und Insekten kämpfen waren die Hauptaufgaben der Insassen. Die Familie ohne Privatsphäre zusammenzuhalten kam einer Vollzeitbeschäftigung gleich. Und ebenso energisch setzten sich die Internierten auch dafür ein, die Schulbildung ihrer Kinder zu sichern.

Die Grundschule in Manzanar wurde am 15. September 1942 eröffnet. Sie befand sich in der Freizeitbaracke, die aus einem einzigen ungeheizten Raum mit nackten Wänden bestand. Zwei Tage darauf legte eine Kältewelle, verbunden mit Staubstürmen, den Schulbetrieb lahm. Er konnte erst wieder aufgenommen werden, nachdem die Baracke von innen verkleidet und mit Öfen versehen worden war. Solche Probleme traten in jenem Herbst in allen Umsiedlerlagern auf, in denen man ungeachtet des Mangels an Raum, Lehrpersonal, Möbeln und Büchern Schulen eingerichtet hatte. In den ersten Wochen hatten viele Kinder keine Pulte oder Stühle und mußten auf dem Boden sitzen oder im Stehen lernen.

Doch nach einigen Monaten verbesserte sich die Lage. Die War Relocation Administration berichtete: »Gegen Ende 1942... waren die meisten Schüler nicht länger gezwungen, auf dem Boden zu sitzen, wenngleich die Sitzgelegenheiten meist nur ein Notbehelf waren. Lehrbücher und andere Hilfsmittel trafen allmählich ein. Labor- und Werkstatteinrichtungen und -räume fehlten allerdings nach wie vor. Kein Lager konnte sein volles Soll an Lehrpersonal rekrutieren.«[18]

Der Mangel an Lehrbüchern und Hilfsmitteln wurde durch die Spenden des American Friends Service Committee gemildert. Viele Lehrkräfte und Freiwillige, die sich ins Lager meldeten, waren Quäker. Die Kinder hielten große Stücke auf sie. Jeanne Wakatsuki erinnerte sich: »Ich sehe noch deutlich das Gesicht der Lehrerin vor mir, die mich in der vierten Klasse unterrichtete – ein freundliches Gesicht, aber vollkommen unverletzlich, wie es mir damals schien, mit scharfem, befehlsgewohntem Blick... Sie war wohl die beste Lehrerin, die ich je hatte – streng, gerecht, voller Hingabe an ihren Beruf.«

Im Frühjahr 1943 hatte man zwei Blocks des Lagers in die Manzanar High School umgewandelt, und ein dritter Block, bestehend aus fünfzehn Baracken, diente jetzt zur Unterbringung der Grundschüler. Die Kinder besaßen nun neue Pulte, Tafeln, Nachschlagewerke, Labormaterial und gaben eine Schülerzeitung heraus, den *Manzanar Whirlwind.*

Im Laufe der Zeit glich das Lager immer mehr einer amerikanischen Kleinstadt mit Schulen, Kirchen, Feuerwehr und Polizeiwache, Pfadfindern, Baseball-Mannschaften und Gesangvereinen. Neben dem regulären Schulunterricht und dem Freizeitprogramm, die die WRA finanzierte, wurden diverse Kurse angeboten: Singen, Schauspiel, Trompete, Steptanz.

Jeanne Wakatsuki bemerkte dazu: »Die Tatsache, daß Amerika uns angeklagt oder ausgeschlossen oder gefangengenommen hatte oder wie immer man es auch nennen mag, änderte nichts daran, daß wir in dieser Art von Welt leben wollten. Die meisten von uns waren in diesem Land geboren; wir kannten nichts anderes.«

Eines der Lieblingslieder von Jeanne, die sie im Chor der Mädchen aus der vierten bis sechsten Klasse sang, war die »Battle Hymn of the Republic«. Sie lernte auch, den Taktstock herumwirbeln zu lassen, eine eindeutig amerikanische Fertigkeit – sie ließ den silbernen Stock zur Melodie eines Marsches von Philip Sousa kreisen. Ihr Bruder Ray spielte in einem sechsköpfigen Touch-Football-Team. Ihre Schwester Lilian, die die High School besuchte, sang in einer Countryband namens Sierra Stars und trug Jeans und Cowboyhut. Ihr ältester Bruder Jim leitete eine Tanzkapelle, genannt Jive Bombers. Er spielte Trompete und übernahm Texte aus den Arrangements von Glenn Miller. Doch es gab *ein* Lied, das er aus Protest nicht spielte: »Don't Fence Me In«.

Die kleineren Jungen, darunter auch Kinder aus dem Kinderdorf, spielten Murmeln, Baseball und ein Kriegsspiel namens »Flagge erobern«, das die Jungen in ganz Amerika liebten. Sie brüllten voller Begeisterung »Töte die Japse«, während so mancher »Japs« von sieben- und achtjährigen Amerikanern mit japanischen Gesichtern abgeschlachtet wurden. Doch was immer sie auch spielen mochten, in einem unterschied sich ihr Spielplatz vom Rest des Landes: Zwischen den Kindern und der Straße befanden sich stets ein Stacheldraht und ein bewachtes Tor.

Der Kommentar eines Viertkläßlers über die Freiheitsstatue, der im *Manzanar Whirlwind* abgedruckt wurde, faßt sehr beredt die Mischung aus unschuldigem Vergnügen und Schmerz zusammen, die für die Kinder in den Umsiedlerlagern zum Teil ihres Lebens geworden war: »Die Freiheitsstatue ist groß und hoch, das Licht in der Fackel scheint sehr hell. Man kann es auf See schon von weitem sehen. Die Leute sagen, sie ist sehr schön. Ich wünschte, ich könnte es sehen.«

In seinen »Remembrances of Manzanar« faßt John Tateishi die paradoxe Erfahrung zusammen, die er als in Amerika geborenes Kind japanischer Herkunft machte, das innerhalb der Grenzen eines Lagers aufwuchs:

> In mancher Hinsicht unterschied sich mein Leben zwischen 1942 und 1945 wohl nicht so sehr von dem anderer amerikanischer Kinder. Ich verbrachte viel Zeit mit meinen Geschwistern, spielte mit Murmeln, sah beim Baseball zu und beneidete die älteren Kinder, die Pfadfinderuniformen

Baseballspiel in der Feuerschneise zwischen den Baracken im Umsiedlerlager Manzanar, Kalifornien

trugen ... Wir brachten viel Amerikanisches in die Lager, schließlich *waren* wir Amerikaner. Ich ahmte meine Brüder nach, die die Grundschule des Lagers besuchten, und beherrschte schon mit fünf Jahren den Flaggengruß. Ich lernte, so gut man dies in Manzanar eben konnte, was es bedeutete, in Amerika zu leben. Doch manchmal erkannte ich auch, welch bitteren Preis man dafür bezahlen muß.[19]

MINIDOKA

Unter den Schülern, die Ella C. Evanson an der Washington Junior High School in Seattle unterrichtete, waren viele Amerikaner japanischer Abstammung, die ins Lager Harmony und später nach Minidoka, Idaho, geschickt wurden. Die Schüler schrieben vor der

Internierung kurze Mitteilungen in ihr Sammelalbum und später auch Briefe aus dem Lager.[20] Einer davon, datiert auf den 20. März 1942, lautet:

Ich beginne meinen Brief mit dem Schlimmsten. Ich will nicht weggehen, aber die Regierung sagt, wir müssen alle gehen, daher müssen wir gehorchen. In der japanischen Zeitung steht, daß wir nach Osten müssen, jenseits der Cascade Mountains... nach Idaho... Wenn ich dorthin gehe, bekomme ich hoffentlich eine Lehrerin wie Sie. Ich hoffe, der Krieg ist bald vorbei, damit ich wieder zur Washington School gehen kann.

Und am 10. Mai erhielt Miss Evansons Klasse einen Brief aus dem Lager:

Ich möchte kurz Hallo sagen. Wir haben ein Zimmer, das wir mit 7 Schülern [Leuten?] teilen müssen, und die Wände sind voller Löcher und Risse, durch die kalte Luft kommt. Komisches Gefühl, ich konnte die ganze Nacht nicht schlafen... Unsere Betten sind von der US-Armee geliehen, und unsere Matratze ist ein Stoffsack voller Heu. Das ist jetzt eine gute Stelle, um mit dem Brief aufzuhören. »Auf Wiedersehen« bis zum nächsten Mal und schreibt mir bitte alle bald.

Eine andere Lehrerin aus Seattle, Mrs Elizabeth Bayley Willis, unterrichtete an der Garfield High School. Eine ihrer älteren Schülerinnen schrieb im November 1942 voller Enttäuschung und Zorn aus Minidoka: »Überall ziehen sie Stacheldraht, und es gibt acht Wachtürme... Ich begreife einfach nicht, weshalb die Regierung uns auch noch einsperren muß, nachdem sie uns schon mitten ins Niemandsland gesetzt hat... Wenn das Demokratie ist, würde ich lieber unter einer strengen Diktatur leben. Immerhin würde ich nicht dauernd hinter Stacheldraht landen.«[21]

Topaz

Die japanisch-amerikanischen Kinder aus der Bucht von San Francisco wurden nach Topaz gebracht. Sie fuhren mit dem Zug drei Tage von San Bruno, Kalifornien, in eine rauhe, windgepeitschte

Wüste nahe der Stadt Delta in Utah. Dort lebten sie, bis der Befehl zur Internierung aufgehoben wurde. Während des Frühjahrs und Sommers 1943 führte die dritte Klasse der Mountainview School in Topaz ein Klassentagebuch, das zeigt, mit welch leidenschaftlicher Sehnsucht die Kinder zu den Kriegsanstrengungen beitragen wollten.[22]

Der Eintrag vom 11. März 1943 in *Our Daily Diary* lautet: »Heute haben wir uns zum American Junior Red Cross gemeldet. Denkt bitte daran, 10 % eures Geldes für Kriegsanleihen und Marken auszugeben.« Am nächsten Tag schrieben die Kinder: »In Topaz gibt es viele Leute, die Mumps, Lungenentzündung, Blinddarmentzündung und Erkältungen haben, daher müssen wir gut auf uns aufpassen. Wir sammeln Gummi, Geld, Papier und andere Dinge, um Onkel Sam zu helfen.«

Zwei Monate später, am 18. Mai 1943, zeichneten die Drittkläßler zwei amerikanische Flaggen in ihr Tagebuch und berichteten stolz: »Wir haben eine große Kiste voller Nägel. Jeden Tag sammeln wir neue Nägel für Onkel Sam.« Drei Tage später, am 21. Mai, zeichneten die Kinder Flugzeuge und Panzer unter die Ankündigung: »Heute nachmittag hat die zweite Gruppe des Japanese American Combat Team Topaz verlassen, um in Onkel Sams Armee einzutreten. Edwins Onkel hat sich freiwillig gemeldet.«

Und am 5. Juli zeigt ihr Tagebucheintrag eine amerikanische Flagge, die stolz von einem Fahnenmast weht. Die Kinder berichteten: »Am Wochenende feierte das ganze Lager den 4. Juli ... Es machte viel Spaß.« Zwei Wochen später beschlossen sie: »Die Mädchen aus unserer Klasse stricken kleine Vierecke aus Wolle ... Wir nähen alle aneinander und machen eine Decke für das amerikanische Rote Kreuz.«

Donald Nakahata, geboren in San Francisco, war zwölf Jahre alt, als er und seine Mutter vom Sammellager Tanforan in das Umsiedlerlager Topaz in Utah kamen. Er weiß noch, wie er lernte, einen Traktor zu fahren, und auf der Geflügelfarm des Lagers arbeitete. Am schmerzlichsten empfand er die Abwesenheit seines Vaters, der vom FBI verhaftet worden war und lange Jahre in Internierungslagern des Justizministeriums von Santa Fe, New Mexico, bis Bismarck, North Dakota, verbrachte. Dort erlag er einem Schlaganfall. Der Junge erinnerte sich:

> Gelegentlich erhielten wir einen Brief von ihm, aus dem Teile... herausgeschnitten waren. Über seine Gesundheit berichtete er eigentlich gar nichts... Eines Abends nach dem Essen bekamen wir ein Telegramm, in dem stand, daß er gestorben sei und wir den Behörden am nächsten Morgen um acht Uhr mitteilen sollten, was mit den sterblichen Überresten geschehen solle. Meine Tante, die für die Wohlfahrtsabteilung des Lagers Topaz arbeitete, hämmerte an die Tür ihres Vorgesetzten und konnte ihn überreden, in einem Kabel um die Übersendung der Leiche zu bitten. Er wurde in Delta, Utah, eingeäschert, und meine Mutter trug seine Asche lange bei sich... Nach ihrem Tod erfuhr ich, daß meine Mutter in Japan Missionarin und eine tiefgläubige Christin gewesen war. Das half ihr, es durchzustehen.[23]

Yoshiko Uchida, eine junge Studentin von der University of California in Berkeley, arbeitete sowohl im Sammellager Tanforan als auch im Umsiedlerlager Topaz als Lehrerin. In ihrem Buch *The Invisible Thread* schrieb Uchida die Erfahrungen nieder, die sie beim Unterrichten japanisch-amerikanischer Kinder in eiskalten, undichten Baracken machte, umtost von heulenden Winden, die Sandfontänen durch die Klassenzimmer peitschten. Sie erinnerte sich auch an glücklichere Zeiten, vor allem an ihr »Weihnachtsfest im Lager«, zu dem die Quäker geschmückte Bäume, besonderes Essen und Geschenke spendeten:

> Am Tag vor Weihnachten erhielt meine Mutter einen großen Karton grüner Zweige von ihren Freunden in Connecticut. Als wir ihn öffneten, war es, als schaue man in einen immergrünen Wald. Es roch herrlich. Es duftete nach Weihnachten... Als ich an diesem Abend auf meiner Pritsche lag, umgeben vom Duft der Tannenzweige, und Weihnachtslieder im Radio hörte, überlegte ich, wie wir Weihnachten im Lager verbringen würden. Wir würden zur Kirche gehen, Freunde besuchen und ein festliches Truthahnessen in der Messe serviert bekommen, ohne vorher Schlange zu stehen. Wie am Erntedankfest würde das Personal der Messe uns zur Feier des Tages am Tisch bedienen.[24]

Poston

Auch die Kinder im Umsiedlerlager Poston in Arizona beschäftigte das Weihnachtsfest. 1943 schrieb die Siebtkläßlerin Emiko Kamiya über ihr »erstes Weihnachten in Poston«:

> Wer hat je am Heiligen Abend wachgelegen, in einer fremden Umgebung, still wie der Tod?... Als Weihnachten näher rückte, wußten wir älteren Kinder, daß es für die Kleinen in diesem Jahr keine Geschenke und wenig Spaß geben würde, denn niemand würde an uns hier draußen im Lager denken. Also bemühten wir uns um so mehr, den Kleinen eine Freude zu bereiten. Weihnachten kündigte sich mit kaltem, heulendem Wind an... Wir ließen uns jedoch nicht entmutigen und planten eine Feier, für die alle gern Geld spendeten. Wir dekorierten die Messe mit rotem und grünem Kreppapier und Zweigen aus Stechpalmen, die in der Wüste gediehen... Und wie mit einem Zauberstab verwandelten wir die nackte, kalte Messe in einen verzauberten Ort.[25]

Am Neujahrstag 1944 schrieb Kazue Tsuchiyama einen Aufsatz, der unter dem Titel »Aus der Wüste« im Jahrbuch der High School abgedruckt wurde und überall in den Vereinigten Staaten an die Abteilungen des Junior Red Cross verteilt wurde.

> Obwohl wir weit draußen in der Wüste sind, hat man uns an Weihnachten nicht vergessen. Wir bekamen Geschenke von alten nichtjapanischen Freunden, die uns nicht vergessen hatten... Ich kann meine Dankbarkeit nicht in Worte fassen, werde mich aber immer daran erinnern, daß ich in dieser schweren Zeit einen Freund dort draußen hatte. Das neue Jahr brachte viele gute Vorsätze, die wir erfüllen wollten – Jung und Alt Freude und Trost zu spenden und alle zu ermutigen, der Welt zu zeigen, daß wir *keine* Feiglinge sind. Es werden glückliche und traurige Tage kommen, aber wir werden ihnen mit lächelndem Gesicht begegnen.[26]

Klassenzimmer im Umsiedlerlager Topaz, Utah

TULE LAKE

Für Isao Fujimoto und seine Familie brachte das Jahr 1944 einen erneuten Umzug – diesmal von Heart Mountain, Wyoming, nach Tule Lake im Norden Kaliforniens, nahe der Grenze zu Oregon. Die Antworten, die seine Eltern auf dem Loyalitätsfragebogen der WRA gegeben hatten, entschieden über Isaos Schicksal. Antworteten die Internierten auf die Frage »Werden Sie der Treue gegenüber Japan abschwören?« und »Würden Sie in der Armee der Vereinigten Staaten dienen?« mit ja, galten sie als loyal; lautete die Antwort nein, galten sie als illoyal. Diese Fragen wurden jeder Person über achtzehn gestellt. Isao, damals zehn, erinnert sich:

> Meine Eltern wollten nicht, daß unsere Familie erneut getrennt wurde. Meine Vater war in Missoula [im Internierungslager des Justizministeriums] festgehalten worden

> und kam erst anderthalb Jahre nach uns nach Heart Mountain. Als man meinen Eltern den Fragebogen vorlegte, entschieden sie, beide Male mit nein zu antworten. Daher gehörten wir zu den ausgesonderten Familien, die nach Tule Lake gebracht wurden... Es war eine ganz andere Art Lager, da wir dort niemanden kannten. Man lebte mit Menschen, die beim Loyalitätstest ähnlich geantwortet hatten. Die Atmosphäre war ziemlich aufgeladen... Es gab zahlreiche projapanische Organisationen, die sich nicht nur zur dominierenden, sondern zur spaltenden Kraft in Tule Lake entwickelten. Die Atmosphäre war geprägt von Spannung und Einschüchterung.

Tule Lake wurde von einem Umsiedler- in ein Absonderungslager umgewandelt. Ein doppelter Zaun von zweieinhalb Metern Höhe wurde gezogen; der Wachtrupp auf Bataillonsgröße verstärkt; sechs Panzer wurden deutlich sichtbar in Stellung gebracht. Potentielle Unruhestifter wurden in einem Gefängnis innerhalb des Geländes untergebracht, bekannt als »the stockade«, »die Palisade«.

Später äußerte sich einer der Internierten in den öffentlichen Anhörungen der Commission on Wartime Relocation and Internment of Civilians über die Nachwirkungen eines Aufruhrs, der mit der Lebensmittelversorgung zusammenhing:

> Ich war dreizehn Jahre alt, als wir in Tule Lake lebten... Die erschütterndste Erfahrung machte ich, als im ganzen Lager wegen eines Essensaufruhrs das Kriegsrecht verhängt wurde. Man sagte uns, die Militärpolizei werde alle Familien in den Baracken durchsuchen. Die beiden MP sahen furchteinflößend aus, als sie mit griffbereiter Waffe hereinkamen und barsch fragten, ob wir Waffen, Alkohol oder Fotoapparate besäßen. Diese Durchsuchung verfolgt mich bis heute, so sehr hat die MP unsere Privatsphäre verletzt, als sie in unsere kleine, bescheidene Unterkunft eindrang.[27]

Ben Takeshita, damals vierzehn, erinnerte sich an das, was seinem älteren Bruder, einem Lehrer, zustieß. Dieser organisierte ein Sportturnier für die Kinder, das den Leitern des Lagers zu militärisch

Beim Angeln in einem Kanal im Umsiedlerlager Poston, Arizona

erschien. Nach tagelangem Verhör führte man ihn vor eine Gruppe von MP mit schußbereiten Waffen:

> Man fragte ihn, ob er eine Zigarette wolle; er sagte nein... Willst du eine Augenbinde?... Nein. Sie sagten: »Stell dich hier hin«, und sie gingen sogar so weit zu sagen: »Fertig, legt an, Feuer.« Sie betätigten den Abzug, doch die Gewehre waren nicht geladen. Es klickte nur... Ich wurde wahnsinnig,

> als ich davon hörte, dachte an die Qualen, die er durchgemacht haben mußte, und daß die MPs so etwas geschehen ließen. Ich meine, es war wie in den deutschen Lagern: Man foltert die Menschen, um ihren Willen zu brechen.[28]

Das Lager Tule Lake, in dem Isao Fujimoto sich nun befand, war ein Umsiedlerlager, das sich nicht am amerikanischen Alltag orientierte, so wie es in Heart Mountain der Fall war. Man versetzte ihn in eine Umgebung, in der die japanische Kultur und die Kampfsportarten sehr viel stärker betont wurden. »Die projapanischen Bewohner waren sehr gut organisiert«, berichtete er. »Sie organisierten sogar schon die kleinen Kinder, aber meine Familie legte keinen Wert darauf.« Statt dessen lernte der elfjährige Junge, mit den Widersprüchen in seinem Alltag zu leben. Morgens besuchte er die japanische Schule, wo er und seine Klassenkameraden sich draußen versammelten und den Tag mit einer Verbeugung gen Osten – Richtung Japan – begannen. Am Nachmittag ging er in die amerikanische Schule, wo er und die anderen Kinder den Treueeid auf die amerikanische Flagge leisteten.

»Wir dachten uns nichts dabei«, erinnerte er sich. »Kinder machen einfach alles mit. [Für mich] gab es wichtigere Dinge, wie Baseball, Briefmarken sammeln und tauschen und indianische Pfeilspitzen suchen.« Wenn er von Schule oder Spiel heimkehrte, fand er die Erwachsenen aus seinem Block stets um ein Kurzwellenradio versammelt. Sie lauschten aufmerksam den japanischen Kriegsnachrichten. »Die Propaganda stammte aus dem japanischen Kriegsministerium, das Siege verkündete. Die Leute nahmen es sehr ernst. Sie glaubten, der Krieg liefe gut.«

Die Lehrkräfte der amerikanischen Schule, Isaos einzige Verbindung zur Außenwelt, vermittelten ihm ein anderes Bild. Und er entdeckte, daß seine japanisch-amerikanischen Mitbürger nicht die einzigen waren, die hinter Stacheldraht lebten. Auf dem Heimweg von der Schule bemerkte er eines Tages eine Gruppe Weißer, die neben einem Straßengraben arbeiteten. »Das Komische war, daß sie [von MP] herumkommandiert wurden. Ich fragte: ›Wer sind die Leute?‹ und erfuhr, daß es sich um Kriegsgefangene handelte. Später hörte ich, daß es Italiener waren, die man in Nordafrika gefangengenommen hatte.«

Während die Internierten hinter Stacheldraht lebten, dienten gleichzeitig junge japanisch-amerikanische Soldaten ihrem Land auf den Schlachtfeldern in Europa und im Pazifikkrieg. Sie stellten als Dolmetscher das vermutlich wichtigste Bindeglied im amerikanischen Geheimdienst dar. Das 442nd Combat Team, eine rein japanischstämmige Einheit, die in Italien und Frankreich eingesetzt war, ging aus den Kämpfen mit mehr Verlusten und Auszeichnungen für Tapferkeit vor dem Feind hervor als jede andere an Größe und Einsatzdauer vergleichbare Einheit in der Geschichte der Armee. Ein Mitglied dieser Einheit war der Jugendliche John Kanda, der die High School in Tule Lake abgeschlossen hatte.

Am 17. Dezember 1944, über drei Jahre nach dem Angriff auf Pearl Harbor, durften sich japanisch-amerikanische Bürger in den gesamten Vereinigten Staaten wieder frei bewegen. Der *San Francisco Chronicle* von Montag, dem 19. Dezember 1944, verkündete das Ende der Absonderung mit folgenden Worten: »Das Western Defense Command hat gestern die Beschränkungen aufgehoben, die es ungefähr 100 000 Personen japanischer Abstammung seit 1942 aus militärischen Gründen verboten, nach Kalifornien, Washington und Oregon zurückzukehren. Die Absonderung orientiert sich von nun an an der individuellen Loyalität und nicht mehr an der Rasse.«

Zwei Schülerinnen der fünften Klasse, die für ein Viertel ihres Lebens interniert waren, feierten die Nachricht mit dem Gedicht »Unsere Flagge«, das in der Schülerzeitung von Manzanar erschien:

Unsere Fahne weht hoch
Im lichtblauen Himmel.
Wir grüßen dich.
Wir singen für unser Banner
In edlen Tönen
Geliebtes Rot, Weiß und Blau
Für dich stehen wir auf.
Wir alle singen
Weil Freiheit herrscht
Geliebtes Rot, Weiß und Blau
Vor dir ziehen wir den Hut.[29]

Ein kleiner Junge am Tag der Abfahrt nach dem Ende der Internierung, Umsiedlerlager Tule Lake, Kalifornien

Erica Harth, die sechsjährige Tochter eines WRA-Arbeiters in Manzanar, war das einzige nichtjapanische Kind, das während des letzen Jahres, in dem das Lager existierte, die erste Grundschulklasse besuchte. Sie spürte keine Ablehnung von seiten ihrer japanisch-amerikanischen Mitschüler. »Ich fühlte mich auf einzigartige Weise in meinem Leben akzeptiert«, schrieb sie später.[30] Sie besuchte Manzanar am fünfzigsten Jahrestag von Präsident Roosevelts Vollzugsanordnung 9066. An diesem Tag wurde das Lager zum nationalen Denkmal erklärt!

Ein kalkweißer Gedenkstein für die Toten von Manzanar beherrscht heute das Bild. Neben dem ehemaligen Auditorium und zwei kleinen, steinernen Wachgebäuden, die den Eingang flankieren, ist nur dieser Gedenkstein übriggeblieben. Erica erschien der Ort viel kleiner, als sie ihn in Erinnerung hatte: »Diese Verkleinerung der Dimensionen, die Erwachsene so häufig erleben, wenn sie Orte aus ihrer Kindheit wiedersehen, gilt in umgekehrter Weise, wenn man Manzanars Position innerhalb der Geschichte betrachtet. Mit fadenscheinigen Vorwänden wurden zehntausend Menschen auf ein kleines Stück Land gepfercht, das ihnen als winzige Zelle, mir jedoch als riesiger Spielplatz diente. An der Erbärmlichkeit der räumlichen Verhältnisse mißt sich die ungeheuerliche Ungerechtigkeit.«

6

Das Schulmädchen und der General

In der Dwight-D.-Eisenhower-Bibliothek in Abilene, Kansas, findet sich neben der Korrespondenz, die Eisenhower mit dem König von England, Präsident Roosevelt, ausländischen Würdenträgern und Generälen führte, auch ein Ordner mit Briefen ganz anderer Art. Sie wurden über einen Zeitraum von sechzehn Monaten – vom 8. April 1942 bis zum 2. August 1943 – von Mary Louise Koehnen, einem Schulmädchen aus Dayton, Ohio, und Generalmajor Eisenhower, ihrem Lieblingssoldaten, geschrieben.

Mary Louise besuchte die siebte Klasse der Corpus Christi School in Dayton, als sie Eisenhower den ersten Brief schickte. Sie hatte ihm eine wundertätige Medaille und das »Gebet eines Soldaten« beigefügt. Es war die zweite Aprilwoche 1942, Eisenhower bereitete die Landung der Alliierten in Nordafrika vor.[1] Als er Mary Louise im August 1943 den letzten Brief schrieb, hatte sie die achte Klasse abgeschlossen, die Achsenmächte hatten in Nordafrika kapituliert und die Alliierten in Sizilien eine sichere Stellung erobert.[2] Es war, wie sein Sohn John später schrieb, eine »Zeit großer Belastungen« für den Oberbefehlshaber der alliierten Streitkräfte in Europa.

Die zweiundzwanzig Briefe, die über den Atlantik zu den Ufern des Mittelmeers reisten, zeigen die menschliche Seite des Zweiten Weltkriegs – die Begeisterung eines Kindes und die Sehnsucht eines Generals nach einem normalen, friedlichen Leben, nach einem Frieden, für den er und seine Soldaten in fernen Ländern kämpften.

Mary Louise Koehnen

2441 Auburn Avenue
Dayton, Ohio
8. April 1942

Sehr geehrter Herr,

ich sende Ihnen eine wundertätige Medaille und das Gebet eines Soldaten, das Sie jeden Tag aufsagen sollten. Ich werde einmal in der Woche zur Messe und zur Heiligen Kommunion gehen und für Sie beten. Ich bin sicher, man wird Ihre Gebete erhören.

Ich gehe in die siebte Klasse der Corpus Christi School, wo es mir sehr gut gefällt. Mein Daddy ist gerade Oberleutnant geworden und wird in Patterson Field hier in Dayton stationiert. Wir sind sehr glücklich, daß er bei uns zu Hause ist, und wir hoffen, daß er für die Dauer des Krieges bei uns bleibt. Ich hoffe, auch Sie sind glücklich und zufrieden mit dem Ort, an dem Sie stationiert sind. Ich weiß, daß Sie sehr viel zu tun haben, aber es wäre wunderbar, wenn Sie meinen Brief beantworten könnten.

Am Montag war der Tag der Armee, in der Stadt gab es eine große Parade, die ich sehr interessant fand. Es kamen viele verschiedene Lastwagen aus Wright und Patterson Field, und es gab auch viele kleine Jeeps. Außerdem zeigten sie ein deutsches Flugzeug, das in Deutschland geboren, über England gestorben und posthum in Dayton gelandet war, und zwei japanische Flugzeuge, die in Japan geboren, in Pearl Harbor gestorben und posthum in Dayton gelandet waren. Es spielten auch viele High-School-Bands. Nach der Parade fuhren wir nach Wright Field und schauten uns viele verschiedene Flugzeuge an, darunter auch englische und britische.

Nun, jetzt sollte ich mich wohl verabschieden, ich muß schlafen gehen.

Alles Gute – Ihre unbekannte kleine Freundin,
Mary Louise Koehnen

P. S. Falls Sie mir schreiben wollen, meine Adresse steht auf dem anderen Blatt.

15. April 1942

Liebe Mary Louise,

meinen aufrichtigen Dank für die wundertätige Medaille und das Gebet. Es ist sehr großzügig von Dir, so an mich zu denken, ich weiß es sehr zu schätzen. Aber wäre es nicht besser, für all die Jungs zu beten, die sich am großen Kampf beteiligen? Nicht alle haben das Glück, eine Freundin wie Dich zu besitzen.

Ich freue mich, daß Dir die Parade am Tag der Armee und die Ausstellung in Wright Field gefallen haben. Deine Schilderung war so lebhaft, daß ich es mir beinahe vorstellen konnte. Ich hoffe, Du mußt nicht aus Dayton wegziehen, da es Dir dort so gut gefällt.

Noch einmal vielen Dank und die besten Wünsche für Dich.

Mit herzlichen Grüßen,
Dwight D. Eisenhower
Generalmajor, USA

Gebet eines Soldaten

Beim Wecken und beim Zapfenstreich

O Gott der Macht und der Liebe, sieh mich, wie ich an diesem Abend (Morgen) vor Dir knie und meine stammelnden Gebete jenen hinzufüge, die ein kleines Kind Tag für Tag an meiner Stelle an Dich richtet.

Mache mich zu einem Soldaten, der sich unserer großen Aufgabe als würdig erweist.

Gib mir Stärke, wenn das Leben schwer ist.

Gib mir Mut, wenn Gefahr droht.

In Dich lege ich mein Vertrauen. Führe mich durch die Gefahren dieses Krieges hin zum Frieden jener besseren Welt, der ich mein Leben gewidmet habe. Doch wenn der Dienst an Dir und meinem Land das Opfer meines Lebens fordert, bitte ich Dich nur, lieber Gott, daß Du mir in dieser Stunde beistehen mögest, voller Zuversicht, daß mich Dein Friede in Ewigkeit erwartet.

AMEN.

21. Mai 1942

Liebe Mary Louise,

vielen, vielen Dank für Deinen Brief und die Karte mit dem täglichen Gebet. Ich weiß Deine Aufmerksamkeit wirklich zu schätzen, vor allem, weil ich weiß, daß Du bestimmt mehr Spaß beim Radfahren oder Spielen im Garten hättest.

Ich bin sehr froh darüber, Dein Adoptivsoldat zu sein – bestimmt hat kein anderer Soldat eine so interessante und gewissenhafte Adoptivmutter.

In den nächsten Tagen werde ich in militärischen Angelegenheiten unterwegs sein. Solltest Du mir in dieser Zeit schreiben, hast Du hoffentlich Verständnis, wenn keine schnelle Antwort kommt. Es heißt nicht, daß ich gedankenlos oder gleichgültig wäre. Ich freue mich auf Deinen nächsten Brief.

Herzlichst,
Dwight D. Eisenhower

P. S. Ich hoffe, daß Du in deinen täglichen Gebeten auch darum bittest, daß die Alliierten diesen furchtbaren Krieg schnell und unwiderruflich gewinnen werden.

2441 Auburn Avenue
Dayton, Ohio
26. Juni 1942

Lieber General,

ich kann Ihnen gar nicht sagen, wie glücklich ich über Ihr Telegramm war. Ich glaube, ich habe den besten Adoptivsoldaten der Welt. Mein kleiner Bruder behauptet, man hätte ihn beschwindelt, weil sein Adoptivsoldat nicht mehr schreibt, aber ich habe ihm erzählt, daß er in Australien ist. Sie werden in der Zeitung und im Radio so sehr gelobt, daß ich mich kaum traue, Ihnen zu schreiben, aber Mutter sagt, ich soll es trotzdem tun und Ihnen die Neuigkeiten berichten.

Wir haben jetzt Ferien. Ich gehe schwimmen und spiele Tennis und helfe im Haus. Letztens habe ich beim Rasenmähen geholfen, das war vielleicht viel

Arbeit. Es hat mir nicht besonders gefallen, aber Daddy bezahlt uns dafür. Sind Sie glücklich in England? Ich hoffe, ja. Ich bete jeden Tag für Sie und gehe für Sie zur Kommunion, damit es Ihnen gutgeht und Sie bald heimkehren.

Ich habe das Foto von Ihnen und die ganzen Nachrichten aus der Zeitung ausgeschnitten. Wenn Sie heimkommen, schicke ich sie Ihnen. Ich frage mich, ob es Ihnen gefällt, hoffentlich sind Sie nicht böse, aber alle fanden es so toll, daß Sie mir von Ihrer Abreise geschrieben haben, daß in der Zeitung etwas über meinen Adoptivsoldaten stand und welches Glück ich doch hätte. Das stimmt wohl, aber seien Sie bitte nicht böse deswegen.

Ich würde mich freuen, von Ihnen zu hören, aber wenn ich nichts höre, schreibe ich Ihnen trotzdem.

Immer Ihre kleine Freundin und Adoptivmutter
Mary Louise Koehnen

---

7. Juli 1942

Liebe Mary Louise,

da ich seit einiger Zeit keinen Brief von Dir erhalten habe, schicke ich Dir meine neue Adresse. Sie lautet

Force Headquarters
A. P. O. 887
New York, N.Y.

Wir sind seit zwei Wochen hier und haben seither sehr viel zu tun gehabt.

Ich trage stets die wundertätige Medaille, die Du mir geschickt hast. Ich habe sie an meiner Kennmarke befestigt, die alle Soldaten zu jeder Zeit tragen müssen.

Letzte Woche bin ich zu einem Kurzbesuch nach Irland gefahren. Es ist ein schönes Land: grüne Felder, hohe Bäume, viele Seen und reizende Dörfer. Hier und da, vor allem auf dem Land, stößt man auf alte Burgen und Herrensitze. Ich kann verstehen, weshalb so viele Lieder über Irland geschrieben wurden. Ich hoffe, Du bist gesund und hast viel Spaß.

Liebe Grüße,
Dein Soldat
Dwight D. Eisenhower

2441 Auburn Avenue
Dayton, Ohio
17. Juli 1942

Lieber General,

ich hoffe, Sie haben meinen letzten Brief erhalten. Ich weiß, daß Sie viel zu tun haben, aber ich dachte, Sie würden gern von mir hören. Heute ist es hier sehr heiß, vermutlich gehen wir schwimmen. Normalerweise gehen wir ins Schwimmbad von Patterson Field, das ist ganz toll.

Wright Field veranstaltet ein Reitfest zugunsten der Armeefürsorge. Ich hoffe, ich kann hingehen. Letzten Sommer war ich im Jugendlager und bin viel geritten. Dieses Jahr bin ich nicht hingefahren, vielleicht aber wieder im nächsten Jahr. Das hoffe ich jedenfalls. Ich schneide Fotos und alle Nachrichten über Sie aus und klebe sie in ein Sammelalbum. Wenn Sie heimkehren, schicke ich es Ihnen, aber ich möchte es zurückhaben.

Gestern abend hatten wir eine Totalverdunkelung. Hoffentlich müssen wir das nie im Ernst machen, Daddy ist nämlich in der Armee, und Mutter war Krankenschwester, sie müßte also helfen, und dann wären mein Bruder und ich ganz allein. Mein Bruder sagt, er würde sich verstecken und vergessen, wieder rauszukommen.

Ich muß jetzt wohl aufhören und bleibe immer gern

Ihre kleine Adoptivmutter,
Mary Louise Koehnen

P. S. Bitte entschuldigen Sie meine Schrift, aber heute war es so heiß, daß ich kaum stillsitzen konnte.

2441 Auburn Avenue
Dayton, Ohio
18. August 1942

Lieber General,

wie geht es Ihnen? Mir geht es gut. Ich wüßte gern, ob Sie alle meine Briefe bekommen, das hier ist mein vierter.

Ich hatte eine tolle Zeit, seit ich Ihnen das letzte Mal geschrieben habe. Letzten Samstag, es war der 8. August, haben meine Freundin und ihr Vater ein anderes Mädchen und mich zum Baseballspiel nach Cincinnati mitgenommen. Die »Reds« haben gegen die Chicago »Cubs« gespielt, das erste Spiel dauerte zwölf Innings und ging 3:1 für die guten alten »Reds« aus, und das zweite haben sie verloren. Außerdem bin ich oft schwimmen gegangen. Mittwochabend sind Mutter und Daddy mit meinem Bruder und mir in den Park gegangen, und wir sind natürlich auf allem gefahren, und am Freitagabend waren wir alle im Zirkus. Oh, das war toll, und ich habe so über die Clowns gelacht, und mein Bruder hat so sehr gelacht, daß er am nächsten Tag Seitenstiche hatte.

Ich würde Ihnen ja gern ein paar Kekse schicken. Wäre aber ein bißchen weit, was? Ich kann leckere Erdnußbutterkekse backen, hätten Sie Lust darauf?

Na ja, es ist Essenszeit, heute gibt es Hamburger, die mag ich wirklich gern, aber ich muß wohl bald eine Diät machen, weil alle sagen, ich würde zu dick.

Ich hoffe, ich bekomme ganz bald einen Brief von Ihnen. Passen Sie gut auf sich auf.

Herzlichst,
Ihre Freundin
Mary Louise Koehnen

P. S. Ich bete immer noch jeden Morgen und Abend für Sie.

---

21. August 1942

Liebe Mary Louise,

vielen, vielen Dank für Deinen Brief. Ich freue mich immer, von Dir zu hören.

Der Sommer hier ist sehr angenehm, nachts schlafen wir meist nur unter einer Decke. Zum Schwimmen ist es nicht warm genug, da wird Dir Dayton wohl lieber sein. Ich kann mir kein freundlicheres oder mutigeres Volk als die Engländer denken. Sie haben uns allen großzügig ihre Häuser und Schränke geöffnet, und ich weiß, Du wirst verstehen, wieviel es uns bedeutet – vor allem, wenn sie oftmals auf Annehmlichkeiten verzichten, um unsere vereinten Bemühungen zu unterstützen. Ich hoffe, Du kannst es irgendwann mit eigenen Augen sehen und die enge Beziehung zwischen unseren Völkern verstehen.

Ich freue mich auf Dein Sammelalbum und lege noch ein paar Ausschnitte bei, die Du vielleicht gebrauchen kannst.

Wir alle hier hoffen, daß die Lichter Amerikas niemals ausgehen werden und die Menschen zu Hause uns bei bester Gesundheit und frohen Herzens empfangen werden.

Ich hoffe, Du bekommst Gelegenheit zum Reiten und hast weiterhin Spaß.

Mit besten Grüßen,
Dein Soldat
Dwight D. Eisenhower

---

27. August 1942

Liebe Mary Louise,

Du wirst überrascht sein, daß ich Deinen Brief vom 26. Juni erst heute bekommen habe – zwei Monate später. Ich kann die Verzögerung nicht erklären, bin aber froh, daß Deine Nachricht endlich sicher eingetroffen ist.

Schreib mir ruhig, falls Du die Zeit findest und nichts besseres zu tun hast. Ich mag Deine Aufzeichnungen, weil es wirklich schön ist, wenn ein kleines Mädchen wie Du seine üblichen Spiele und Pflichten unterbricht, um einem Soldaten zu schreiben. Ich bin durchaus froh, daß Deine Zeitung Dich als meine Adoptivmutter kennt – darauf bin ich sehr stolz.

Wenn Du diesen Brief erhältst, hat die Schule sicher wieder angefangen. Ich glaube, Du hast mir nie geschrieben, welche Klasse Du besuchst, aber Du schreibst so schöne Briefe, daß Du einfach eine gute Schülerin sein mußt.

Leb wohl für heute und die besten Wünsche von

Dwight D. Eisenhower

2441 Auburn Avenue
Dayton, Ohio
18. August 1942

Lieber General,

gestern habe ich Ihren Brief erhalten, und ich war wie immer glücklich, von Ihnen zu hören, und freue mich, daß alle so nett zu Ihnen sind.

Die Ausschnitte, die Sie mir für mein Sammelalbum geschickt haben, sind wirklich toll, ein echtes Stück Londoner Zeitung. Ich war so hin und weg, daß mir die Worte fehlen, und noch mal vielen Dank. Im »Look Magazine« (Ausgabe vom 8. September) ist eine ganze Seite mit Bildern und vielen Neuigkeiten von Ihnen, aber ich schreibe Ihnen trotzdem jede Woche, als wären Sie nur ein einfacher Soldat.

Mann, ich darf gar nicht daran denken, daß wir nur noch eine Woche Ferien haben, dann geht die Schule wieder los. Ich wünschte, ich wäre ein Junge, dann könnte ich zur Luftwaffe gehen und Pilot werden. Sind Sie jemals geflogen?

Das mit dem Herzog von Kent war wirklich schlimm. Ich habe es in der Zeitung gelesen. Seine Kinder tun mir furchtbar leid, Ihnen auch?

Passen Sie gut auf sich auf, und schreiben Sie mir auf jeden Fall, falls Sie die Prinzessinnen Rose Marie oder Elizabeth oder den König oder die Königin in London treffen.

Immer Ihre Freundin und Adoptivmutter
Mary Louise Koehnen

P. S. Eddie (mein Bruder) sagt, ich soll Sie grüßen. Ich bete immer noch jeden Morgen und Abend für Sie, und ich hoffe, daß Sie alle meine Briefe erhalten.
Mary Louise

---

21. September 1942

Liebe Mary Louise,

Deinen letzten Brief habe ich sehr schnell erhalten und habe ihn wie immer mit großem Vergnügen gelesen.

Als ich die Schule besuchte, war ich wie Du immer traurig, wenn die Ferien zu Ende gingen. Im Rückblick sehe ich aber ein, daß ich viel Spaß hatte, selbst wenn Lesen, Schreiben und Rechnen manchmal langweilig waren. Schreib mir unbedingt, was Du lernst und wie Deine Lehrerin Dir gefällt.

Ja, wir fliegen viel, und während meines Jahres auf den Philippinen habe ich gelernt, ein Flugzeug zu steuern. Das war wunderbar, und ich bin zwei, drei Jahre oft allein geflogen. Heute bin ich jedoch so beschäftigt, daß ich verschiedene Piloten einsetze und selbst das Fliegen aufgegeben habe.

Der Herzog von Kent war ein tapferer Mann, den wir alle vermissen werden. Ich bin dem König kurz nach meiner Ankunft hier begegnet, er würde Dir gefallen. Er ist still und bescheiden und nur daran interessiert, seinem Volk zu dienen.

Danke an Eddie für seine Grüße und schreib mir bald wieder!

Wie immer,
Dwight D. Eisenhower

2441 Auburn Avenue
Dayton, Ohio
7. Oktober 1942

Lieber General,

letzte Woche habe ich Ihren Brief erhalten und mich sehr darüber gefreut. Ich fand ihn sehr interessant. Ich habe ihn immer wieder gelesen und ihn dann in mein Sammelalbum gelegt. Ich hoffe, Sie bekommen alle meine Briefe und auch die Schachtel mit Süßigkeiten, die ich Ihnen zum Geburtstag geschickt habe. Es ist schon einige Wochen her.

Die Cardinals haben die World Series gewonnen. Ich bin gerade rechtzeitig aus der Schule gekommen, um das 9. Inning zu hören. Mann, die freuen sich bestimmt riesig, bei uns wollten alle, daß sie gewinnen.

Am Sonntagnachmittag bin ich zum Football gegangen, ein tolles Spiel. Unsere Mannschaft hat 14:0 gewonnen. Mögen Sie Football? Ich finde es klasse. Mutter und Daddy sind am Samstagabend nach Hamilton, Ohio, gefahren, wo das Team von Patterson Fields gegen die Navy spielte. Sie meinten, es sei jämmerlich gewesen, aber in der Halbzeit haben sie exerziert. Sie meinten, das Exerzieren wäre klasse gewesen, und wir haben übrigens verloren, leider.

Für Freitag muß ich einen Vortrag für den Bürgerkunde-Club vorbereiten, und ich weiß nicht, worüber ich sprechen soll. Alle achten Klassen an den katholischen Schulen haben Bürgerkunde-Clubs. Ich würde gern ins Kickball-Team unserer Schule gehen, aber ich werde wohl nicht schnell genug gegen den Ball treten oder laufen können. Trotzdem würde ich gerne mitmachen, ich liebe das Spiel.

Mein Daddy wurde zum Hauptmann befördert, und ich war so stolz auf ihn, er bleibt also in Dayton. So viele Männer müssen weg von hier, und wir beten jeden Tag in der Schule, daß der Krieg endlich aufhört. Dieser alte Hitler und die alten Japse sind einfach ekelhaft.

Ihr Gruß ist meinem Bruder Eddie zu Kopf gestiegen. Er hatte gestern Geburtstag und ist elf geworden. Heute abend gibt es ein Geburtstagsessen für ihn. An unserem Geburtstag dürfen wir uns unser Lieblingsessen wünschen. Eddie wollte Brathähnchen haben.

Gestern abend hatten wir viel Spaß. Daddy hat uns mit zum Flugplatz genommen, um eine Menge Soldaten zu verabschieden. Später kam ein Major und fragte Eddie und mich, ob wir in einem Jeep fahren wollten, und wir haben ja gesagt. Das war toll, aber man wird ganz schön durchgeschüttelt.

Na ja, ich muß jetzt Schluß machen, denn es wird spät, und wir müssen morgen früh aufstehen.

»Ihre kleine Adoptivmutter«
Mary Louise Koehnen

P. S. Ich bete immer noch morgens und abends für Sie, und ich hoffe, Sie tragen noch die wundertätige Medaille.

Mutter, Daddy und Eddie lassen Sie alle grüßen.

Mary Louise

---

21. Oktober 1942

Liebe Mary Louise,

was für eine nette Überraschung! Ich weiß es zu schätzen, daß Du an meinen Geburtstag gedacht und mir diese leckeren Süßigkeiten geschickt hast.

Ich bin soeben von einer Reise nach Schottland zurückgekommen und be-

dauere, daß ich Dir in letzter Zeit nicht schreiben konnte. Die Reise hätte Dir gefallen – das Land ist herrlich, wenn sich das Laub färbt, und die Seen sind genauso, wie die Dichter sie beschreiben. Ich würde gern mehr Zeit bei diesen gastfreundlichen Menschen verbringen.

Ich hoffe, Du bist gesund und glücklich und hast wieder Gefallen an der Schule gefunden. Paß im Winter gut auf Dich auf. Du weißt, ich freue mich immer auf Deine Briefe.

Wie immer,
Dwight D. Eisenhower

2441 Auburn Avenue
Dayton, Ohio
10. November 1942

Lieber General,

ich hoffe, Sie erhalten diesen Brief bald, ich schicke ihn an die gleiche Adresse wie immer. Über Sie hat so viel in der Zeitung gestanden, und Sie haben jetzt eine so große Verantwortung übernommen, daß ich um so stärker für Sie beten werde, versprochen ... Die Schule läuft jeden Tag besser, obwohl ich immer viel Hausarbeiten machen muß, aber mein Zeugnis letzten Monat war so toll, daß ich mich wohl weiter anstrengen werde. In der Mathematikarbeit heute habe ich 100 % bekommen. Ich schaue mir die Landkarten an und denke manchmal, ich wüßte genau, wo Sie gerade sind.

Ich freue mich so über Ihre Briefe, aber wenn Sie nicht schreiben, weiß ich, daß Sie zu beschäftigt sind. Passen Sie gut auf sich auf. Denken Sie daran, daß ich mir wünsche, daß Sie so ehrenvoll wie möglich aus diesem dummen Krieg kommen und mit der besten Gesundheit, die je ein General gehabt hat.

Mein Sammelalbum füllt sich schnell.

Wie immer Ihre »Adoptivmutter«
Mary Louise Koehnen

---

20. November 1942

Liebe Mary Louise,

Dein letzter Brief hat mich erst nach über einem Monat erreicht, aber ich war froh, von Dir zu hören. Die Süßigkeiten habe ich bekommen, bevor ich London verließ, und sie stehen jetzt hier in meinem Büro, wo ich sie jeden Tag genießen kann.

Ich mag Football sehr und habe in West Point gespielt. Ich habe seit mehreren Jahren kein Spiel mehr besucht, also jubele beim nächsten Mal für mich mit!

Wir haben jetzt einen interessanten Teil der Welt besetzt. Ich hatte mir ein ganz falsches Bild von Afrika gemacht. Es ist nicht die unfruchtbare Sandwüste, die ich mir vorgestellt hatte. Der Boden ist mit grünem Gras bedeckt, und überall wachsen Blumen in leuchtenden Farben. Die Menschen sind sehr interessant, und die Kleidung der Araber erinnert mich an Jakobs bunten Mantel. Ich mag die Städte mit den weißen, stuckverzierten Häusern, und das Rascheln der Palmen ist überall zu hören. Ohne den Krieg könnte es so schön sein.

Nochmals vielen Dank für Deinen lieben Brief. Ich wünsche Dir und allen Deinen Lieben ein schönes Weihnachtsfest und ein gutes neues Jahr!

Herzlichst,
Dwight D. Eisenhower

2441 Auburn Avenue
Dayton, Ohio
22. Dezember 1942

Lieber General,

Sie werden nicht glauben, wie froh ich war, von Ihnen zu hören. Ich dachte, Sie hätten vielleicht so viel zu tun, daß Sie mir nicht mehr schreiben können. Ich bin immer ganz aufgeregt, wenn ein Brief von Ihnen kommt.

Morgen beginnen die Weihnachtsferien. Nur noch zwei Tage bis Weihnachten, ich kann es gar nicht mehr erwarten. Ich habe mir dieses Jahr so viel gewünscht, daß ich es gar nicht aufzählen kann.

In der Schule haben wir heute ein Stück aufgeführt, bei dem ich mitgemacht habe. Wir hatten eine Menge Spaß. In der Schule waren wir heute ganz schön ausgelassen, aber das kann man uns wohl nicht verdenken. Die Schwester war so nervös, daß sie am liebsten laut geschrien hätte.

Aus Ihrem letzten Brief habe ich viele interessante Dinge gelernt, ich hatte mir Afrika ganz häßlich vorgestellt, ohne Blumen und alles; so wie Sie [es] beschrieben haben, scheint es wirklich interessant zu sein. Ich stelle es mir jetzt, nachdem ich so viel darüber gehört habe, als schönen Ort vor.

Nun muß ich aufhören. Ich muß Mutter helfen. Ich schreibe Ihnen ganz bald und erzähle, was mir der »Weihnachtsmann« gebracht hat. Wenn Sie diesen Brief erhalten, wird Weihnachten wohl vorbei sein, aber ich hoffe dennoch, daß Sie ein »Frohes Weihnachtsfest« und ein »Glückliches neues Jahr« erleben.

Mit herzlichen Grüßen,
Mary Louise Koehnen

P. S. Ich bete noch immer jeden Tag für Sie und auch darum, daß wir bald den Sieg erringen.

Ich habe vergessen, Ihnen zu sagen, daß mein Sammelalbum sich rasch mit Bildern von Ihnen und Berichten über Sie füllt.

---

1. Februar 1943

Liebe Mary Louise,

endlich habe ich Deinen Brief vom 10. November bekommen. Es ist sehr lieb, daß Du mir so regelmäßig schreibst.

Es ist schön zu wissen, daß Dir die Schule gefällt, und ich freue mich, daß Mathematik zu Deinen besten Fächern gehört. Ich selbst habe es immer gern gemocht. Wenn dieser Krieg vorbei ist, wird meine Stärke jedoch eher in Geographie liegen – ich glaube, man könnte mich sogar als Lehrer gebrauchen.

Die Luft ist erfüllt vom Mimosenduft, und die Obstbäume beginnen zu blühen. Das Mittelmeer ist himmelblau und beinahe warm genug zum Schwimmen.

Nochmals vielen Dank für Deinen lieben Brief und Deine Aufmerksamkeit.

Herzlichst,
Dwight D. Eisenhower

1. März 1943

Liebe Mary Louise,

Deinen Brief vom 25. Januar habe ich erst heute erhalten. Es tut mir leid, daß so viel Zeit vergeht, bevor Deine Briefe ihr Ziel erreichen.

Es freut mich zu hören, daß Du so viel unternimmst, und ich bin gewiß, daß Eure Schulaufführung ein Erfolg wird. Ich wüßte gern, wie Euer Stück heißt und welche Rolle Du spielst.

Ich weiß Deine Gebete zu schätzen und bin sicher, daß wir uns alle auf die Heimkehr freuen, wenn der Krieg erst gewonnen ist.

Herzlichst,
Dwight D. Eisenhower

2441 Auburn Avenue
Dayton, Ohio
22. Mai 1943

Lieber General,

es ist eine Weile her, seit ich Ihnen geschrieben habe. Also habe ich mir gedacht, ich setze mich hin und schreibe noch einmal einen Brief. Ich hatte in letzter Zeit viel zu tun, da wir am 6. Juni die achte Klasse abschließen. Ich habe viel gelernt, und wir mußten eine Klassengeschichte, eine Prophezeiung und ein Klassenlied schreiben. Meine Klassengeschichte wurde ausgewählt, um bei der Abschlußfeier gelesen zu werden, so daß ich sie noch einmal neu schreiben mußte. Ich wurde auch zu einer der Begleiterinnen der Maikönigin gewählt.

Na ja, genug über mich selbst. Wie geht es Ihnen? Hoffentlich gut. Mein Sammelalbum ist beinahe voll, jeden Abend steht etwas über Sie in der Zeitung. Vor ein paar Wochen habe ich Sie samstags im Radio gehört. Sie haben eine sehr schöne Stimme.

Ich hoffe, Sie entschuldigen diesen wirren Brief, aber ich versuche zu schreiben und gleichzeitig auf einen kleinen Jungen aufzupassen, das ist vielleicht schwierig, kann ich Ihnen sagen. Er ist ein süßer kleiner Kerl, aber ein echter Lausejunge. Jetzt habe ich schon zum zweiten Mal mit diesem Brief angefangen. Einmal klingelte das Telefon, und während ich rangegangen bin, hat er sich den

Füllfederhalter genommen und alles vollgekritzelt. Man konnte nichts mehr lesen.

Das Wetter ist mies, es hat die ganze Woche geregnet. Ich habe den Regen so satt, ich weiß mich gar nicht zu lassen. Hoffentlich ist am Montagabend schönes Wetter, die Krönung der Maikönigin findet nämlich draußen statt. In der Zeitung habe ich gelesen, daß Ihre Nichte Peggy Eisenhower Maikönigin war. Ich finde sie furchtbar hübsch, mein Bruder übrigens auch.

Jetzt muß ich mich wohl verabschieden. Ich muß Mutter beim Abendessen helfen, und danach gehe ich auf eine Party. Wir feiern die Geburtstage von fünf Mädchen und den Schulabschluß. Bis später also.

Wie immer Mary Louise Koehnen

---

12. Juni 1943

Liebe Mary Louise,

vielen Dank für Deinen Brief vom 22. Mai, den ich heute erhalten habe. Ich gratuliere Dir ganz herzlich zum Schulabschluß und hoffe, daß Du auf der High School viel Spaß haben wirst.

Ich bin sicher, daß der Regen und die Hochwasser, die den Mittleren Westen heimgesucht haben, Deine Maifeier nicht verderben werden.

Ich freue mich auf den Tag, an dem wir alle heimkehren und solche Feste genießen können.

Herzlichste Grüße,
Dwight D. Eisenhower

2441 Auburn Avenue
Dayton, Ohio
22. Juni 1943

Lieber General,

ich habe länger nichts von Ihnen gehört, aber Sie haben sicher viel damit zu tun, die ganzen Japse niederzumähen.

Die Schule ist vorbei, und ich habe die achte Klasse abgeschlossen. Stellen Sie sich vor, im nächsten Schuljahr besuche ich die erste Klasse der High School. Unsere Abschlußzeremonie war wunderbar. Zuerst sind wir zur Messe und Kommunion gegangen, dann haben wir in der Schulcafeteria gefrühstückt. Während des Frühstücks wurden die Klassenprophezeiung und die Klassengeschichte vorgelesen. Ich wurde ausgewählt, die Klassengeschichte vorzulesen, und dann dankten wir den Priestern, Schwestern und Eltern und hielten eine Abschiedsrede an die Schule. In gewisser Hinsicht bin ich froh, daß ich abgehe, andererseits würde ich gerne hierbleiben. Dann haben wir unser Abschiedsgeschenk für die Schule übergeben, zwei amerikanische Flaggen. Letzten Montag hatten wir unser Klassenpicknick. Die achte Klasse war die beste von allen. Wir hatten jede Menge Spaß. Bei uns gab es den Bürgerkunde-Club, der sich immer am Freitagnachmittag traf, und die Clubmitglieder unternahmen zu bestimmten Zeiten Exkursionen. Wir hatten eine Varieté-Vorführung und starteten eine Kampagne für Verteidigungsmarken. Wir verkauften in zwei Monaten genügend Kriegsanleihen und Marken, um zwei Jeeps davon zu bezahlen. Das ist doch nicht so schlecht, oder? Insgesamt haben wir in der kurzen Zeit für über 10 000 $ Kriegsanleihen und Marken verkauft.

Letzte Woche wurden meinem Bruder und mir die Mandeln entfernt, oh Mann, ging es uns schlecht. Bei mir war es schlimmer, mein Bruder war nach vier Tagen wieder auf den Beinen, da dachte ich noch gar nicht ans Aufstehen. Haben Sie schon mal Äther bekommen? Das ist schrecklich. Ich hoffe, ich muß das Zeug nie wieder nehmen.

Letzten Sonntag war ein Bild von Ihnen und Ihrem Sohn in der Zeitung. Meine Freundin und ich finden, daß Sie beide sehr gut aussehen. In letzter Zeit stand unheimlich viel über Sie in der Zeitung. Ich habe alles ausgeschnitten und in mein Sammelalbum geklebt. Wir haben ein Buch über Ihr Leben, und darin steht, daß Sie eigentlich nach Annapolis wollten, aber in West Point gelandet sind. Mein Daddy ist immer noch Major in Patterson Field, gestern war er ein Jahr und zwei Monate bei der Armee. Ich hoffe, er bleibt bis zum Ende des Krieges in Patterson Field.

Jetzt muß ich mich verabschieden, ich muß mich umziehen. Heute abend gehe ich auf eine Party. Schreiben Sie mir, wenn Sie die Zeit finden, denn ich höre so gern von Ihnen und fühle mich geehrt, daß ein so wichtiger Mann wie Sie sich die Mühe macht, mir zu schreiben.

Mit herzlichen Grüßen,
Mary Louise Koehnen

2. August 1943

Liebe Mary Louise,

Dein Bericht über Deine Abschlußzeremonie war sehr interessant. Das vergangene Jahr wird in Deiner Erinnerung immer eine besonders schöne Zeit bleiben, und ich bin sicher, daß Du in Deiner Schule einen guten Ruf behalten wirst.

Es freut mich zu hören, daß Deine Schule so viele Kriegsanleihen und Marken gekauft hat. Wir brauchen jede Unterstützung von zu Hause, die uns hilft, unsere Mission zu erfüllen.

Vielen Dank für Deinen Brief, ich hoffe, Du genießt Deine Sommerferien.

Herzlichst
Dein Soldat
Dwight D. Eisenhower

In den kommenden Monaten führte Mary Louise das Leben eines vielbeschäftigten Teenagers, und Eisenhower war mit den Invasionen in Italien und der Normandie befaßt. 1952, sieben Jahre nach Ende des Krieges, lernte Mary Louise Koehnen ihren Brieffreund endlich kennen, als er als Kandidat im Präsidentschaftswahlkampf kurze Zeit in Dayton, Ohio verbrachte.

7
In Gefahr

Bei der Armada, die am D-Day, dem 6. Juni 1944, den Ärmelkanal überquerte, befanden sich auch zwei fünfzehnjährige Jungen: der Matrose Gene Sizemore aus Tennessee und der Steuermann Joseph E. McCann Jr. aus Everett, Washington. Beide hatten ein falsches Alter angegeben, als sie sich zur US-Marine meldeten. Eddie McCann war bereits kampferprobt, hatte sich mit dreizehn gemeldet und mit vierzehn an Kampfhandlungen im Nordatlantik, in Nordafrika, Sizilien und Salerno teilgenommen. Gene Sizemore war nie zuvor in Gefahr.

Unmittelbar vor dem Ablegen der LST 530 war der Matrose zu seinem vorgesetzten Offizier, Captain Anthony Duke, gegangen und hatte zu ihm gesagt: »Ich bin erst fünfzehn ... und ich möchte diese Fahrt nicht machen ... Ich habe Angst, ich will runter und zwar JETZT.« Captain Duke hatte Mitleid mit ihm, doch da sein Schiff bereits startklar war, konnte er den Jungen nur auffordern, sich mindestens einmal pro Wachdienst bei ihm zu melden. »Dann sehe ich, wie es dir geht, und du siehst, wie es mir geht«, sagte er zu ihm.[1] Und so meldete sich Sizemore in den folgenden Tagen gehorsam bei seinem Captain. Zwei Tage nach dem D-Day ging es ihm gut.

Am 6. Juni übernahm Steuermann Eddie McCann um fünf Uhr morgens dreißig Männer der ersten Infanteriedivision mit einem kleinen LCVP (Landing Craft Vehicle) von einem Transporter im Ärmelkanal. Er war zusammen mit Truppen aus dieser Division in Nordafrika ausgebildet worden, doch dies war seine erste Erfahrung mit einer Landung bei Tageslicht. Als sie kurz vor Tagesanbruch die Abfahrtsmarkierung verließen, waren die Männer auf seinem schaukelnden kleinen Boot bereits derart seekrank, daß McCann sich fragte, wie sie nach der Landung am Strand zurechtkommen sollten.

Ungefähr vierhundert Meter vor Omaha Beach brach die Hölle los. Ein LCVP, das rechts von Eddie fuhr, wurde von deutschem Ar-

Ein italienisches Mädchen weint in den Ruinen seines Hauses, Salerno 1943

tilleriefeuer getroffen, Teile menschlicher Körper regneten auf sein Boot herab. Das Wasser war übersät mit manövrierunfähigen Booten und Minen. »Mir war, als führte ich einen Privatkrieg, um ein Loch oder einen Zufluchtsort für meine Leute zu finden«, erinnerte er sich. »Ich brachte sie so nahe wie möglich heran. Das Wasser war nur kniehoch... Uns bot sich ein Bild massenhafter Zerstörung... Die Verwundeten am Strand und im Wasser schrien um Hilfe.«[2]

Während der nächsten achtundvierzig Stunden gab es keine Ruhepause für Eddie und seine kleine Besatzung. Sie fuhren pausenlos hin und her, nahmen Truppen und Munition von den Transportern auf und kehrten mit Verwundeten zu den LST (Landing Ship Tanks) zurück, die nach dem Entladen in Lazarettschiffe umgewandelt worden waren. Drei Tage nach dem D-Day nahm er neunzehn verwundete Deutsche auf, darunter Vater und Sohn, die zur gleichen Zeit verwundet und gefangengenommen worden waren.

Ein französischer Junge hält seinen Hund im Arm, während über ihm amerikanische Granaten explodieren

Ein französisches Flüchtlingsmädchen kehrt nach der Invasion in der Normandie heim

Als Eddies LCVP ungefähr ein Viertel der Strecke zwischen Strand und Lazarettschiff zurückgelegt hatte, wurde es von einer Explosion an der Backbordseite beschädigt, von der aus Eddie das Boot steuerte. Splitter des zerschmetterten Sperrholzes bohrten sich in sein rechtes Bein, doch er schaffte es bis zum Lazarettschiff. Sein kleines LCVP stand unter Wasser, die Verwundeten waren naß und verängstigt. Das Boot sank schnell, während die Verwundeten umgeladen wurden. »Mir war, als hätte ich einen meiner besten Freunde verloren«, erinnerte er sich.

Vier Tage nach dem D-Day wurde Eddie ein neues LCVP und eine schmerzliche Aufgabe zugewiesen: Er und seine Besatzung mußten die Kennmarken der Leichen ihrer ertrunkenen Kameraden einsammeln, die nahe den Landeplätzen Utah und Omaha an die Wasseroberfläche stiegen.

Am 7. Juni 1944 brachten deutsche Zeitungen eine kurze Nachricht aus dem Hauptquartier des Oberbefehlshabers der Wehrmacht: »In der vergangenen Nacht hat der Feind seinen seit langem vorbereiteten und von uns erwarteten Angriff auf Westeuropa begonnen.«

Am D-Day waren 175 000 alliierte Soldaten in der Normandie gelandet. In den folgenden Wochen überquerten mehrere Hunderttausend Briten und Amerikaner als Verstärkung den Kanal. Im Sommer und Herbst 1944 überrannten sie die Normandie, befreiten Paris und begannen den Vormarsch auf die deutsche Grenze. Am 21. Oktober 1944 nahmen die alliierten Truppen als erste deutsche Stadt Aachen ein. Im selben Moment bildete sich aufgrund eines Führerbefehls der deutsche Volkssturm – alle Männer zwischen sechzehn und sechzig wurden eingezogen, um das Vaterland zu verteidigen. Der Reichsführer SS Himmler sagte: »Wie die Werwölfe werden todesmutige Freiwillige unseren verfluchten Feinden schaden.«

Hitler verließ sich auf die Jungen, die, wie er hoffte, dem unerbittlichen Vorstoß der Alliierten Widerstand entgegensetzen würden. Die Soldaten, die den Großteil der letzten verzweifelten Kämpfe ausfochten – von der Schlacht in den Ardennen bis zur Schlacht um Berlin – waren zumeist zwischen 1925 und 1928 geboren. Kurz vor Kriegsende waren einige »Freiwillige« erst zwölf Jahre alt. Sie besaßen den fanatischen Mut, auf den der Führer zählte. Sie glaubten allen Ernstes, der Krieg wäre noch zu gewinnen und das Sterben ihrer Väter, Onkel, Cousins und älteren Brüder – und das zahlloser Zivilisten in ihren zerbombten Heimatstädten – wäre nicht umsonst gewesen.

Mitte Dezember starteten deutsche Truppen eine Gegenoffensive in den Ardennen, für die noch einmal alle Kräfte gesammelt wurden.

Ein GI aus Minnesota schenkt holländischen Kindern am Nikolaustag 1944 einen Apfel

In dieser Schlacht erlitten die Invasionstruppen der Alliierten die höchsten Verluste auf ihrem Weg nach Deutschland. Um Weihnachten ließen die Kämpfe vorübergehend nach. Alliierte wie deutsche Soldaten stellten Weihnachtsbäume auf. Genau wie wir Zivilisten, die in den Kellern der zerbombten Städte am Rhein hockten, schmückten sie die Bäume mit Stanniol, das die Bomber abwarfen, um den Radar zu stören. »Lametta vom Himmel« nannten wir Kinder die glitzernden Silberstreifen.

An Heiligabend sangen Freund und Feind in den Ardennen und die Zivilisten in der Heimat dieselben Weihnachtslieder. »Stille Nacht, heilige Nacht« war auf beiden Seiten das beliebteste Lied. Die welligen Hügel, Felder und Wälder der Ardennen waren tief verschneit, genau wie die Ruinen der ausgebombten Häuser am Rhein. Es war sehr kalt geworden.

Der Soldat Herbert Meier, ein Jugendlicher, gehörte zu einer deutschen Panzerdivision, die seit Beginn der Invasion nahezu 70 Prozent ihrer Leute verloren hatte. Am Heiligen Abend rastete seine erschöpfte Einheit in einem belgischen Dorf bei Bastogne. Die Männer aus seiner Gruppe nahmen Zuflucht in einem teilweise zerstörten Haus. Der Junge fällte eine kleine Tanne und brachte sie in die kalten Mauern. Dann feierten die Soldaten ein improvisiertes Fest. Sie tranken Kaffee, den sie von den Amerikanern erbeutet hatten, und eine Flasche Schnaps, die für sieben Männer reichen mußte. Ein Soldat schrieb Weihnachtskarten. Ein Leutnant öffnete seine Post von zu Hause und erfuhr an jenem Abend, daß sein Bruder an der russischen Front gefallen war. An diesem Abend übernahm Herbert Meier seine Wache. Das Fest war vorüber.[4]

Drei Wochen später, am 14. Januar 1945, marschierte die russische Armee in Ostpreußen ein. Bald darauf drangen sowjetische Panzer nach Oberschlesien vor. Widerstand leisteten Batterien von sechzehnjährigen Flakhelfern. Die deutschen Zeitungen bejubelten den heroischen Kampf der Jungen und ihre Tapferkeit, Ausdauer und Opferbereitschaft angesichts der aussichtslosen Lage.

Im Februar legte ein Kriegsberichterstatter des *Völkischen Beobachters* einen Bericht über den Kampfgeist einer Flakbatterie vor, die aus Mitgliedern der Hitlerjugend bestand. Sechs Tage lang hatte sie erfolgreich den russischen Vormarsch verhindert – um den Preis zahlloser Leben:

> Diese Flakbatterie hielt, getreu dem soldatischen Befehl, sechs Tage lang, drei Tage lang von den Bolschewisten vollständig eingeschlossen und von jeder Verbindung abgeschnitten, ihre Stellung... Sie setzten in einem beispiellosen Kampf nicht nur 1200 Bolschewisten außer Gefecht, sondern störten und verzögerten auch ganz erheblich den Aufmarsch des über das Eis der Oder setzenden Feindes. Sie vernichteten vier T 34, drei allein mit der Panzerfaust, mehrere Panzerspähwagen, viele Granatwerfer und MGs und mehrere Dutzend bespannte Fahrzeuge... Als nach sechs Tagen standhaften Ringens der Durchbruch zu den eigenen Linien befohlen wurde, als nach sechs Tagen die bolschewi-

> stischen Oderübergänge blutig zusammengeschossen waren und keine schwere Munition mehr vorhanden war, schlug sich die Batterie in den späten Abendstunden, durch flankierendes Feuer der letzten eigenen Geschütze gedeckt, über das Eis der Oder durch. Nach Sprengung der Geschütze und Geräte und Vernichtung der letzten Karten rückte auch die Nachhut … ab. Sie kamen durch, wenn auch nicht alle. Wir sahen sie, diese Jungen, die sechs Tage lang ausgehalten hatten, die für manchen vielleicht länger währten als die Ewigkeit, alle in gläubiger Treue und Standfestigkeit, alle in verbissenem Trotz, angerührt auch von der dunklen Ahnung des Todes. Sie sind es, die dem Vaterland das wahre und ewige Leben verbürgen.[5]

An der Ost- wie an der Westfront erhielten die deutschen Truppen nun erschreckend jungen Nachschub. Feldwebel Ewald Becker vom 111. Panzergrenadierregiment erklärte einem Haufen junger Burschen, die sich bei ihm meldeten, daß es im Krieg nicht nur um sie persönlich gehe, sondern auch um das Schicksal der Kameraden, die neben ihnen kämpften. »Es fiel ihnen schwer zu begreifen, daß nicht individuelle Leistungen zählten«, erinnerte er sich. »Sie glaubten noch an den Krieg und die Möglichkeit unseres Sieges.«[6]

Am 7. März 1945 gelang es den Alliierten, die Brücke von Remagen einzunehmen und am östlichen Rheinufer in Stellung zu gehen. Der sechzehnjährige Soldat Heinz Schwartz erlebte den vergeblichen Versuch der Deutschen, die Brücke zu sprengen. Er hörte den Befehl »Alle runter!« und eine Explosion. »Wir dachten, sie wäre zerstört und wir wären gerettet.« Doch als sich der Rauch verzogen hatte, erkannte er, daß die Brücke, wenn auch beschädigt, noch stand und soeben von einer amerikanischen Einheit überquert wurde. Der Junge entkam durch den hinteren Tunneleingang und rannte, so schnell er konnte, heim zu seiner Mutter. Er schaffte es bis zu seinem Dorf, das ein kleines Stück stromaufwärts am Ostufer des Rheins lag, und wurde nicht gefangengenommen.

Eine Gruppe sechzehnjähriger Oberschüler aus dem Ruhrgebiet hatte weniger Glück. Ihre Flakbatterie hatte sich zerstreut, als die

9. US-Armee südlich von Düsseldorf den Rhein erreichte. Acht von ihnen hatten sich vorübergehend auf eine Anhöhe geflüchtet, und man befahl ihnen, jeden Panzer aufzuhalten, der sich ihnen näherte. Sie hörten den Schlachtlärm aus dem Rheintal, doch niemand kam in die Nähe ihres Hügels. Die Amerikaner waren an ihnen vorbeigefahren. Einer der Jungen, der gehofft hatte, ein Held zu werden, lag nun weinend im Gras und schaute zum Himmel empor.

Als sich bis zum Nachmittag noch immer kein feindlicher Soldat gezeigt hatte, wagten sich die Jungen ins Tal hinunter – ließen jedoch ihre Waffen im Gebüsch zurück. Der Klassenbeste war gut in Englisch und verfaßte einen Brief: »An einen Offizier der US-Armee! Acht deutsche Soldaten ergeben sich. Sie sind unbewaffnet und bitten um sicheres Geleit. Der Mann, der Ihnen diesen Brief überbringt, führt Sie zum Ort, an dem wir auf Sie warten.« Der größte der acht Jungen ging ins Dorf, ein weißes Taschentuch in der Hand. Nach einer halben Stunde kehrte er sichtlich enttäuscht zurück. Die amerikanischen Jeeps fuhren durch die Straßen, doch niemand interessierte sich für sein Kapitulationsangebot.

Die acht beschlossen, ins Dorf zu gehen und sich in der Schule zu verbergen. Eine Frau brachte ihnen Milch und Brot. Sie deckten sich mit ihren verschlissenen Mänteln zu und legten sich schlafen. Am nächsten Morgen versuchten sie erneut, sich zu ergeben. Diesmal hatten sie Glück. Nach wenigen Minuten rollten drei amerikanische Jeeps auf den Schulhof. Ein MP brüllte »Alle rauskommen!« und dann lachend »Seht mal, die Babys!«

Die acht Jugendlichen gelangten als Kriegsgefangene ins größte alliierte Lager für minderjährige Soldaten. Es befand sich im französischen Dorf Attichy nahe Compiègne, wo die Franzosen sich den Deutschen 1940 ergeben hatten, und erhielt den Spitznamen »Kinderkäfig«. Es beherbergte schließlich über zehntausend Jungen zwischen vierzehn und sechzehn, die in Zelten für je dreißig Jungen untergebracht wurden. Sie wurden erst in der ersten Septemberwoche freigelassen, nachdem die Japaner kapituliert hatten.

Am 8. März druckten deutsche Zeitungen eine Erklärung aus dem Führerhauptquartier: »Das OKW gibt bekannt: An der Oderfront führt der Feind nördlich Frankfurt... zahlreiche Angriffe an... In Köln sind heftige Straßenkämpfe entbrannt... Britische Terrorflie-

Deutsche Kindersoldaten werden von einem amerikanischen GI gefangengenommen

ger greifen am Tage und in den Abendstunden westdeutsches Gebiet an.«[8]

In der ersten Frühlingswoche des Jahres 1945 waren Eisenhowers Truppen längs des Rheins aufmarschiert. Der Großteil überquerte den Rhein nördlich von Düsseldorf, andere auch in der Mitte und im Süden der Stadt. Am 21. März besetzten die Amerikaner Mainz. Wie in Köln ragte auch in Mainz der Dom aus den Ruinen der zerbombten Stadt empor. Es war warm geworden; die Apfel- und Mandelbäume standen in voller Blüte.

Eine Woche später, am 28. März, wurde meine Heimatstadt am anderen Flußufer schwer bombardiert. Eine Granate traf unser Haus und hinterließ klaffende Löcher in Schlaf- und Wohnzimmer. Die deutschen Truppen hatten unsere Stadt verlassen – die letzte Gruppe, eine Kompanie Fünfzehnjähriger mit ihrem Leutnant, war nur zögernd abgezogen. Eine Abordnung von Bürgern, darunter der Bürgermeister und der katholische Geistliche, überquerten in einem kleinen Boot den Fluß und versicherten den Amerikanern, es gebe keinen Grund, die schwere Bombardierung fortzusetzen. Uns seien keine Truppen zur Verteidigung geblieben. Der nächste Tag war Karfreitag. Am frühen Nachmittag – normalerweise hätten die Menschen zu dieser Zeit in der Kirche an den Kreuzwegstationen gebetet – rollte die erste Abteilung amerikanischer Panzer in die Stadt. Die meisten Bewohner hatten Bettücher aus den Fenstern gehängt, um ihre Kapitulation zu signalisieren. In unserem Fenster hingen keine weißen Laken; als dickköpfige Fünfzehnjährige hatte ich meine Mutter angefleht, es nicht zu tun, da es eine Schande sei, sich zu ergeben. Und das taten wir auch nicht.

Unser kleiner Akt des Widerstands führte zu einem Erlaß der Besatzungstruppen, laut dem alle Waffen, die sich im Besitz der Bürger befanden, umgehend an die MP auszuliefern waren. Ich besaß ein Luftgewehr, das meinem in Rußland gefallenen Bruder gehört hatte. Diesmal behauptete sich jedoch meine Mutter: Schmutzig und abgerissen, doch mit einem Rest von Würde überreichte ich mein Luftgewehr einem amerikanischen Sergeanten, dessen Panzer in unserer Straße stand. Als ich näher kam, sah ich, daß er dunkelhäutig war. Ich hatte in meinem Leben noch nie einen Schwarzen gesehen – mit Ausnahme von Balthasar, dem König aus dem Morgenland, dessen Statue in unserer Kirche stand.

Einige Soldaten, die neben dem Panzer standen, lachten, als sie mich sahen, und der Sergeant lächelte mich an. Ich fand es gar nicht komisch, mein Luftgewehr auszuhändigen, war aber zutiefst verblüfft, als er mir in einer freundschaftlichen Geste die Hand entgegenstreckte. Darin hielt er eine Apfelsine, eine Frucht, die ich während der langen Kriegsjahre weder gesehen noch geschmeckt hatte. Er bot sie mir an – und ich lehnte ab. Bei meiner ersten Begegnung mit dem Feind war ich zu stolz, diese einfache Geste der Freundlichkeit zu akzeptieren. Fünfundfünfzig Jahre später frage ich mich noch immer, wie sich sein Leben nach dem Krieg entwickelt haben mag. In den folgenden Monaten sollten die Deutschen erfahren, daß die schwarzen Soldaten der US-Armee Kindern besonders freundlich begegneten. Überall in der amerikanischen Besatzungszone, vom Rhein bis nach Berlin, boten diese Soldaten den Kindern Schokolade, Kaugummi oder eine Handvoll Rosinen an.

An dem Tag, als meine Heimatstadt besetzt wurde, marschierte die 9. Division an Pattons linker Flanke nach Osten Richtung Hanau. In *Citizen Soldiers* erzählt Stephen E. Ambrose die Geschichte von Major John Cochrans Begegnung mit einer Gruppe Hitlerjungen, allesamt Offiziersanwärter. Sie hatten eine Straßensperre errichtet. Als Cochrans Männer heranrückten, griffen die deutschen Jugendlichen sie mit Maschinengewehren an und töteten einen Amerikaner. Cochran befahl seiner Artillerie, auf die Straßensperre zu schießen. Sie zerstörten sie und töteten drei der Verteidiger. Ein Sechzehnjähriger hob die Hände. Cochran, erbost über den Verlust eines guten Soldaten, packte den Jungen und nahm ihm den Munitionsgurt ab.

»Ich fragte ihn, ob es noch mehr von seiner Sorte in der Stadt gebe«, erinnerte sich Cochran. »Er schaute mich an und entgegnete: ›Lieber würde ich sterben, als Ihnen etwas zu sagen.‹ Ich befahl ihm zu beten, denn er werde nun sterben.« Der Major schlug ihm mit seinem dicken, schweren Gürtel ins Gesicht und wollte noch einmal zuschlagen, als sein Kaplan ihn von hinten festhielt. Er sagte: ›Nein!‹ Dann führte er das weinende Kind weg. Der Kaplan hatte nicht nur ein Leben gerettet, sondern einen Mord verhindert.«[9]

Am Ostersonntag, dem 1. April 1945, vereinigten sich die 21. und 12. Heeresgruppe bei Paderborn, das Ruhrgebiet war eingekesselt. Nahezu eine halbe Million deutsche Soldaten saß in der Falle; das übrige Deutschland war von den Waffen- und Munitionslieferungen abgeschnitten. Auf Flugblättern und im Radio rief Eisenhower die Soldaten auf, sich zu ergeben, und die Bauern, ihre Frühjahrssaat auszubringen.

Die meisten Deutschen empfanden die Lage als aussichtslos. Doch es gab weiterhin einen harten Kern von Kämpfern, die meisten von ihnen Jungen. Sie hatten wenig Erfahrung in der Kriegsführung, waren aber noch bewaffnet und in der Lage, beträchtlichen Schaden anzurichten. Einer von ihnen, Al Ptak aus Essen, war damals vierzehn Jahre alt. In seinem Buch *Firestorm* erinnert er sich, wie er mit einigen Jungen einen bewaldeten Hügel bestieg, von dem aus man die nächstgelegene, von Amerikanern besetzte Stadt einsehen konnte. Sie erkannten Artillerie in den Straßen, zahlreiche Waffen und Fahrzeuge und viele amerikanische Soldaten. Plötzlich

Vierzehnjährige Jungen vom Volkssturm werden am 24. April 1945 gefangengenommen

richteten sich Artillerie- und Maschinengewehrfeuer direkt auf die Jungen. Er und seine Kameraden rannten, was die Beine hergaben. Doch Al Ptak war wütend. Wenige Stunden später kehrte er ohne die Kinder auf den Hügel zurück, bewaffnet mit einem absolut funktionsfähigen deutschen Maschinengewehr, das jemand achtlos weggeworfen hatte. Jahre später erinnerte er sich: »Ich schoß eine Salve ab und schien ... richtig gezielt zu haben, denn plötzlich sah ich keine Amerikaner mehr auf den Straßen. Ich weiß nicht, ob ich jemanden getroffen habe, und werde es auch nie erfahren. Damals war ich wütend genug, um so viele Männer wie möglich treffen zu wollen ...

Danach ging ich heim und ließ das Maschinengewehr auf dem Hügel zurück, zufrieden und in dem Gedanken, das Richtige getan zu haben.«[10]

Al Ptak überlebte unverletzt, anders als ein Dutzend Hitlerjungen, die sich in einer Jagdhütte verschanzt hatten und die amerikanischen Fahrzeuge beschossen, die die Straße unter ihnen passierten. Sie hatten keine MGs, nur Gewehre. Als Vater ging zu der

Hütte und wollte die Jungen überreden, sich zu ergeben, kam aber zu spät. »Alle waren tot, praktisch durchsiebt. Ihre Kennmarken verrieten uns, daß der Älteste von ihnen sechzehn und der Jüngste vierzehn war... Mein Vater nahm ihre Kennmarken mit und schrieb Briefe an ihre Eltern, in denen er ihnen den Tod ihrer Söhne mitteilte. Andere Männer gingen hin und begruben die Jungen an Ort und Stelle.«

Die sechzehnjährigen Jungen vom Gymnasium in Osnabrück, die südlich von Münster der Flut amerikanischer Soldaten entgegentreten wollten, waren besser ausgerüstet, doch ihr Widerstand erwies sich ebenfalls als zwecklos. Knut S., der Beobachter, führte bei ihrem letzten Einsatz und der folgenden Gefangenschaft Tagebuch:

> *1. April:*
> Erst kommen einige, danach stoßen 60 amerikanische Panzer auf der Straße nach Hiltrup vor. Ich selbst bin als VB im Einsatz. Unsere Batterie schießt auf Truppenansammlungen. Nachts ist außer dem Störungsfeuer Ruhe.
>
> *2. April:*
> Beobachtung vieler anrückender amerikanischer Panzer. Unsere Batterie schießt danach auf feindliche Truppenansammlungen in den rückwärtigen Raum. Die eigene Batterie wird durch amerikanische Aufklärungsflugzeuge beobachtet. Abends starkes feindliches Artilleriefeuer auf unsere Stellung. Ein Teil unserer Geschütze wird beschädigt.
>
> *3. April:*
> Am Tage bereitet sich die Batterie auf einen Ausbruch vor, da wir auf allen Seiten durch Amerikaner eingekesselt sind. Die Geschütze sind durch das ständige Artilleriefeuer zerstört. Nachts versuchen wir infanteristisch den Durchbruch, der aber mißglückt.
>
> *4. April:*
> Am Morgen versuchen wir noch einmal durchzubrechen, werden aber durch angreifende amerikanische Infanterie

überrascht und gefangengenommen. Zu Fuß werden wir nach Münster... gebracht. Die Nacht verbringen wir auf einem stark bewachten, mit Stacheldrahtrollen umgebenen Sportplatz in Matsch, Regen, Wind und Kälte.

5. April:
Der Platz ist eine knietiefe Matschfläche.

6. April:
Mittags werden wir auf Lastwagen verladen und über die Pontonbrücke bei Wesel nach Rheinberg gefahren. Der Zufall bringt es mit sich, daß wir schon um Mitternacht in Eisenbahnwaggons verladen werden, wo wir wenigstens vor dem Regen geschützt sind.

7. April:
Den Tag über geht der Zug durch Holland und Belgien. Erhalten keine Verpflegung.

8. April:
Am Mittag werden wir in Jambes, auf einem Bahnhof in der Nähe von Namur, ausgeladen. Nachts Unterbringung in einer Halle.

9. April:
Abmarsch zum Bahnhof, wo wir wieder in geschlossene Eisenbahnwaggons verladen werden. Nachts über auf Fahrt nach Frankreich.

10. April:
Auf Fahrt durch Frankreich. Für 40 Mann nur zwei Kanister Wasser. Es war sehr heiß.

11. April:
Auf Fahrt durch Frankreich. Keine Verpflegung, nur am Nachmittag ein Kanister Wasser. Am Tage war es wieder sehr heiß.

Angehörige des Volkssturms in einem Kriegsgefangenenlager

> *12. April:*
> Nachmittags gegen 17 Uhr werden wir auf dem Bahnhof Chef du Pont ausgeladen. Ein Marsch in das Hauptgefangenenlager Foucarville beginnt. Es sind mehr als zehn Kilometer. Nur wenige kommen zu Fuß im Lager an. Viele Liegengebliebene werden auf Lastwagen transportiert. Wir haben den Marsch durchgestanden, trotz größter Hitze und Durst. Die Unterbringung erfolgt mit 57 Mann in einem Zelt.[11]

Am 16. April hatten die amerikanischen Truppen Nürnberg erreicht. Ein vierzehnjähriger Junge, der mit seiner Mutter und den jüngeren Geschwistern in einem nahegelegenen Dorf Schutz ge-

Ein verletzter deutscher Junge schreit vor Schmerzen

sucht hatte, beschrieb gegen Ende des Jahres in einem Schulaufsatz seine erste Begegnung mit dem Feind.[12] Am 18. April rollten die ersten amerikanischen Panzer durch sein Dorf, das die deutschen Truppen am Vortag aufgegeben hatten. Seine Familie flüchtete in einen nahen Luftschutzkeller und verbrachte dort die Nacht.

Plötzlich klopfte jemand an die Tür. Seine Schwester öffnete. Ein schwarzer Soldat sagte in gebrochenem Deutsch zu der Familie: »Kommen alle mit mir in das Dorf, wir nichts tuen euch.« Der Junge und seine Schwester nahmen ihre Koffer und gingen nach Hause, gefolgt von den beiden jüngeren Geschwistern. Als sie das Haus betraten, gab es einen entsetzlichen Lärm. Deutsche Artillerie beschoß die Stadt. Die amerikanischen Soldaten schoben die kleineren Kinder hinein, um sie in Sicherheit zu bringen.

Der Junge rannte zurück zu dem Luftschutzkeller, doch es gab eine zweite Explosion. Er sah, daß sein Arm blutete. Er war von einem Schrapnell getroffen worden. Ein amerikanischer Soldat verband ihn. Seine Mutter weinte, als sie ihren verletzten Sohn erblickte. Plötzlich brachte eine dritte Salve das Haus zum Einsturz. Die jüngeren Kinder wurden unter den Trümmern begraben, doch Mutter und Sohn gruben gemeinsam mit dem amerikanischen Soldaten die Kleinen aus, die wie durch ein Wunder unverletzt überlebt hatten. Das Haus war allerdings völlig zerstört. »Wir hatten also gar nichts mehr«, erinnerte sich der Junge. »Nur unser Leben. Das war ein schreckliches Erlebnis.«

Anderswo richteten jugendliche Soldaten des Volkssturms weiterhin so viel Schaden wie möglich an. Der zwanzigjährige Erich Womelsdorf von der 11. Panzerdivision hatte in Rußland und Frankreich gekämpft und trug nun die Verantwortung für fünfzehn- und sechzehnjährige Jungen, die in zwei Waggons als Ersatz eingetroffen waren. »Jeder von ihnen besaß eine brandneue Panzerfaust«, erinnerte er sich. »Sie gingen auf die Jagd, erstiegen über entlegene Straßen die Berge im Harz, versteckten sich – und warteten auf den nächsten amerikanischen Panzer. Wenn er kam, trafen sie ihn von der Seite, rannten davon, und das Spiel begann von neuem. Man konnte sie nicht fassen. Es hielt die Amerikaner ein wenig auf, war ansonsten aber ziemlich nutzlos.«[13]

Das Spiel zwischen den todesmutigen Kindern und den müden amerikanischen GIs ging weiter, während sich Eisenhowers Truppen mühsam den Weg durch Mittel- und Süddeutschland bahnten. Am 27. April, zehn Tage vor der bedingungslosen Kapitulation Deutschlands, erreichte eine amerikanische Kompanie Deggendorf, nordöstlich von München. Die Hitlerjugend hatte sich in der Stadtmitte verbarrikadiert; sie besaßen keine Mörser und schon gar keine Panzer, sondern nur einige Maschinengewehre und Panzerfäuste, mit denen sie ihre letzte verzweifelte Anstrengung zur Verteidigung des Vaterlandes unternahmen. »Ihre Kugeln schwirrten wie wütende Bienen über unsere Köpfe«, schrieb ein amerikanischer Offizier. Er führte einen Artillerieangriff, der den Bienenkorb und das Leben darin zerstörte.

Die Bilanz der Verteidigungsschlachten im Westen erwies sich

Deutsche Kinder ergeben sich bei Oberammergau der 7. US-Armee

als katastrophal. Die Deutschen verloren 300 000 Menschenleben und unersetzliche militärische Ausrüstung. In Gebieten, die noch nicht von den Alliierten besetzt waren, teilten die deutschen Zeitungen ihren Lesern mit, die anglo-amerikanische Frühjahrsoffensive sei erfolgreich gewesen. Doch sie hegten noch die Hoffnung, die deutschen Truppen im Osten könnten die Eroberung der Hauptstadt durch die Russen verhindern. Diese Hoffnung sollte sich zerschlagen. Die Kindersoldaten konnten Berlin nicht verteidigen.

Der sechzehnjährige Dieter Borkowski diente in einer der Flakabteilungen, die Berlin während der letzten Kriegsmonate verteidigten. Sein Tagebuch *Wer weiß, ob wir uns wiedersehen* liefert uns eine ungeschminkte Beschreibung der Einstellung der jungen Soldaten, die noch immer auf eine Wunderwaffe hofften, die sie vor der Katastrophe retten würde.[14] Am 14. Februar 1945 erfuhr Dieter aus der Zeitung von der anglo-amerikanischen Offensive

Das letzte Foto von Hitler, der einen Kindersoldaten mit dem Eisernen Kreuz auszeichnet, April 1945

am Rhein und dem Einmarsch der Russen in den Nachbargebieten Schlesien, Pommern und Ostpreußen. Er schrieb in sein Tagebuch:

> Wenn ich abends mit Max-Dieter den Rundgang... unternehme... sehen wir bei klarem Wetter das Mündungsfeuer russischer Artillerie an der Oderfront [nur 70 Kilometer vor Berlin]. Weht der Ostwind, hören wir das Grollen der Salven. Wir sind beide ziemlich verzagt, manchmal nahezu hoffnungslos. Max trägt seit einigen Wochen eine Walther-Pistole bei sich, was er nur mir anvertraut hat. Das ist streng verboten! Er sagt mir ganz ruhig, daß er mit seinem Vater und seiner Schwester gemeinsam Selbstmord begehen will, wenn die Bolschewisten etwa bis nach Berlin kämen. Ich kann mir das allerdings nicht vorstellen. Denn dann hätten uns ja der Führer und seine Regierung seit Jahren belogen.

In den nächsten Tagen folgten weitere schlechte Neuigkeiten: Die Rationen wurden drastisch eingeschränkt. Die Jungen hatten ständig Hunger. In seinem Tagebuch listet Dieter eine Reihe deutscher Städte auf, die von den Russen eingenommen wurden: Liegnitz, Glogau, Graudenz, Schneidemühl, Posen, Guben und Först an der Neiße. Am 26. Februar 1945 notierte er: »Unsere Stadt sieht schrecklich aus, überall liegt Schutt. Auch in unserem Schießbereich (den wir schützen sollen), vom Königstor bis hin zum Alexanderplatz, brannten bereits viele Häuser... Was hat das Kämpfen noch für einen Sinn, wenn alles vor die Hunde geht. Und die Wunderwaffen... wo bleiben die?«

Ende März übten Dieter, seine Klassenkameraden und einige alte Männer vom Volkssturm an Panzerfäusten und Gewehren. Die Berichte vom Oberkommando der Wehrmacht waren nicht gerade beruhigend:

> Die Russen haben Küstrin eingenommen, sie stehen vor Frankfurt an der Oder, Schlesien, Pommern und Ostpreußen sind fast ganz in ihrer Hand. Im Westen stoßen die Amerikaner schon über Koblenz und Mainz hinaus... Die zertrümmerten Straßen Berlins sind voller Soldaten, von denen viele ihre Truppenteile verloren haben. Anscheinend soll nun die Kriegswende eintreten, oder will der Führer mit uns in Berlin heldenhaft untergehen?

Die Antwort auf diese Frage sollte er einen Monat später erhalten. Am 30. April begegnete der Sechzehnjährige einem seiner Leutnants, der aus Hitlers Bunker entkommen war. »Adolf Hitler hat sich heute erschossen«, berichtete er den jungen Soldaten, »nachdem er eine junge Dame namens Eva Braun geheiratet hat. Auch Goebbels ist tot... Es gibt auch keine Wunderwaffen und keinen Waffenstillstand mit den Amerikanern... Der Krieg ist noch nicht zu Ende. Jetzt sollen wir nach Norden durchbrechen.« Niedergeschlagen schrieb Dieter an jenem Abend in sein Tagebuch:

> Ich glaube, daß mein Leben keinen Sinn mehr hat. Wofür also diese Schlacht, der Tod so vieler Menschen? Das Leben

> hat vermutlich keinen Wert mehr, denn wenn Hitler sich erschoß, werden die Russen wohl endgültig gesiegt haben... Da fällt mir seine [Goebbels'] letzte Rede ein: »Niemals wird ein Volk seinen Führer oder ein Führer sein Volk verraten...« Hat der Führer nun nicht doch sein Volk verraten? Wer wird denn alles, was geschah in diesem Krieg, verantworten können?

Dieters letzter Tagebucheintrag erfolgte am Spätnachmittag des 2. Mai 1945, dem Tag, an dem die Rote Armee in Berlin einmarschierte. In der Morgendämmerung hatte seine Artilleriegruppe den verzweifelten Versuch unternommen, aus der Stadt auszubrechen. Ohne Erfolg. Die Hölle brach los, als die russischen Panzer das Feuer eröffneten. Dieters sechzehnjähriger Klassenkamerad Karl-Heinz wurde schwer verletzt und starb, ohne das Bewußtsein wiedererlangt zu haben. Ein betrunkener SS-Offizier wollte den Rückzug der überlebenden Jungen verhindern, indem er die Pistole auf sie richtete und sie vorwärts trieb. Ein kampferprobter deutscher Soldat erschoß ihn auf der Stelle. Die Jungen entkamen und verbrachten eine unruhige Nacht in einem verlassenen Geschäft. Stunden später erwachte Dieter von einem Geräusch:

> Ein junger russischer Soldat... sammelt die Waffen ein, tritt mit dem Fuß in die laut scheppernden Stahlhelme, die zwischen den Mehl- und Grießregalen abgelegt sind. Mir ist flau im Magen... einen Moment weiß ich nicht einmal, wo ich bin. Peter lächelt mich mit verzogenem Mund an, Manfred, der sich seit Monaten um seine Mutter sorgt, die in Königsberg eingeschlossen war, flucht leise und wirft dem jungen Rotarmisten einen bösen Blick zu. Doch der Russe nimmt unsere Stimmungen kaum wahr, er lacht jetzt und sagt etwas prahlerisch: »Woyna kapuut, Hitler kapuut... Ihr gehen nach Hause zu Babuschka!«

Am 9. Mai befand sich der sechzehnjährige Klaus Granzow mit den Überlebenden seiner Artillerieabteilung südlich von Dresden. Sein Kompanieführer teilte ihm mit, der Krieg sei zu Ende – verloren. Er schrieb in sein Tagebuch: »Wir wurden mit dem Glauben an

Aus der Gefangenschaft entlassener deutscher Kindersoldat

das nationalsozialistische Deutschland großgefüttert, das gibt es nun nicht mehr. Mein größerer Glaube ist mein Bekenntnis zum Christentum. Wenn der nun eines Tages auch so zusammenbricht? Was dann?«[15]

An diesem Abend begegnete er zum erstenmal einem russischen Soldaten und erwartete instinktiv, erschossen zu werden. Zu seiner Überraschung lief der junge Soldat in seiner schmutzigen Uniform, das Maschinengewehr über der Schulter, auf ihn zu – und umarmte ihn. »Er war nicht älter als ich, lachte, lachte, lachte und schrie immerzu: ›Woina kaput! Woina kaput!‹ Und dann rief er noch mit beiden Armen eifrig winkend: ›Na domo, na madga!‹... Der Russe hatte recht: Wir durften gehen, wohin wir wollten... Lieber Gott, hilf mir, daß ich nach Hause komme...«

Auf der anderen Seite der Welt erlebte die siebenjährige Tomiko Higa eine der letzten blutigen Schlachten im Pazifikraum – die Schlacht von Okinawa. Am 1. April 1945, dem Ostersonntag, hatte sich eine Flotte von nahezu 1300 alliierten Schiffen im Ostchinesischen Meer versammelt, und zwar an der südwestlichen Küste der Hauptinsel Okinawa. Von See und aus der Luft wurde zweieinhalb Stunden lang bombadiert. Eine Invasionsarmee von 60 000 Mann ging zwischen dem frühen Morgen und späten Nachmittag an Land. In den kommenden Wochen wurden 200 000 Menschen getötet, die Hälfte davon Zivilisten, die dem Kreuzfeuer zum Opfer fielen.

Tomiko Higa lebte mit ihrem Bruder Chokuyo (neun) und ihren Schwestern Hatsuko (dreizehn) und Yoshiko (siebzehn) in Shuri, einer Stadt, die Mitte April schwere Angriffe der Amerikaner erlebte. Die vier Kinder waren auf sich allein gestellt. Ihre Mutter war ein Jahr zuvor gestorben; ihr Vater war nach Makabe in den Süden gegangen, um Nahrungsmittel für die japanische Fernmeldetruppe zu beschaffen, die in der Nähe stationiert war. Yoshiko beschloß, mit ihren Geschwistern nach Süden zu fliehen. Sie und Hatsuko trugen zwei Bündel auf dem Rücken, in denen gekochter Reis und einige Dinge waren, an denen sie sehr hingen. Der neunjährige Junge folgte ihnen, an der Hand die kleine Tomiko.

In ihrem Buch *The Girl with the White Flag* erinnerte sich Tomiko Higa: »Wir konnten nur nachts gehen, weil die feindliche Offensive am Tag so heftig war, daß wir uns in Luftschutzkeller und Höhlen flüchten mußten. Selbst nachts kamen wir nicht weit, weil Leuchtkugeln alles taghell machten. Dann explodierten Granaten. Es war unheimlich und furchtbar, und wenn ich daran denke, überläuft es mich selbst jetzt noch kalt.«[16]

Als sie nach Makabe kamen, waren die Kinder halb verhungert und verdurstet. Sie trugen nur noch ein Bündel bei sich, da sie den ganzen Reis gegessen hatten. Tomiko und ihr Bruder fanden vorübergehend Schutz in einer Höhle – die älteren Schwestern suchten nach ihrem Vater. Vergeblich. In der Zwischenzeit rückten die Kämpfe näher, so daß die Kinder weiter nach Süden wanderten, im Dunkeln über Körper stolperten, von denen sie nicht wußten, ob sie lebendig oder tot waren. Eine Szene, die sich ihr unterwegs darbot, sollte Tomiko nie vergessen – noch fünfundvierzig Jahre später hatte sie Alpträume deswegen:

> Eine Frau lag am Boden, sie war von einem Granatsplitter getroffen worden, ihr Oberkörper war blutüberströmt, und ein etwa einjähriges Kind lag an ihrer Brust und saugte das Blut auf... Als das Baby uns sah, hob es den Kopf. Sein Gesicht war voller Blut, und es streckte uns die Hände entgegen, als wolle es sagen: »Nimm mich auf den Arm!« Auch seine Arme waren vom Blut der Mutter bedeckt... Es war ein Bild aus der Hölle.

Tage später erreichten die Kinder den Strand. Sie gruben flache Kuhlen in den Sand, um darin zu schlafen – die beiden älteren Schwestern drängten sich in ein Loch; Tomiko und ihr Bruder lagen in dem anderen. Bald schon war sie mit dem Kopf an seiner Schulter eingeschlafen. Als sie aufwachte, saß ihr Bruder neben ihr und sah aus, als schliefe er mit offenen Augen. Sie wollte ihn wachrütteln, doch es gelang ihr nicht. Ihre ältere Schwester nahm das Tuch ab, das er um den Kopf trug, und entdeckte ein Loch in seinem Hinterkopf. Eine verirrte Kugel hatte den Jungen getötet. Tomiko, deren Kopf keine zwanzig Zentimeter von seinem entfernt gewesen war, blieb unverletzt. Sie begruben ihn in dem Loch am Komena Beach, der südlichsten Spitze von Okinawa. Die Kinder waren nur vierzehn Kilometer von zu Hause entfernt.

Um den 20. Mai trafen sie auf eine große Zahl von Flüchtlingen, die vor dem Granatfeuer aus Komesu Beach geflohen waren. Sie waren bereits seit Wochen unterwegs. Tomiko klammerte sich an den Kleidern ihrer älteren Schwester Hatsuko fest und mußte fast rennen, um mithalten zu können, voller Angst, von ihren Schwestern getrennt zu werden. Als sie am Abend zu ihrer Beschützerin aufblickte, deren Gesicht im Sternenlicht kaum zu erkennen war, mußte die Siebenjährige zu ihrem Schrecken feststellen, daß sie die Kleider einer völlig Fremden festhielt. Ihr war nichts zu essen geblieben, keine Kleidung zum Wechseln, und sie war ganz allein.

Die nächsten Tage verbrachte sie in Höhlen und suchte in leerstehenden Häusern Schutz, immer auf der Flucht vor dem Maschinengewehrfeuer der Amerikaner. Sie bewegte sich unbewußt auf die Kampfhandlungen zu, statt davon weg, und wanderte allein durch das Zentrum der Schlacht. Einige Tage später, es war nun Ende

Tomika Higa mit einer weißen Flagge in der Schlacht von Okinawa

Mai, erkannte sie eine Straße wieder, die sie lange zuvor mit ihren Geschwistern entlanggegangen war. Tags darauf verbarg sie sich in einer Höhle, zusammen mit einer alten Frau und deren Mann, der keine Gliedmaßen mehr besaß. Gemeinsam hörten sie das Plärren eines Lautsprechers, aus dem eine komische Stimme immer und immer wieder verkündete: »Bürger von Okinawa, ich bin ein Nisei. Meine Eltern stammen aus Okinawa. Bitte glaubt, was ich euch sage. Kommt schnell heraus. Die amerikanische Armee tötet keine Zivilisten. Ihr habt keine Zeit zu verlieren. Es ist gefährlich, in den Höhlen zu bleiben… Kommt bitte schnell heraus. Bürger von Okinawa, der Krieg ist vorbei.«

Mit einer weißen Flagge, die sie aus dem Lendenschurz des alten Mannes gerissen und an einem Bambusstock befestigt hatte, marschierte die siebenjährige Tomiko Higa aus der Höhle ins Sonnenlicht. Sie hielt ihre zerrissene Hose mit der linken Hand zusammen und trug die Flagge mit der rechten. Als sie die ersten amerikanischen Soldaten sah, machte ihr Herz einen Sprung. Einer von ihnen hielt etwas vor sein Gesicht, das ein Loch in der Mitte hatte, und zielte damit genau auf sie. Es sah ganz anders aus als die Gewehre und Maschinenpistolen, die japanische Soldaten trugen. »Das ist das Ende«, dachte sie, »jetzt werde ich getötet.« Dann fiel ihr die Ermahnung ihres Vaters ein: »Wenn du dem Feind von Angesicht zu Angesicht gegenüber stehst, darf er deine Tränen nicht sehen. Stirb mit einem Lächeln.«

Also ließ das siebenjährige Mädchen seine Hose los und winkte mit der linken Hand, die Handfläche nach vorn gestreckt, als entbiete sie einen Friedensgruß.

Mit der rechten Hand umklammerte sie den Bambusstock und hob die Flagge hoch in die Luft. In ihren Augen standen keine Tränen, als sie dem amerikanischen GI gegenübertrat, der sie fotografierte. Das war am 12. Juni 1945. Einige Tage später traf sie ihre beiden Schwestern an einem Strand wieder, an dem sich viele Flüchtlinge versammelt hatten. Die dreizehnjährige Hatsuko war von einem Granatsplitter getroffen worden und trug den linken Arm in einer Schlinge. Die siebzehnjährige Yoshiko nahm Tomikos Gesicht in beide Hände, untersuchte es sorgfältig und brach in Tränen aus. Zwischen den Schluchzern schalt sie das kleine Mädchen liebevoll, das als einzige nicht weinte: »Du tust, als sei gar nichts passiert. Aber deshalb hast du wohl auch überlebt.« Dann wurden die drei Mädchen von einem Lastwagen in ein Internierungslager gebracht.

Ich entdeckte das Foto von Tomiko Higa unter Bildern, die die Fernmeldetruppe der US-Armee während des Zweiten Weltkriegs aufgenommen hatte. Sie befinden sich heute im Nationalarchiv von College Park, Maryland.

8
Im Feuersturm

Im Januar 1941 war Alice Brady nach dem schweren Luftangriff nach Coventry gekommen. Sie war überwältigt angesichts der Zerstörung, die die deutschen Flugzeuge hinterlassen hatten. »Ein Berg aus verbogenem Stahl und Trümmern«, schrieb sie in ihr Tagebuch. »Ich sah Tausende zerstörter Häuser und wurde traurig bei dem Gedanken, wie unmenschlich Menschen miteinander umgehen.«[1]

Zwei Jahre später sollten die deutschen Kinder am eigenen Leib erfahren, was die Briten erlebt hatten. Seit 1940 hatte es nur vereinzelte Luftangriffe gegeben. Nun aber vereinigten sich die Briten, die nachts ihre Bomben abwarfen, mit den Amerikanern, die tagsüber angriffen, und trugen das Grauen des Krieges nach Deutschland hinein – Tag für Tag, Nacht für Nacht. Von 1943 bis 1945 warfen die Alliierten zwei Millionen Bomben auf deutsche Städte. Die Hälfte davon traf Wohngebiete und machte dreizehn Millionen Menschen obdachlos.

In diesen Kriegsjahren wurden die häufigen Bombenangriffe für viele zum Alltag, vor allem für Familien, die im Norden und Westen Deutschlands, dem Rheinland und Ruhrgebiet und in Großstädten wie Hamburg und Berlin lebten. Die Bomben waren entweder hochexplosiv und zündeten beim Aufprall, oder sie explodierten mit einer Verzögerung, wenn die Rettungsarbeiten bereits im Gange waren. Es gab auch Luftminen, die ein Vakuum schufen und zur Implosion von Gebäuden führten. Einige Brandbomben enthielten eine Mischung aus Benzin, Gummi und Viskose, dies waren die Vorläufer der Napalmbomben; bei anderen handelte es sich um Phosphorbehälter, die alles in ihrer Umgebung verbrannten, menschliches Fleisch eingeschlossen, und Schwelbrände entzündeten, die erst Stunden später erloschen. Ich habe alle kennengelernt.

Hochexplosive Bomben, Brandbomben und flüssige Phosphorbomben konnten ein Inferno heraufbeschwören, das einen heulenden, tobenden Feuersturm durch die Städte jagte. Dies geschah vor

Zwei Kinder klettern aus dem Keller hinauf in ihr zerbombtes Heim

allem in Hamburg und Berlin, gegen Kriegsende auch in Darmstadt, Kassel und Dresden, wo über eine halbe Million Bomben einen Feuersturm entfachten, der mehrere hundert Kilometer weit zu sehen war.

Ein Klassenzimmer im Luftschutzkeller, Düsseldorf

Niemand, der diesen Terror erlebt hat, wird je den schrillen Sirenenton vergessen, der vor den herannahenden Bombern warnte. Selbst heute noch schrecke ich zusammen, wenn ich ein Feuerwehrauto oder einen Krankenwagen mit ähnlichem Signal höre. Mein erster Impuls ist, mich unter einem Tisch zu verkriechen – eine recht praktische Reaktion, wenn man im erdbebengefährdeten Norden Kaliforniens lebt. Damals ergriff man einen kleinen Koffer oder ein Bündel und rannte in den nächstgelegenen Bunker in Sicherhcit – sei es ein bescheidener Weinkeller zu Hause oder ein improvisierter Bunker im Untergeschoß der Schule.

Dann saßen wir da, lauschten, beteten, hörten die pfeifenden Bomben immer näher kommen und hofften, daß unser Haus oder unsere Schule keinen Volltreffer abbekam. Wenn es doch geschah, blieb die Hoffnung, daß jemand uns lebend in den Trümmern finden und wir nicht an Sauerstoffmangel sterben würden. Doch selbst inmitten dieser immer wiederkehrenden Fluchten gelang es Kindern, ein wenig zu schlafen, zu lesen oder Geschichten zu erzählen, die ihre Angst im Zaum hielten, und wie in meinem Fall sogar einige Brocken Latein zu lernen, denn unsere Lehrer unterrichteten uns während der wenigen Stunden, die wir noch zur Schule gingen, in den Luftschutzkellern. »Gallia omnia divisa est in partes tres« klingt noch so deutlich in meinen Ohren wie das Donnern der Luftmine, die eines Tages auf den Schulhof fiel und meine beste Freundin tötete.

Auch meine Latein- und Englischlehrer starben unter den einstürzenden Mauern. Meine Freundin haben wir nie gefunden. Wochenlang saß ich auf einem Schutthaufen – mehr war nicht von dem dreistöckigen Schulgebäude übriggeblieben, das über ihr und den anderen Kindern eingestürzt war – und fragte mich, welches Schicksal mich gerettet und sie hatte sterben lassen. An jedem Schultag hatte sie im Klassenzimmer neben mir gesessen und auf dem Schulhof gespielt. Nun war sie weg. Und ich war immer noch da.

Auf seiten der Alliierten waren nicht alle mit dem »Flächenbombardement« einverstanden, das 1943 begann und viele Frauen und Kinder unter sechzehn das Leben kostete. Auf britischer Seite hatten der Erzbischof von Canterbury und andere hohe Würdenträger der Kirche von England und Schottland die »Bombenteppiche« verurteilt, die über stark bevölkerten Gebieten des europäischen Kriegsschauplatzes niedergingen. Gleiches galt für Abgeordnete des Parlamentes. Nach den vernichtenden Angriffen auf Dresden war selbst Churchill alarmiert und schickte seinen Stabsführern, darunter auch General Arthur Harris, Befehlshaber des Royal Air Force Bomber Command, ein Memorandum: »Mir scheint, daß der Augenblick gekommen ist, an dem wir die Bombardierung deutscher Städte überprüfen sollten, die schlicht und einfach der Verstärkung des Terrors dient, auch wenn sie unter anderen Vorwänden erfolgt. Ansonsten werden wir die Kontrolle über ein völlig zerstörtes Land erringen.«[2] Seine Vorhersage sollte sich erfüllen.

Die Deutschen, vor allem Frauen und Kinder, ertrugen die Gewalt des Luftkrieges nicht weniger tapfer als zuvor die Briten. Allerdings erwiesen sich die Luftangriffe von 1943 bis 1945 als weitaus zerstörerischer als jene, die die Luftwaffe von 1940 bis 1941 gegen die Londoner Bevölkerung geflogen war. Die Bombardierung Deutschlands durch die Alliierten forderte zehnmal so viele Opfer. Anders als das englische Königspaar besuchte Hitler, der diesen Wahnsinn begonnen hatte, niemals eine ausgebombte Stadt.[3]

Die Luftwaffenhelfer – Oberschüler von vierzehn, fünfzehn und sechzehn Jahren – verteidigten uns. Im Februar 1943 wurden die ersten dieser Schüler-Soldaten eingezogen, um die Luftabwehrstellungen rund um die deutschen Städte zu »bemannen«. Zuerst wurden Jungen eingezogen, die 1926 und 1927 geboren waren; im März 1945 wurden Jugendliche des Jahrgangs 1929 rekrutiert, die so alt waren wie ich. 200 000 dieser Schüler-Soldaten wurden an den Flugabwehrgeschützen und den Beobachtungsgeräten der Flak trainiert.

Anfangs dienten die Jungen in Einheiten, die sich in der Nähe ihrer Wohnorte befanden, doch später brachte man sie dorthin, wo ein letzter verzweifelte Einsatz gefordert war. Sie waren in Kasernen untergebracht und durften bestenfalls zweimal im Jahr einen kurzen Urlaub antreten, wenn ihr Zuhause in der Nähe lag und nicht zerstört war. Wenn möglich, erhielten sie ein wenig Schulunterricht in Deutsch, Latein, Geschichte, Erdkunde, Mathematik, Chemie und Physik.

In ihrer hingebungsvollen Verteidigung des Vaterlandes bewahrten sie einen bemerkenswerten Korpsgeist, wo immer sie auch eingesetzt wurden. Sie betrachteten sich eher als Soldaten denn als Schüler und gerieten oft in größere Gefahr als ihre Kameraden an der Ost- und Westfront. Tausende dieser Jungen wurden getötet, wenn sie von Tieffliegern angegriffen, ihre Geschütze unmittelbar getroffen wurden oder Phosphorbomben sie verbrannten. Sie liegen auf Friedhöfen begraben, das Eiserne Kreuz auf dem Grabstein, verstreut über Frankreich, Deutschland und Österreich.

Hamburg besaß ungefähr eine Million Einwohner und hatte bereits 137 Luftangriffe erlebt, als die Stadt in den verhängnisvollen Tagen des 25. bis 28. Juli 1943 durch 800 bis 1000 alliierte Bomber vollkommen zerstört wurde. Der erste Hauptangriff erfolgte am 25. Juli gegen Mitternacht und dauerte drei Stunden. Der zweite und dritte Angriff folgten kurz darauf am Nachmittag des 25. und am Morgen des 26. Juli. Der dreistündige Angriff in der Nacht vom 27. auf den 28. Juli entfachte einen Feuersturm, der durch die Innenstadt tobte. Am nächsten Tag sahen die Überlebenden statt der Sonne einen roten Ball, der nahezu hinter riesigen Rauchwolken verschwand. Es blieb bis zum Nachmittag dunkel.

Die Hälfte der minderjährigen Luftwaffenhelfer, die man abgestellt hatte, um die Stadt mit Flugabwehrkanonen zu verteidigen, hatte Sommerurlaub, als die Alliierten angriffen. Die anderen waren neu dabei. Viele waren erst vor zehn Tagen eingezogen worden, kaum ausgebildet und besaßen weder Gasmasken noch Helme. Ein ständiger Regen aus Stanniolstreifen, den die alliierten Bomber abwarfen, machte es ihnen unmöglich, die angreifenden Flugzeuge genau zu orten. Die meisten Batterien feuerten blindlings in die Dunkelheit – und schossen nur gelegentlich ein Flugzeug ab, das ins Licht ihrer Suchscheinwerfer geriet. Als alles vorbei war, besaßen die jungen Verteidiger Hamburgs kein Zuhause und keine Eltern mehr. Achthunderttausend Einwohner waren obdachlos, »wanderten durch die Straßen und wußten nicht, was sie tun sollten«, wie Goebbels in seinem Tagebuch schrieb.

In einer bewegenden Sammlung von Gesprächen mit dem Titel *Aber wir müssen zusammenbleiben: Mütter und Kinder im Bombenkrieg* beschwört Rita Bake einige Szenen herauf, die Kinder in jenen verhängnisvollen Nächten mitansehen mußten.[5]

Ursula Corinth war damals zwölf. Sie lebte mit ihren Eltern, ihrer sechsjährigen Schwester und zwei jüngeren Brüdern (zwei Jahre und acht Wochen alt) in Hamburg. Als gegen Mitternacht zum erstenmal die Sirenen ertönten, wollte ihre Familie, die im fünften Stock eines großen Mietshauses wohnte, zunächst nicht aufstehen. Das Baby hatte Mumps, und ihre Mutter wollte das fiebernde Kind nicht wecken. Doch dann folgten derart ohrenbetäubende Detonationen, daß sie kaum noch Zeit fand, die Kinder zu greifen und mit ihnen in den Keller zu flüchten. Sie trugen nur einen kleinen Koffer mit persönlichen Papieren bei sich. Schon bald, nachdem sie sich im Keller eingerichtet hatten, fielen Brandbomben auf ihr Hausdach, und das Feuer arbeitete sich langsam, aber sicher vom obersten Stock bis ins Erdgeschoß vor.

Erst nach dem dritten Versuch konnten sie den Keller verlassen und einen nahegelegenen Luftschutzkeller aufsuchen. Als sie zum sicheren Bunker rannte, sah Ursula, wie die brennenden Häuser in der Nachbarschaft nacheinander einstürzten. Sie umklammerte mit beiden Armen ihre Zelluloidpuppe, doch ihre entsetzte Mutter zwang sie, das Spielzeug wegzuwerfen, aus Angst, es könne sich entzünden. Am nächsten Morgen konnten sie die Sonne nicht sehen – die Luft war voller Rauch. Auf einer Plane unter freiem Himmel lagen Babys, die schwere Phosphorverbrennungen erlitten hatten. Einige waren noch am Leben. Das Mädchen rief nach der Mutter: »Mutti! Mutti!« Sie hatte Angst, man werde auch sie zum Sterben zurücklassen wie diese Babys.

Die achtjährige Margret Kaufmann verbrachte die zweite Nacht des Angriffs zusammen mit ihrem dreizehnjährigen Bruder und ihrer Mutter im Keller. Als die Luftminen detonierten, glaubte sie an ein Erdbeben. Sie vergrub ihren Kopf im Schoß der Mutter unter einem Kissen, damit sie die fortwährenden Explosionen nicht hören mußte. Ihr Bruder wagte sich tapfer aufs Dach, um die Brandbomben zu beseitigen, die auf das Haus gefallen waren. Nach einer Serie heftiger Detonationen lagen die angrenzenden Häuser am nächsten Morgen in Schutt und Asche.

Eine damals Siebenjährige erinnert sich noch an die Angst, die sie empfand, als ihr Haus einstürzte und sie wie gelähmt im Keller saß. Als sie sich von ihrer Panik erholt hatten, gelang es ihr, ihrer Schwester und ihrer Mutter, durch das enge Kellerfenster zu kriechen. Sie hatten Glück gehabt – alle anderen Bewohner, die mit ihnen dort unten gewesen waren, lagen unter den Trümmern begraben. Draußen irrten die Mutter und ihre Kinder benommen und ziellos durch die brennenden Straßen. Plötzlich wurde eines der kleinen Mädchen vom Sog des Feuersturms wie ein Fetzen Papier davongerissen. Die verzweifelte Mutter hielt ihre andere Tochter umklammert. Schließlich fand jemand das vermißte Kind und brachte es zu seiner Mutter. In jener Nacht schliefen sie mit Tausenden anderer Obdachloser in der Nähe des Bahnhofs, inmitten der Trümmer ihrer Stadt.

Heute erinnern noch die Ruinen einer Kirche, in der Menschen Schutz gesucht hatten, und ein Gedenkstein für die 55 000 Toten, die dem Flächenbombardement Hamburgs zum Opfer fielen, an den Feuersturm. Die Inschrift unter den steinernen Figuren von alten Männern, Frauen und Kindern lautet:

Möge den Menschen, die nach uns kommen,
die Vernichtung der Unschuldigen erspart bleiben.
Möge uns dieses Denkmal mahnen,
alle Menschen zu lieben.

Es wurden noch Tausende von Kindern in anderen Feuerstürmen und anderen Städten getötet oder verstümmelt, bevor die Überlebenden schließlich dieser Mahnung folgten.

Während des Krieges gehörte Berlin zu den am meisten bombardierten Städten in Deutschland. Regina Schwenke, die ihren ersten Luftangriff als Fünfjährige Ende August 1940 erlebte, war zu Beginn des Jahres 1945 schon eine erfahrene Überlebenskünstlerin.[6] Einer der Lieblingsspielplätze der Nachbarskinder war ein gigantischer Bombenkrater, in dem sie Sandburgen und Straßen bauten, einander mit Sand bewarfen und für einige Stunden vergessen konnten, welche explosiven Kräfte ihren Spielplatz überhaupt erst geschaffen hatten.

Eines Tages fanden sie in ihrem »Sandloch« eine Brille und ein Gebiß. Eine Freundin Reginas setzte die Brille auf und schob sich nach einigem Zögern auch das Gebiß in den Mund. Sie spielten ein Spiel, bei dem jedes der zwölf beteiligten Kinder einen Satz aus seinem Lieblingsgedicht aufsagen mußte – komplett mit Brille und falschen Zähnen wie die Schauspieler auf den Bühnen Berlins. Da der achtjährigen Regina kein Gedicht einfiel, sang sie ihr bevorzugtes Kirchenlied: »Maria zu lieben«. Um die Mittagszeit merkten die Kinder, daß sie im Krater festsaßen. Eine Nachbarin entdeckte sie schließlich und warf ihnen eine Wäscheleine herunter. Nacheinander kletterten die Kinder aus dem Krater – das letzte von ihnen angetan mit Brille und falschen Zähnen.

Am nächsten Tag kam ein Parteifunktionär vorbei und erkundigte sich nach den Gegenständen, die die Kinder gefunden hatten. Ein Parteimitglied hatte sie beim letzten Luftangriff verloren und bot drei Bonbons als Belohnung an. Die Kinder würfelten viermal – die ersten drei durften zehn Sekunden die Bonbons lutschen. Dann waren die nächsten drei Glücklichen an der Reihe, wieder drei und schließlich die letzten drei.

Gegen Kriegsende erlebte Berlin die vernichtendsten Bombenangriffe. Zwischen dem 3. und 5. Februar 1945 entfachten 1000 alliierte Bomber ein wahres Inferno in der deutschen Hauptstadt.

Amerikanische Bomber attackierten sie am hellichten Tag, warfen zuerst Sprengbomben, dann Phosphorbehälter, dann wieder Sprengbomben. Reginas Mutter hatte Schwierigkeiten, mit ihren fünf Kindern – Regina, ihrem älteren Bruder Jürgen, ihren jüngeren Schwestern Angela und Rita und dem Baby Michael – einen Luftschutzkeller zu erreichen. Jürgen zog Rita hinter sich her, doch sie leistete Widerstand. Sie hatte ihre neue Puppe, ein Weihnachtsgeschenk, verloren und suchte nun im Schein der explodierenden Brandbomben nach ihrem Spielzeug. Ihre Mutter schob eilig den Kinderwagen, während um sie herum Bomben niedergingen. Die Kinder brauchten nur fünf Minuten, um in den Bunker der Nikodemus-Kirche zu gelangen, doch sie erschienen ihnen wie eine Ewigkeit.

Sie schafften es in den Bunker, doch erst nachdem der Kinderwagen samt Baby auf der überfüllten Treppe umgekippt und ein heftiger Streit zwischen der ängstlich wartenden Menge und der besorgten Mutter entbrannt war, die befürchtete, ihr Kind könne zertrampelt werden. In jener Nacht konnte niemand schlafen. Am frühen Morgen wurde die Kirche mehrfach getroffen und ging in Flammen auf. Die Kinder im Keller lauschten auf das Krachen, mit dem das Dach einstürzte. Sie stiegen die Treppe hinauf und sahen über sich den Himmel, der vom brennenden Kirchenschiff hell erleuchtet wurde. Überall lagen leblose Körper, der Kirchhof war von brennenden Dachtrümmern übersät.

Reginas Mutter befahl den Kindern, zur nahen katholischen Kirche St. Christophorus zu laufen, ohne auf die Zerstörung um sie herum zu achten. Sie gehorchten. Die Flugzeuge flogen nun so tief, daß Regina die Piloten erkennen und das Klacken des Maschinengewehrfeuers hören konnte. Sie rannte, so schnell sie konnte, ihre kleine Schwester Angela an der Hand. Die Schnürsenkel der Kleinen waren aufgegangen, und sie stolperte alle paar Meter. Dennoch gelangten sie sicher in die Kirche, wo sie Jürgen und Rita auf der Kellertreppe trafen. Nach qualvollem Warten erschien auch ihre Mutter mit dem Baby auf dem Arm. Ein Priester nahm der erschöpften Frau wortlos das Kind ab und suchte einen Platz für die Familie. Sie schliefen sofort auf dem Boden ein – und träumten von Feuer und Leichen.

Wie durch ein Wunder trieb der Priester am nächsten Morgen

Tee und ein wenig trockenes Brot für die hungrige Familie auf. Dann kehrten sie in ihr ausgebombtes Heim zurück und retteten, was noch zu retten war. Nachts suchten sie wieder Schutz in der katholischen Kirche. Die folgenden Nächte waren ziemlich ruhig. In ihrer Gegend gab es nichts mehr, das man hätte zerstören können.

Der sechzehnjährige Dieter Borkowski diente in einer Flak-Kompanie, die Berlin gegen Luftangriffe verteidigen sollte. Er hatte zufällig einen Termin beim Zahnarzt in der Nähe des Zoos, als seine Batterie bei einem Überraschungsangriff getroffen wurde. Eine der Bomben fiel auf die Munitionskammer ihres Hauptgeschützes. Vierhundert Schuß Munition explodierten und töteten alle seine Klassenkameraden. Am Abend des 3. Februar 1945 schrieb er in sein Tagebuch:

> Die neun Luftwaffenhelfer sind für Deutschland und den Führer gefallen. Allerdings hat man von ihnen nichts mehr gefunden, außer Metallteilen von Stahlhelmen, Uhren und Koppelschlössern ... In der Innenstadt wüten überall Brände ... Vom Moritzplatz über die Prinzenstraße bis zum Halleschen Tor findet man Haufen verbrannter Menschenleiber, die in der Glut zusammengeschrumpft sind auf die Größe von Kinderkörpern ... Ein schrecklicher süßlicher Geruch des verbrannten Fleisches liegt über den Ruinenvierteln ... Dort – zwischen Wilhelmplatz und Jannowitzbrücke – sollen Zehntausende Menschen verbrannt sein.[7]

Zehn Tage später, vom 13. bis 14. Februar 1945, flogen alliierte Flugzeuge einen massiven Bombenangriff auf Dresden, ein Wirtschaftszentrum mit zahlreichen Krankenhäusern, aber ohne militärische Ziele. In der Nacht warfen 873 britische Bomber Tausende von Brand- und Sprengbomben auf Deutschlands schönste Stadt. Die Bomben entfachten einen ungeheuren Feuersturm. Aufsteigende Brandsäulen sogen den Sauerstoff ein, entfesselten orkanartige Winde, die Temperaturen stiegen auf 540°C und mehr. Um die Mittagszeit warfen amerikanische B-17-Bomber 771 Tonnen Material auf die Feuerwehrleute und Rettungshelfer, die auf den Straßen der brennenden Stadt arbeiteten. Am folgenden Tag warfen 210 B-17 weitere 461 Tonnen Sprengbomben über Dresden ab.

Der infernalische Feuersturm tobte vier Tage lang, er war Hunderte von Kilometern weit zu sehen. Gegen Kriegsende war die Einwohnerzahl Dresdens, die gewöhnlich bei 650 000 lag, auf eine Million angewachsen. Hunderttausende von Familien waren vor der heranrückenden Sowjetarmee mit Karren und Handwagen, die ihre wenigen Habseligkeiten beförderten, aus dem Osten in die Stadt geflohen. In den Grünanlagen am Flußufer kampierten Flüchtlinge. Auf den Bahnhöfen standen Züge mit Kindern, die bei den Bombenangriffen auf westdeutsche Städte evakuiert worden waren.

Die Menschen in den Luftschutzkellern und Parks erstickten im Inferno oder verbrannten bei lebendigem Leib. Viele, die es aus der Stadt hinaus bis zur Elbe geschafft hatten, fielen den Bordgeschützen der alliierten Flieger zum Opfer. Kurt Vonnegut, Autor von *Schlachthof 5*, war unter den mehreren tausend amerikanischen Kriegsgefangenen, die sich damals in Dresden aufhielten.[8] Er schilderte die Ereignisse in einem Brief, den er kurz nach dem Krieg an seine Eltern schrieb:

Am 14. Februar kamen die Amerikaner und die RAF herüber. Ihre vereinten Anstrengungen töteten binnen vierundzwanzig Stunden 250.000 Menschen und zerstörten ganz Dresden – die vielleicht schönste Stadt der Welt. Mich jedoch nicht. Danach mußten wir Leichen aus den Luftschutzkellern holen: Frauen, Kinder, alte Männer; gestorben an Gehirnerschütterungen, verbrannt oder erstickt. Zivilisten beschimpften uns und warfen Steine, als wir die Leichen zu riesigen Scheiterhaufen trugen, die man in der Stadt errichtet hatte.[9]

Die Bombardierung hatte am Bahnhof begonnen, wo zwei Züge mit evakuierten Kindern von zwölf bis vierzehn Jahren getroffen wurden. Die Kinder starben in Bruchteilen von Sekunden. In einem Personenzug befanden sich achtundsiebzig Kinder aus Oppeln in Oberschlesien. Johanna Mittmann, die heute in den Vereinigten Staaten lebt, gehörte zu den Überlebenden. Als die Bomben auf den Bahnhof von Dresden fielen, beteten sie und die anderen Kinder flehentlich: »Hilf, Maria, es ist Zeit, hilf, Mutter der Barmherzigkeit!«[10] Als die Flammen ihren Waggon einzuschließen drohten,

Kinder sitzen auf einer Treppe ihres zerbombten Hauses

beteten die Kinder weiter. Erschöpft von der Hitze schliefen sie ein. Johanna und die Kinder in ihrer Obhut waren die einzigen Überlebenden auf dem gesamten Bahnhof.

Die fünfjährige Uta Wütherich, die in Dresden geboren wurde, hatte die Nacht im Keller verbracht. Sie erwachte von den Sirenen und dem Dröhnen der Flugzeuge. Ihr achtjähriger Bruder und ihre dreijährige Schwester waren bei ihr, doch die Mutter war nicht da.

Ängstlich riefen die Kinder: »Mutti! Mutti!« Niemand antwortete. Uta lief die Treppe hinauf und rief wieder und wieder: »Mutti, wo bist du?« Sie schaute in alle Zimmer. Ihre Mutter war nicht da. Sie öffnete die Tür zum Kinderzimmer, das rot erleuchtet war. Zwei Gestalten standen am Fenster – ihre Mutter und das Kindermädchen. Schweigend blickten sie auf die brennende Stadt. Als sie das kleine Mädchen bemerkten, schickten sie Uta zurück in den Keller. Sie sah die Tränen in ihren Augen. Jahrzehnte danach fürchtete sie sich nachts noch immer, allein zu schlafen, und träumte regelmäßig von der roten Glut, die ihre Heimatstadt vernichtet hatte.[11]

Der fünfzehnjährige Willy A. Schauss, damals Angehöriger des Volkssturms, entkam mit einem schwer verletzten Freund aus dem brennenden Hotel, in dem sie untergebracht waren. Sie hatten sich in zwei nasse Decken gewickelt, um sich vor den Flammen zu schützen, und mühten sich, nach Hause zu gelangen. Auf ihrer Odyssee durch das Inferno von Dresden trafen sie auf fünf Kriegsgefangene, zwei britische und drei amerikanische Piloten. Die alliierten Soldaten versorgten ihre Wunden. »Ich dachte bei mir, in welch einer verrückten Welt wir doch leben«, schrieb Willy später in *My Side of the War*. »Hier waren Gefangene, die Bomben abgeworfen hatten, um zu töten, und dann setzten sie ihr Leben aufs Spiel, um zwei Jungen zu helfen, die eigentlich ihre Feinde sein sollten.«[12]

Als sie in den Großen Garten kamen, wo viele Menschen Zuflucht gesucht hatten, stießen sie auf zahllose Krater, angefüllt mit toten Menschen und toten Tieren, die aus dem Zoo entkommen waren. Die britischen Offiziere hatten Tränen in den Augen, als sie die Frauen und Kinder erblickten. »Ich glaube, es ist etwas anderes, Menschen aus 6000 Metern Höhe zu töten, als mit anzusehen, wie jemand stirbt«, sann Willy. Er schaffte es bis zu dem Mietshaus, in dem seine Eltern wohnten, und brach vor der Tür zusammen. Einige Tage später machten sein Vater und er sich auf die Suche nach der Großmutter, die in Friedrichstadt, einem völlig zerstörten Stadtteil Dresdens, lebte. Das Haus seiner Großmutter war nur noch ein Schutthaufen. Helfer gruben sich bis zum Keller durch. Noch immer drang Rauch aus den Trümmern. Willys Vater betrat den Keller. Er fand die verkohlte Leiche seiner Mutter auf einem kleinen Fußhocker und wickelte sie in seinen Mantel. »Wir brachten Großmutters Überreste zum nächsten Friedhof«, erinnerte sich Willy. »Einen großen Sarg brauchten wir nicht, wir hatten ohnehin nur ein paar Bretter und Nägel. Das Grab hoben wir selbst aus.«

Unter den Leichen, die erschöpfte Helfer in den folgenden Tagen entdecken sollten, waren auch die Überreste einer Mutter mit ihrem Kind, zusammengeschrumpft, verkohlt und mit dem Asphalt der Straße verschmolzen. Die Mutter mußte ihr Kind mit ihrem Körper bedeckt haben, denn die Umrisse des Kleinen in ihren Armen waren noch zu erkennen. Niemand würde Mutter und Kind jemals identifizieren oder voneinander trennen. Sie waren eins geworden für alle Ewigkeit.

Der sechzehnjährige Klaus Granzow gehörte zu den Flakhelfern, die abgestellt wurden, um die Massengräber rings um die Dresdener Innenstadt auszuheben. Am 18. Februar 1945 schrieb er in sein Tagebuch: »Was ist das: Krieg? Das ist Mord! Wo ist noch ›Front‹? Ist das hier nicht viel schlimmer, was die Zivilisten erleiden, als das, was Soldaten vorne durchstehen? Und das Schrecklichste: nicht helfen können.«[13]

Niemand wird je genau erfahren, *wie viele* Menschen in Dresden starben. Die Inschrift auf dem Ehrenmal für die Opfer des Feuersturms, das sich auf dem Dresdner Heidefriedhof befindet, lautet:

Wie viele starben? Wer kennt die Zahl?
An deinen Wunden sieht man die Qual
Der Namenlosen, die hier verbrannt
Im Höllenfeuer aus Menschenhand.

Im März und Mai 1945 wurde Tokio durch Feuerstürme vernichtet. Katherine Kaoru Morooka, eine in Kalifornien geborene Nisei, und ihre Familie gehörten zu den Hunderttausenden von Zivilisten, die am meisten unter den Angriffen amerikanischer Flieger, die in Saipan stationiert waren, zu leiden hatten. Katherine war als Jugendliche nach Tokio gekommen und besaß die amerikanische und die japanische Staatsangehörigkeit. Nun lebte sie plötzlich unter Menschen, deren Land sich mit den Vereinigten Staaten im Kriegszustand befand. Da die Luftangriffe in Japan schon alltäglich geworden waren, hatten ihre verwitwete Mutter und die vier Töchter einen Luftschutzbunker im Garten ihres Hauses gebaut. Gemein-

Dieses Kind, dessen Familie vor seinen Augen starb, kann sein zerbombtes Heim nur in wirren Linien zeichnen

sam hoben sie eine rechteckige Grube mit Sitzgelegenheiten zu beiden Seiten aus und deckten sie mit einem schweren Brett und einem halben Meter Erde ab. Dieser Bunker rettete ihnen im Feuersturm das Leben.[14]

In der Nacht des 10. März 1945 wurde Katherine vom Luftalarm aus dem Schlaf gerissen. Im Radio hörte sie, daß eine große Staffel B-29 auf Tokio zuflog. Sie zog sich in der Finsternis hastig an und rannte mit Mutter und Schwestern zum Luftschutzbunker. Als sie in Richtung Nordosten schaute, sah sie, daß die tobenden Flammen den Himmel purpurrot färbten. Es war taghell – die Innenstadt ein Inferno. Der massive Abwurf von Brandbomben machte in jener Nacht ein Viertel der Stadt dem Erdboden gleich und tötete Tausende von Zivilisten. Katherines Zuhause blieb von den Flammen verschont.

Beim nächsten Luftangriff am 23. Mai 1945 hatte Katherine weniger Glück. Als die Sirenen heulten, schafften sie, ihre Mutter und zwei ihrer Schwestern es in den Bunker. Ihre dritte Schwester Mayme litt an Rippenfellentzündung und konnte das Bett nicht verlassen. Schon bald hörte Katherine das Knistern der Brände und sah den Garten brennen. Zahllose Flammen schossen aus dem Dach. Sie schleppte ihre kranke Schwester aus dem Haus auf eine nahegelegene Lichtung. Ihre Mutter schrie hilflos auf, als das Haus vor ihren Augen niederbrannte.

In dieser Nacht schliefen Katherine, ihre Mutter und die Schwestern in einem leerstehenden Haus hinter ihrem Grundstück, das wie durch ein Wunder von den Bomben verschont geblieben war. Am nächsten Morgen löschten sie die letzte Glut in den Trümmern ihres Heims. Nichts war ihnen geblieben außer zwei Koffern mit Kleidung. Ihre Familienfotos und Erinnerungen an das Haus in den Vereinigten Staaten waren für immer verloren. Doch es sollte noch schlimmer kommen.

In der Nacht zum 25. Mai 1945 erwachten sie erneut vom schrillen Sirenenton. Rasch trugen sie die kranke Schwester in den Bunker. Sie hörten die Motoren der Flugzeuge über ihren Köpfen, dann fielen Bomben, wieder und wieder. Sie blickten zurück und mußten zusehen, wie auch das Haus, das ihnen Schutz geboten hatte, zu Asche verbrannte. Innerhalb von zwei Tagen waren sie zweimal obdachlos geworden. Am nächsten Tag zogen Katherines Mutter und ihre Schwestern in das Bergdorf, in dem ihr Vater geboren worden war.

Katherine selbst blieb in Tokio und sah mit eigenen Augen, welche Zerstörung die Feuerstürme hinterlassen hatten. Tausende waren in den Luftschutzkellern erstickt. Auf Straßen und Gehwegen lagen Verletzte. Überall stieg Rauch aus den Ruinen. Benommene, heimatlose Frauen und Kinder irrten ziellos umher. Andere, die ihre Häuser bei den Bombardierungen verloren hatten, blieben auf ihren Grundstücken. Sie zimmerten Hütten aus Wellblech, Holz und Pappe, gleich neben den Bunkern, die ihnen das Leben gerettet hatten. Im Sommer 1945 lag die gesamte Hauptstadt Japans in Trümmern.

Unter den Grundschülern, die man vor den Luftangriffen aus Tokio evakuiert hatte, war auch Shinsuke Tani, die mit ihrer Klasse in einem buddhistischen Tempel auf dem Land untergebracht wurde. In *Seasons Unforgotten* beschrieb sie, wie sie und andere Kinder von der dritten bis zur sechsten Klasse die Nächte verbrachten, als der Krieg sich dem Ende zuneigte. Wenn die Warnungen im Radio kamen, standen die Kinder auf, zogen sich um, hängten sich die Taschen mit Kapuzen und Unterwäsche über die Schulter und marschierten hintereinander auf das Tempelgelände, wo sie Schutz vor den Angriffen suchten.[15]

Am 24. Mai 1945 gegen Mitternacht wurden die Kinder von der Hausmutter geweckt, die mit schriller Stimme wiederholt rief: »Tokio brennt. Seht es euch genau an, Tokio brennt.« Shinsuke rieb sich den Schlaf aus den Augen und schoß nach draußen, um den anderen Kindern zuvorzukommen: »Dann sah ich es – der Himmel weit im Osten war rot, als habe man eine purpurne Schärpe darübergespannt … Ich schauderte. Mit klappernden Zähnen schaute ich hin. Das gelbe Feuer loderte auf, Blitze zuckten wie bei einem Feuerwerk. In dieser Nacht … wurde unsere Stadt von einer purpurnen Schärpe ganz und gar zerstört.«

Nachdem der Krieg zu Ende war, kehrte das kleine Mädchen nach Tokio zurück und konnte sein Elternhaus nicht wiedererkennen. Unter einer Treppe, die ins Nichts führte, fand sie eine *Daruma*-Puppe – außerdem Stühle mit fehlenden Beinen und ein halb verkohltes Sofa. Und plötzlich stand da, völlig fehl am Platz, ein Pissoir. Ihr war, als träume sie. Dann ging sie in die verlassene Stadt, um die Geheimnisse ihres neuen Spielplatzes zu erforschen. Die drei großen Luftangriffe auf ihre Heimatstadt im März und Mai 1945 hatten 233 000 Häuser zerstört und 211 400 Menschen getötet.

Zehn Wochen nach den Mai-Angriffen auf Tokio warf eine amerikanische B-29 namens *Enola Gay* die erste Atombombe auf Hiroshima. Die Bombe löschte die gesamte Innenstadt aus. Amerikanische Schätzungen beliefen sich auf 80 000 Tote; weitere 20 000 starben binnen zwei Wochen an den Folgen der Strahlung. Japanischen Schätzungen zufolge forderten Detonation und Strahlung insgesamt 250 000 Opfer. Viele Menschen verdampften. Ihre Formen blieben als Schatten auf Steinmauern und Treppenstufen zurück, wie Negative eines belichteten Films. Niemand zählte die Schatten.

Sechs Jahre nach dem Ereignis, das den Beginn des Atomzeitalters markiert, verfaßte eine Gruppe Schulkinder aus Hiroshima eine Reihe von Aufsätzen, die dem Gedenken an die Opfer gewidmet waren. In *Children of the A-Bomb: The Testament of the Boys and Girls of Hiroshima* beschrieben die Kinder, wie sich die Atombombe auf ihr Leben auswirkte.[16] Shigeru Tasaka, damals Drittkläßler, schrieb:

> Zum erstenmal begriff ich, wie abscheulich und furchterregend der Krieg ist... Ich glaube, es wäre gut gewesen, wenn im Verlauf dieses Krieges Atombomben auf alle Länder gefallen wären... Ich glaube nämlich, daß Menschen durch die Atombombe verstehen werden, wie barbarisch, tragisch, unzivilisiert und hassenswert der Krieg ist, und die abscheulichen Kriege, die es heute gibt, beenden.

Am Morgen des 6. August 1945 um 8.15 Uhr arbeiteten und spielten 6000 Schulkinder im Epizentrum der Explosion. Von ihnen blieben nicht einmal Stoffetzen – außer einem weißen Unterrock mit braungeränderten Brandlöchern, von schwarzem Regen befleckt, getragen von einem Schulmädchen namens Oshita-chan, der sich jetzt in einem Museum für die Opfer der Atombombe befindet.

Setsuko Yamamoto besuchte die erste Klasse des Gymnasiums und saß an jenem Morgen gerade mit ihrer Mutter beim Frühstück, als »von irgendwoher ein greller Blitz aufflammte«. Dann hörte sie eine gewaltige Explosion, und alles wurde pechschwarz. Das Mädchen konnte nicht einmal das Gesicht der Mutter erkennen. Sekunden später stürzte ein schwerer Gegenstand auf sie, doch es gelang ihr, sich zu befreien. Ein dicker Balken lag quer über dem rechten Arm und Rücken ihrer Mutter. Setsuko versuchte, sie herausziehen – vergeblich. Das Feuer griff um sich, ihre Kleider standen bereits in Flammen.

Setsuko rannte aus dem Haus und sprang in den Wassertank, während sie unablässig nach ihrer Mutter schrie. Das Wasser war warm wie in einer Badewanne. Sie kam sich vor wie im Traum – und verlor das Bewußtsein. Sie erwachte erst wieder, als jemand sie aus dem Tank hob. Ihre Mutter war im Feuer umgekommen, an der Stelle gestorben, wo Setsuko sie zurückgelassen hatte. Fünf Tage später, das Kind war inzwischen bei seiner Großmutter auf dem Land untergekommen, erhielt sie von ihrem Onkel die Asche ihrer Mutter. »Als ich die Urne in den Händen hielt, heulte ich laut auf«, schrieb sie. »Ich konnte nicht aufhören zu weinen.«

Yasushi Haraki war gegen acht Uhr zur Schule gegangen. Er saß gerade an einer schriftlichen Aufgabe, als ein ungeheurer Blitz aufflammte. Danach wurde es dunkel im Klassenzimmer. Einen Augenblick später stürzte die Decke auf die Kinder herab. Yasushi konnte unter einer Reihe von Pulten aus dem Raum kriechen und den Schulhof erreichen. Das Gebäude hatte sich in ein Flammenmeer verwandelt. Mit einem verletzten Fuß hinkte er nach Hause. Sein Elternhaus brannte ebenfalls. Seine kleine Schwester, die allein geblieben war, während die Mutter zur Arbeit ging, war nirgends zu finden.

Seine verletzte Mutter hingegen fand er. Gemeinsam begaben sie sich in ein Krankenhaus und blieben beinahe zwei Wochen dort. Danach setzten sie die Suche nach der vermißten Schwester fort und fanden sie schließlich bei hilfsbereiten Fremden, die sie aus den Trümmern des Hauses gerettet hatten. Sie war eingeklemmt gewesen, hatte beide Beine gebrochen und litt an einer schweren Strahlenvergiftung. Sie starb eine Stunde, nachdem Bruder und Mutter sie wiedergefunden hatten.

Kiyoka Tanaka besuchte am 6. August 1945 die dritte Klasse. An jenem Tag spielte sie mit Freundinnen aus der Nachbarschaft. Nach dem Blitz der Atombombe lag sie eingeklemmt unter dem Haus, in dem sich die Kinder aufhielten. Sie schob einige Bretter beiseite und kroch hervor. Draußen stellte sie fassungslos fest, daß alle Häuser in der Gegend eingestürzt waren und brannten. Sie schaffte es bis nach Hause. Ihre Mutter hatte ihr einjähriges Kind auf einen Berg von Bündeln gelegt und trug Habseligkeiten auf die Straße. Das Baby war bewußtlos.

Die Mutter lud sich die Bündel auf den Rücken, nahm das Baby auf den Arm und machte sich mit Kiyoka auf den Weg. Sie gingen auf eine Anhöhe, wo Menschen in Wassertanks und Teiche sprangen, um den Schmerz ihrer Brandwunden zu lindern. Andere saßen am Straßenrand und flehten die Vorübergehenden um Wasser an. Manche tranken das schmutzige Wasser vom Boden.

Am Fluß bestiegen sie ein Boot, das sie in einen Vorort von Hiroshima bringen sollte. Sie trafen auf ein Mädchen, das ganz allein unterwegs war. Der Körper der Kleinen war mit Brandwunden übersät. Sie hatte große Schmerzen und rief nach ihrer Mutter. Dann streckte sie Kiyokas Mutter etwas entgegen. Es war das Essenspaket, das die Mutter ihr am Morgen für die Schule gepackt hatte. »Ich werde sterben. Nehmen Sie es für Ihre Tochter«, sagte sie und starb.

Der zehnjährige Yoshihiro Kimura besuchte die Schule in einem Tempel nahe seinem Elternhaus. Da der Lehrer sich verspätete, sprachen die Kinder vom Krieg. Dann ertönte ein Brummen, im Südosten tauchte ein Flugzeug auf. Plötzlich warf es etwas ab, das wie ein weißer Fallschirm aussah. Sekunden später färbte sich alles gelb. Yoshihiro hatte das Gefühl, als schaue er unmittelbar in die Sonne. Dann hörte er ein ungeheures Krachen. Alles wurde finster, Steine und Dachziegel regneten auf ihn herunter. Begraben unter eingestürzten Brettern, war er eine Zeitlang bewußtlos.

Als er wieder zu sich kam, spürte er einen brennenden Schmerz. Er schleppte sich auf die Straße. Dort lagen zahlreiche Menschen, die Gesichter derart verkohlt, daß sie nicht mehr identifiziert werden konnten. Dann entdeckte er, daß sich die Haut an seinem rechten Arm vom Ellbogen bis zu den Fingern ablöste und tiefrot war. Seine Schwester rief nach ihm, »Sumi-chan«. Ihre Kleider hingen in Fetzen von ihrem Körper, und ihr Gesicht war so aufgedunsen, daß er sie nicht erkannte.

Gemeinsam gingen sie nach Hause, doch ihr Heim stand nicht mehr. Ein dreizehn Zentimeter langer Nagel hatte sich in den Kopf seiner Mutter gebohrt und sie auf der Stelle getötet. Mit ihrem Vater machten sich die Kinder auf den Weg zum Fluß. Zahllose schwarze, verkohlte Leichen trieben stromabwärts, doch der Jungen war so durstig, daß er sie beiseite schob und von dem Wasser trank. Überall am Ufer lagen Menschen. Manche waren noch am Leben, darunter auch Kinder, die nach ihrer Mutter schrien.

Am nächsten Tag brachten Verwandte die Kinder mit einem Handkarren aufs Land zu ihrer Großmutter. Dort starb Yoshihiros Schwester am 15. August. »Deine Mutter und deine Schwester sind jetzt bei Buddha«, tröstete die Großmutter den trauernden Jungen.

Am Morgen des 9. August 1945, zwei Minuten nach elf, warf ein amerikanisches Flugzeug eine zweite Atombombe ab, diesmal auf die Stadt Nagasaki. Wieder wurden binnen Sekunden die Innenstadt und Tausende von Menschenleben ausgelöscht. Doch es gab Kinder, die überlebten und sich erinnerten. *Living Beneath the Atomic Cloud: The Testimonies of the Children of Nagasaki* ist ein ergreifender Bericht über den Krieg aus ihrer Perspektive.[17]

Der elfjährige Toshihiro Fukahori ging an jenem Tag zur Beichte. In einer Woche würden er und seine Familie das Fest Mariä Himmelfahrt begehen. Just in diesem Moment läutete die Glocke der Flugabwehrstellung hinter der Kirche wie wild. Er rannte in einen nahegelegenen Bunker. Ein eigenartiges Licht flammte auf, gefolgt von einem ungeheuren Knall. Dann drang etwas in den Bunker, das wie blaues Gas aussah. Der Junge konnte kaum atmen. Er preßte die Hände gegen die Brust und rief »Muttergottes! Muttergottes!« Er dachte, er müsse sterben.

Nach einer Weile rief jemand draußen vor dem Bunker: »Lebst du noch? Geht es dir gut?« Sein Onkel stand mit einem Spaten da, bereit, ihn auszugraben. Als der Junge nach draußen krabbelte, hatte sich die Welt verändert. Die umstehenden Häuser waren eingestürzt; Bäume waren umgefallen; überall lagen Fliesen, Steine und Abfall verstreut. Nagasaki war ein Flammenmeer. Auch die katholische Kirche brannte. Alle sahen hilflos zu.

In dieser Nacht schliefen viele Leute in dem Bunker. Er war so überfüllt, daß sie im Sitzen schliefen. Jemand fand ein Moskitonetz, und Toshihiro legte seine Matte auf einen leeren Platz vor dem Bunker. Plötzlich tauchte eine Frau auf, das Haar zerrauft wie das einer Wahnsinnigen, das Gesicht angeschwollen wie ein Ballon, und taumelte auf den Eingang des Bunkers zu. Beim Näherkommen erkannte er seine Tante, die bei der Detonation schwer verletzt worden war. Da es für sie keinen Platz zum Ausruhen gab, sank sie kraftlos auf der Straße nieder.

Die zehnjährige Michiko Ogino spielte mit ihren Schwestern im Haus, als die Uhr elf schlug. Ihre Mutter war an diesem Morgen aufs Feld gegangen, um Auberginen zu pflücken. In diesem Moment schaute das Mädchen aus dem Fenster und sah einen Blitz. Im nächsten Augenblick lag sie eingeklemmt unter dem Haus. Ihre älteste Schwester, die draußen gewesen war, rannte los, um Hilfe zu holen. Sie traf fünf Soldaten, die Michiko aus den Trümmern zogen. Voller Erstaunen sah das Mädchen, daß sich der schöne, klare Tag völlig verändert hatte: Der Himmel hing voller schwarzer Wolken. Dann hörten sie die Stimme des jüngeren Bruders und die Schreie ihrer zweijährigen Schwester. Beide waren unter den Trümmern des Hauses begraben.

Den beiden Mädchen gelang es, ihren Bruder zu befreien, nachdem sie einen Stapel Dachziegel beiseite geräumt hatten, doch das Kleinkind, dessen Beine unter einem riesigen Querbalken steckten, konnten sie nicht hervorziehen. Dann stürzte jemand auf sie zu – eine Frau mit zerwühltem Haar und purpurrotem Körper. Als sie ihnen etwas zurief, erkannten sie die Stimme ihrer Mutter. Sie war auf dem Auberginenfeld von der Detonation getroffen worden. Mantel und Hose waren verbrannt und zerfetzt. Ihr Haar hatte sich rotbraun gefärbt, war verfilzt und teilweise verschmort. Sie war am ganzen Körper verbrannt. Sie schaute auf ihr jüngstes Kind hinunter und die Balken, die sich über der Kleinen auftürmten. Dann kroch sie in eine Öffnung unter dem Querbalken und stemmte ihre rechte Schulter dagegen. Es gelang ihr, ihn ein wenig anzuheben. Die Füße des kleinen Mädchens waren nun frei. Die ältere Schwester zog sie heraus. Die Mutter drückte das Kind fest an sich. An der rechten Schulter, mit der sie den Balken gestemmt hatte, war die Haut verschwunden und enthüllte rohes Fleisch, aus dem Blut sickerte. Michikos Mutter starb in jener Nacht in dem Wissen, daß alle ihre Kinder überlebt hatten.

Der neunjährige Mitsuyuki Nishada spielte bei einem Freund zu Hause Murmeln, als ihn ein greller Blitz blendete. Von da an konnte er nichts mehr sehen. Er hörte Stimmen. Sein Vater rief ihn beim Namen, ebenso seine Mutter. Jemand hatte ihn aufgehoben und in einen Luftschutzbunker getragen. Ein anderer Helfer brachte seine Mutter, die schwere Brandwunden erlitten hatte, ins Krankenhaus.

Jungen in den Trümmern von Nagasaki

Danach jedoch schien man den blinden Jungen und seinen Vater, der schwer verletzt neben ihm lag, vergessen zu haben. Sie warteten zwei Tage ohne Wasser und Nahrung. Dann erst kam Hilfe.

Der Junge und sein Vater wurden ins Marinehospital gebracht, wo sie ein gemeinsames Zimmer erhielten. Mitsuyuki hatte Glück – sein Sehvermögen kehrte zurück. Die Strahlenkrankheit seines Vaters verschlimmerte sich jedoch. Er starb einige Wochen später im Bett neben seinem Sohn. »Ich wünschte, ich wäre blind geblieben«, schrieb der Junge später. »Dann hätte ich ihn nicht sterben sehen. Ich wußte nicht, was ich tun sollte.«

Drei Wochen später, am 2. September 1945, wurde die japanische Kapitulation in der Bucht von Tokio an Bord der USS *Missouri* unterzeichnet. Der Zweite Weltkrieg war offiziell zu Ende. Doch das Grauen blieb – in den Gedanken und Erinnerungen der Kinder der Atombombe. Einer der bewegendsten Berichte stammt von Fuiji Tsujimoto, der in Nagasaki seine ganze Familie verlor – Mutter, Vater, Bruder und zwei Schwestern. Er war damals fünf Jahre alt.

Er und seine Großmutter waren die einzigen Überlebenden aus seiner Familie. Der Luftschutzbunker, in dem sie Zuflucht gesucht hatten, war tief in eine Felsklippe gehauen und an einer Ecke des Spielplatzes der Yamazoto-Grundschule gelegen. Wie durch ein Wunder entgingen der kleine Junge und die alte Frau den Auswirkungen der Detonation und Strahlung.

Fuiji schrieb in *The Testimony of the Children of Nagasaki*:

> Ich besuche jetzt die vierte Klasse der Yamazoto-Grundschule. Der Spielplatz mit den schrecklichen Erinnerungen ist vollständig aufgeräumt, und viele Freunde spielen dort glücklich miteinander. Sie wissen nicht, daß an diesem Ort so viele Kinder starben und zu Asche verbrannten. Auch ich spiele dort mit meinen Freunden, doch manchmal erinnere ich mich an den furchtbaren Tag. Wenn ich das tue, hocke ich mich an die Stelle, an der wir unsere Mutter eingeäschert haben, und berühre die Erde mit den Fingern. Wenn ich mit einem Bambusstock tief grabe, tauchen einige Stücke Holzkohle auf. Wenn ich die Stelle eine Weile anschaue, kann ich undeutlich das Bild meiner Mutter in der Erde sehen... Der Boden ist mir teuer, macht mich gleichzeitig aber auch sehr traurig... Großmutter geht jeden Morgen zur Messe. Sie betet oft den Rosenkranz und sagt zu mir: »Alles ist Gottes Wille. Alles ist gut.« Ich wünschte, ich hätte ein so reines Herz wie Großmutter.[18]

9
»Mit tiefstem Bedauern«

Bis zum Ende des Zweiten Weltkriegs waren 40 Millionen Zivilisten und über 15 Millionen Soldaten ums Leben gekommen. Als die Kämpfe eingestellt wurden, war die ungeheure Trauer noch lange nicht vorüber. In meiner Familie dauerte sie noch Jahre, wie bei vielen anderen. Alle Männer aus meiner Familie mit Ausnahme meines Vaters waren im Krieg gefallen.

Mein Adoptivbruder wurde in Rußland getötet. Zwei meiner Onkel starben an der Ostfront; ein dritter fiel einer schmerzhaften Krankheit zum Opfer, die er sich als Kriegsgefangener in Sibirien zugezogen hatte. Meine Cousinen wurden Halbwaisen. Ihre Väter fielen gegen Kriegsende. Ich zähle diese Verluste auf, wie der russische Junge N. P. Dowbenko es in *No Longer Silent* vorgemacht hat: »Ende September 1941 erfuhren wir von einem Augenzeugen, daß Vater bei Kampfhandlungen in der Nähe von Kanew gefallen war... Im Herbst 1943... tötete die Kugel eines Heckenschützen Onkel Serafim... 1944 starb Onkel Mischa in Estland, er war bei der Verteidigung von Leningrad dabeigewesen.«[1]

Der russische Junge und ich waren damals Teenager. Unsere beiden Länder erlitten die höchsten militärischen wie auch zivilen Verluste des Zweiten Weltkriegs. Wahrscheinlich kämpfte mein Bruder in derselben Schlacht wie Onkel Mischa – er wurde nahe Leningrad (St. Petersburg) getötet. In der Sprache jener Zeit starben die beiden Soldaten den »Heldentod«: Mischa gab sein Leben für »Mütterchen Rußland«; mein Bruder das seine für das deutsche Vaterland. Keiner von uns sah die sterblichen Überreste unserer Verwandten – wir wissen nicht einmal, wo ihre Gräber liegen.

Hätten wir ihren Tod dann leichter akzeptieren können? Der russische Junge konnte sich wenigstens damit trösten, daß sein Land zu den Siegern des Zweiten Weltkriegs gehörte und sein Vater nicht »umsonst gestorben« war. Meine Verwandten gehörten zu den besiegten Angreifern. Vielleicht fiel es mir so schwer, ihren Verlust zu betrauern, weil ihr »größtes Opfer« so sinnlos gewesen war. Ich trauerte aber um meine Klassenkameraden, die bei der Flächenbombardierung unserer Städte ums Leben gekommen sind, und am meisten trauerte ich um meine beste Freundin, die beim Einsturz des Schulgebäudes gestorben ist. Sie besuchte damals die sechste Klasse.

Die Todesnachrichten hatten eine besonders drastische Wirkung, wenn sie die Familien um die Weihnachtszeit erreichten. Die siebenjährige Elsbeth Emmerich hatte eine Weihnachtskarte für ihren Vater gebastelt, der im Winter 1941/42 in der Nähe von Leningrad kämpfte. Zwei Wochen vor den Feiertagen schrieb sie: »Lieber Papi, viele tausend Weihnachtsgrüße von Deiner Elsbeth, Margret und Elfielein. Ich habe die Karte [extra] für Dich gebastelt. Es war die schönste in der ganzen Klasse. Wir haben lange auf Deinen Besuch gewartet. Wann kommst Du wieder zu uns? Ich wünsche Dir alles Gute und baldigen Urlaub.«[2]

Das Weihnachtsfest kam und ging, von ihrem Vater gab es keine Nachricht. Elsbeths Mutter machte sich große Sorgen. Noch Jahre später erinnerte sich Elsbeth an den Tag, an dem der Postbote kam:

> Normalerweise war er sehr fröhlich, doch diesmal zögerte er, bevor er meine Mutter bat, den Erhalt des Einschreibens zu quittieren. Es war ein blauer Umschlag mit offiziellen Stempeln auf der Rückseite. Zitternd nahm meine Mutter den Brief entgegen. Sie öffnete ihn, las ihn mit aschgrauem Gesicht, warf ihn auf den Tisch und lief weinend ins Schlafzimmer. Meine Schwester Margret und ich standen verwundert da... Ich zitterte am ganzen Körper, als ich las, daß mein Vater an der rechten Schulter verwundet worden war... Weiter las ich nicht. Ich konnte es nicht ertragen. Ich konnte nicht ertragen, daß man meinem Papi wehgetan hatte, der so weit von uns entfernt war. Ich brach in Tränen aus und lief zu meiner Mutter. Sie lag weinend auf dem Bett... Ich weiß noch, daß ich lange geweint habe... Erst viel später sah ich den Brief wieder und erfuhr von den Umständen seines Todes. [Nachdem er verwundet worden war] mußte er im Hundeschlitten, in der Eiseskälte, zu einem Verbandsplatz gebracht werden. Es dauerte drei Tage

> und Nächte, und er war so erschöpft und hatte so viel Blut verloren, daß er am Tag seiner Ankunft, zwölf Tage nach seinem 28. Geburtstag, an Herzversagen starb.

Elsbeths Familie erhielt die Weihnachtskarte zurück. Ihr Vater hatte sie in seiner Brieftasche aufbewahrt.

Am nächsten Weihnachtsfest vermißte am anderen Ende der Welt ein fünfjähriges Mädchen in Florida seinen Lieblingsonkel. Sechs Tage zuvor, am 19. Dezember 1942, hatte ihr Vater ein Telegramm des Verteidigungsministeriums erhalten:

MR. BRADFORD,
DER VERTEIDIGUNGSMINISTER TEILT IHNEN MIT TIEFSTEM BEDAUERN MIT, DASS IHR BRUDER, LEUTNANT WILLIAM HOWARD BRADFORD, AM 8. NOVEMBER IN NORDAFRIKA BEI KAMPFHANDLUNGEN IN VERTEIDIGUNG SEINES LANDES GFALLEN IST. DER GENERALADJUTANT.

Sehr geehrter Mr. Bradford,
mit tiefem Bedauern habe ich erfahren, daß Ihr Bruder in Nordafrika gefallen ist. Mir ist bewußt, daß ich Ihre Trauer nur wenig mildern kann, hoffe aber, daß es Sie ein wenig tröstet, wenn ich sage, daß Howard Bradford ehrenvoll in der Armee der Vereinigten Staaten gedient hat und in bester Ausübung militärischer Tradition gestorben ist. Die Nation schuldet Männern wie Ihrem Bruder, die gestorben sind, damit die amerikanische Lebensweise weiterbestehen kann, ungeheuren Dank. Ich drücke Ihnen und Ihrer Familie noch einmal mein tiefstes Mitgefühl aus.

Mit besten Grüßen,
George C. Marshall
Stabschef

»Nach außen hin feierten wir Weihnachten«, berichtete Elizabeth Shelfer Morgan in *Uncertain Seasons*, »aber es war, als sei alles zu Ende… Mama bestand darauf, daß wir uns beschäftigten und den Geist des Weihnachtsfestes achteten.«[3] Währenddessen geschah in einem fernen Land ein echtes Weihnachtswunder:

Eine trauernde Mutter hält ihre Tochter in den Armen

29. DEZEMBER 1942

MR. BRADFORD
ICH BEZIEHE MICH AUF MEIN TELEGRAMM VOM 19. DEZEMBER, IN DEM ICH IHREN BRUDER, LEUTNANT WILLIAM HOWARD BRADFORD, ALS GEFALLEN MELDETE. HABE NUN EINEN BERICHT AUS DEM AFRIKANISCHEN RAUM ERHALTEN, NACH DEM IHR BRUDER AM 19. DEZEMBER LEICHT VERWUNDET WURDE. DER GENERALADJUTANT.

Seine kleine Nichte freute sich: »Onkel Howard hatte überlebt... die furchtbare Ungewißheit der Weihnachtszeit war zu Ende, es war beinahe wie in einem großen Kinofilm.« Doch ihr Lieblingsonkel lebte nur noch zwanzig Monate, er starb bei der Invasion der Alliierten in Frankreich. Jahrzehnte später erinnerte sich seine Nichte an den Schlußsatz seines letzten Briefes aus Frankreich: »Allmählich frage ich mich, ob ich überhaupt ein Recht zu leben habe.«

Am 12. Januar 1943 schrieb Lorraine Fader aus Glenwood, Iowa, einen Brief an den Oberbefehlshaber der alliierten Streitkräfte im südwestlichen Pazifik:

Lieber Gen. MacArthur,
ich bin ein Mädchen von vierzehn Jahren. Ich habe einen Zwillingsbruder, Lloyd... Außerdem habe ich noch acht weitere Brüder. Ich bin das einzige Mädchen in der Truppe... Der Bruder, wegen dem ich Ihnen schreibe, ist im November, vor der Tragödie von Pearl Harbor, auf die Philippinen versetzt worden. Sie waren die ganze Zeit dort. Ich wüßte gern, ob es ihm gutging, bevor Sie abgereist sind. Er war bei den Quarter Master 2nd, bevor er Fort Douglas, Utah, verließ. Dort war er ein Jahr stationiert, bevor er auf die Philippinen fuhr. Sein Name war Walter D. Fader. Er war klein und ein bißchen dick und ein wunderbarer Bruder, und wir vermissen ihn so. Das Verteidigungsministerium hat geschrieben, daß er im Kampf vermißt ist, aber vielleicht haben ihn die Japse auch gefangengenommen. Wenn Sie ihn kannten und diesen Brief erhalten, dann schreiben Sie mir bitte kurz. Ich finde Ihren kleinen Jungen sehr süß, und Mrs MacArthur sieht wirklich nett aus, und wir finden Sie auch ganz wundervoll... Möge Gott Sie segnen und beschützen. Wir alle kaufen so viele Marken und Anleihen, wie es nur geht, und ich hoffe, es hilft irgendwie meinem lieben Bruder, der diesen Ratten auf den Philippinen ausgeliefert ist. Vielleicht ist er tot. Vielleicht gefangen. O Gott, ich weiß nicht, was schlimmer ist. Gott segne Sie, Gen. MacArthur, und Ihre kleine Familie und die Söhne aller Mütter im Krieg.

Amen

Am 29. Dezember 1943 schickte die dreizehnjährige Charmaine Leavitt aus Kalamazoo, Michigan, einen Brief an den Soldaten Justin J. Slager, einen Nachbarn und Freund der Familie, der in Nordafrika stationiert war:[5]

Lieber Justin,
ich weiß nicht, ob Du diesen Brief erhältst, ich hoffe es sehr. Heute morgen hat Deine Mutter ein Telegramm erhalten, in dem steht, daß Du als vermißt giltst. Ich hoffe, Dir geht es gut, und ich würde es auch gern von Dir selbst hören. Alle hier machen sich Sorgen um Dich, ich auch.

Charmaine

Monate später erfuhren Slagers Angehörige und Freunde, daß er gefallen war.

John Nichols Jr. war neun Jahre alt, als die Nachricht vom Tod seines Vaters eintraf. Er war Ende Juni 1944 während des amerikanischen Angriffs auf Saipan durch die Kugel eines japanischen Heckenschützen umgekommen. John spielte gerade auf der Straße vor seinem Elternhaus im Staat New York. Seine Großmutter mütterlicherseits öffnete einem Boten der Western Union die Tür. Der händigte ihr ein Telegramm aus und ging wortlos davon. Seine Großmutter las das Telegramm und fing an zu schreien. Johns Mutter war noch nicht von der Arbeit heimgekehrt. Der Junge berichtete vom Abend jenes Tages: »Sie klappte einfach zusammen. Mir kam es vor, als hätte sie tagelang nur auf dem Sofa gelegen und geweint.«[6]

Drei Monate später überbrachte ein Offizier die Auszeichnungen seines Vaters: Silver Star, Bronze Star und Purple Heart. Es gab einen kurzen Gedenkgottesdienst zu Ehren seines Vaters, in dessen Verlauf Johns Mutter die Flagge und die Medaillen übergeben wurden. Das war alles!

Im August 1944 erfuhr der zwölfjährige Robert Raymond von seiner Schwester, daß im Eisenbahndepot von Rapid City, South Dakota, ein Telegramm eingetroffen sei, das einen Todesfall in der Familie betreffe. Sein Bruder Jack, der bei den 109th Engineers gedient hatte, war in Italien gefallen. Robert schrieb:

> Meine Wut auf Gott an jenem Abend war überaus echt und stark, und ich schalt ihn lange und heftig, weil er Kriege zuließ und erlaubte, daß mein Bruder getötet wurde. Ich war sehr einsam und sehnte mich plötzlich nach meiner

> Mutter [sie war sechs Jahre zuvor gestorben] ... Die Familie kam zusammen bis auf [meine Brüder] Murphy und Billy. Murphy war Offiziersanwärter in Fort Benning und Billy irgendwo im Südpazifik.[7]

Sie erhielten Jacks letzten Brief, den er unmittelbar vor seinem Tod geschrieben hatte: »Hatte in letzter Zeit viel zu tun. Über eure Pakete habe ich mich furchtbar gefreut. Kann die Baseballschuhe und -handschuhe im Moment nicht gebrauchen, später sicher schon. Als ich in meinem Brief darum bat, waren wir noch am Brükkenkopf Anzio ... Es ist so lange her, seit ich geschrieben habe, ich weiß gar nicht mehr, wo ich aufgehört habe.«

Zwei Monate später kam eine weitere Nachricht, diesmal vom Stabschef im Verteidigungsministerium: »General Marshall spricht Ihnen sein tiefes Mitgefühl zum Verlust Ihres Bruders aus. Er starb im ehrenvollen Dienst für sein Land, um die Freiheit zu retten, in der er gelebt hatte.«

Jacks Leiche wurde im Frühjahr 1949 in die Vereinigten Staaten überführt. Er wurde auf einer Anhöhe über dem Tal des Keya Paha River in South Dakota begraben, inmitten der Angehörigen seiner Familie und seines Stammes, der Rosebud Sioux.

Heiligabend 1944 hörte die achtjährige Ulla Ellersdorfer ihrer Mutter zu, die auf dem Klavier ihre liebsten Weihnachtslieder spielte. Ihre Großeltern hatten Geschenke für sie und ihre beiden kleinen Brüder mitgebracht. Nur ihr Vater war nicht da. Sie hatte ihm eine Weihnachtskarte geschrieben und einen Tannenzweig darauf gemalt. Weihnachten kam kein Gruß von ihm, doch alle sagten, er werde bald von der Front heimkehren, und warteten geduldig auf einen Brief von ihm.

Anfang Januar 1945, es war ein kalter, sonniger Tag, unternahm Ullas Mutter eine Schlittenfahrt mit ihren drei Kindern. Als sie nach Hause kamen, warteten ihre Großeltern mit rotgeweinten Augen im Wohnzimmer. Der Großvater gab seiner Tochter einen Brief, der mit der Post gekommen war. Ullas Mutter lief weinend aus dem Wohnzimmer. Das kleine Mädchen erinnerte sich:

> Mein Großvater sagte zu mir, ich müsse jetzt besonders lieb sein und meine Mutter unterstützen. Vater käme nicht zurück aus dem Krieg. Das also! Später saßen wir wieder im Wohnzimmer. Es wurde dunkel, ohne daß Licht angemacht wurde. Meine Mutter und meine Großmutter weinten. Mein Großvater, im Sessel, der dem Sofa, auf dem beide saßen, am nächsten stand, streichelte über meinen Arm. Er weint nach innen – dachte ich. Ich erfuhr, daß mein Vater lange vor Weihnachten gefallen war. Lange, ehe ich den Brief an ihn geschrieben hatte. In mir blieb etwas stecken.
>
> Ich sei jetzt eine Halbwaise, sagte später meine Lehrerin. Mein Vater habe sein Leben für das Vaterland gegeben. Darauf sollte ich stolz sein. Ich spürte nichts, und ich weinte nicht.[8]

Annie Bennetts Vater wurde Mitte April 1945 in einem kleinen norditalienischen Dorf von der Kugel eines Heckenschützen getötet. Als die Familie die Nachricht von seinem Tod erhielt, brachte die Mutter ihre drei Kinder in das Haus ihrer Schwester. Tanten, Onkel, Großmutter – alle weinten:

> Es gibt kein Weinen wie das eines Menschen, der soeben eine solche Nachricht erhalten hat. Es ist wie ein Ozean. Meine Brüder und ich wurden von diesem Ozean, der uns umgab, verschlungen… Sidney war sechseinhalb, ich war viereinhalb und mein kleiner Bruder Tom, der geboren worden war, als mein Vater schon fort war, erst vier Monate. Sidney nahm mich an der Hand und kümmerte sich um mich, wie man es ihm gesagt hatte. Er war jetzt der Mann im Haus. Er erklärte mir, daß mein Vater für sein Land gestorben und ein Held sei. Eine andere Erklärung habe ich nie erhalten. Kurz danach erzählte ich einem Besucher, mein Dad habe Hitler getötet.[9]

Nancy Rougvies Vater hatte bei der US-Luftwaffe in China gedient. Er starb dort am 17. Juli 1945, knapp einen Monat, bevor die Kämpfe im Pazifik endeten. Nancy, damals zwölfeinhalb, erinnerte sich daran, daß seine Familie auch noch Briefe aus China erhielt, nachdem die Nachricht von seinem Tod eingetroffen war. Jahrelang schaute sie sich in den Wochenschauen die Gesichter heimkehrender Soldaten an, immer auf der Suche nach seinem Gesicht in der Menge, in der vergeblichen Hoffnung, ihn doch noch lebend wiederzusehen.[10]

Einige der eindringlichsten Äußerungen über den Tod ihrer Väter an der Front stammen aus Aufsätzen deutscher Schulkinder, die Ende 1945 geschrieben wurden.[11] Ein zehnjähriges Mädchen schrieb: »Aber als 1942 der erste Angriff auf Nürnberg war und die ersten Schäden sichtbar wurden, da verspürten wir erst richtig, daß Krieg ist. Kurz zuvor mußte mein Vater einrücken, und bald darauf kam er nach Rußland. Von dort kam er schwer verwundet wieder in die Heimat... Dann kam er wieder nach Rußland. Da kamen sie bis 30 km vor Moskau; aber bald mußten sie wieder zurück. Am Rückmarsch aber traf ihn eine Kugel, und das war sein Tod.«

Diesen Aufsatz schrieb ein zwölfjähriges Mädchen:

> Mein Vater war ein Schreiner. Ich war oft in seiner Werkstatt. Da hat er immer sehr schöne Möbel gemacht... Mein Vater war sehr gut. Wir gingen mit ihm immer spazieren, wenn er Zeit hatte... Als der Krieg ausbrach, mußte auch mein Vater, wie so viele andere Männer, zu den Soldaten. Er war Infanterist... und lange Zeit fort, und dann kam er einmal in Urlaub. War das eine Freude für mich und meine Mutter!... Aber zu schnell ging der schöne Urlaub zu Ende, und mein Vater mußte wieder in den Krieg ziehen. Dann war es bei uns wieder traurig und öde... Bis eines Tages ein sehr trauriger Brief kam, geschrieben von fremder Hand. Mein Vater fiel in Rußland. Er war erst 31 Jahre, als er starb. Ich werde ihn nie vergessen. Gott schenke ihm die ewige Ruhe.

Und eine andere Zwölfjährige schrieb: »1940 kam ich zur Schule. Da mußte mein Vater ins Feld. Sooft er in Urlaub kam, brachte er mir was mit. Auch schickte er mir dann Päckchen mit Süßigkeiten... Mein Vater war zwei Jahre in Frankreich, dann kam er nach Rußland... Dort wurde er schwer krank... dort ist er nach kurzer Zeit gestorben. Seine letzte Sorge war auch da wieder ich.«

Die Kinder des Zweiten Weltkriegs mußten auch Angehörige betrauern, die nicht durch Kriegseinwirkung starben. Unter den ersten, die enge Angehörige verloren, waren polnische Kinder, die man zwischen Frühjahr 1940 und Sommer 1941 aus ihrer Heimat deportiert hatte. 140 000 Kinder wurden mit ihren Familien per Lastwagen und Bahn in die Taiga geschickt, einen riesigen Waldgürtel, der sich quer durch Europa und Asien erstreckt. Sie wurden in Arbeitslager zwangsumgesiedelt. Nach einem kurzen, glühend heißen Sommer erlebten sie einen Winter, der neun Monate dauerte und in dem die Temperaturen bis auf -30° C sanken. Sie waren ständig hungrig und froren.

Hier berichtet ein polnisches Kind vom Tod der Mutter und des Bruders:

> Wir gingen in die sowjetischen Dörfer, um Kleidung gegen Nahrung zu tauschen. Eines Tages... nahm Mama den Schlitten mit; darauf stellte sie einen großen Topf, ein Kopfkissen und ein Stück Stoff, das sie noch aus Polen hatte... Mama und mein Bruder verabschiedeten sich am Montag und brachen auf... Der Tag geht vorbei, der nächste auch, draußen ist es kalt... Wir sorgen uns, weil Mama nicht heimkommt. Am Freitag kommt eine Frau zu uns und sagt, daß eine Frau und ein Junge erfroren sind. Wir alle weinten sofort, Papa läuft wie ein Wahnsinniger durch die Baracke... Ältere Schwester wurde ohnmächtig... Sie fanden sie zwei Kilometer vom Dorf entfernt. Mama saß auf dem Schlitten und hielt meinen Bruder in den Armen. Sie brachten sie auf dem Wagen in die Kolchose... Papa und Papas Freund trugen Mama und Tadzik vom Schlitten und legten sie auf den Tisch... und dann wärmte eine Frau Ziegelsteine an und wärmte den Körper und zog Mamas Kleider aus und wusch sie und zog ihr ein neues Kleid an und dem Bruder seinen Reiseanzug... Papa ließ bei einem Zimmermann Särge machen... Am Abend geleiteten wir Mami und Tadzik aus der Baracke... zum Friedhof. Wir begruben Mami zusammen mit meinem Bruder. Wir bedeckten das Grab mit Sand, und [als] wir in die Baracke kamen, lag meine Schwester krank im Bett. Das war mein schlimmster Tag in Rußland.[12]

Französische Jungen ehren im Krieg gefallene Soldaten

Kinder, die nicht deportiert wurden, waren ebenfalls in großer Gefahr. Die Bombardierung von Großstädten durch die Flugzeuge beider Seiten brachte den Tod in die Straßen, in denen Kinder wohnten und spielten; in die Vorratskammer unter der Treppe oder den Keller, in denen sie Schutz suchten; in die Schulen, wo sie sich im Untergeschoß zusammendrängten – das Geheul der Sirenen ständig in den Ohren. Manche verstummten, wenn sie nach einem Luftangriff vom Verlust ihrer Liebsten erfuhren.

Alice Brady, ein Mitglied des US-Komitees, das Hunderte britischer Kinder über den Atlantik in Sicherheit brachte, befand sich nach dem deutschen Luftangriff im Januar 1941 in Coventry. Sie schrieb in ihr Tagebuch:

> Viele Kinder wandern wie betäubt umher... Manchmal... warten [sie] vergeblich auf Mama und Papa. Ein kleines Mädchen, das mit niemandem gesprochen hatte, seit es beim Luftangriff verwundet wurde, lag im Krankenhaus. Die Eltern waren getötet worden. Eine freundliche Nachbarin... durchsuchte die Trümmer des Hauses und fand die Puppe des Mädchens, flickte sie, brachte sie ins Krankenhaus und drückte sie dem Kind in die Arme. Die Kleine fragte: »Du ungezogenes Mädchen, weißt du nicht, daß ich dich wochenlang gesucht habe? Wo bist du gewesen?« Dies waren die ersten Worte, die sie seit ihrer Verwundung gesprochen hatte.[13]

Laurencia Abatayo war sieben Jahre alt, als die Japaner im Dezember 1941 Pearl Harbor bombardierten. Sie erinnerte sich an die Wochenschauen, die nach dem Kriegseintritt der Vereinigten Staaten im Kino liefen. »Wir sahen, wie die Amerikaner Deutschland bombardierten«, berichtete sie. »Alle im Kino klatschten Beifall.«

Vier Monate nach Kriegsausbruch riß ein Unfall ihre Familie auseinander. An einem Märztag des Jahres 1942 befand sich ihr Vater auf den Zuckerrohrfeldern, wo er als Vorarbeiter tätig war, als ein Kollege einen Blindgänger fand, den die Japaner am 7. Dezember abgeworfen hatten. Der Mann hob die Bombe hoch, um sie Laurencias Vater zu zeigen. Sie glitt ihm aus der Hand und explodierte. Beide Männer waren auf der Stelle tot.

Laurencia erinnerte sich:

> Ich war in der Schule, als sich der Unfall ereignete. Meine Mutter, die damals schwanger war, erhielt die Nachricht zu Hause. Sie und eine Freundin holten mich von der Schule

Eine britische Kriegswaise, die von der US-Luftwaffe adoptiert wurde, salutiert

ab... Meine Mutter weinte, aber ich verstand nicht, weshalb. Erst als sie die Leiche meines Vaters zu uns brachten... begriff ich, daß er gestorben war... Einige Jahre nach Kriegsende begann ich zu verstehen, was damals geschehen war. Manchmal dachte ich an Hiroshima... und hoffte, daß die Japaner und Russen uns niemals so etwas antun werden.[14]

Der dreizehnjährige Hans Sester verlor seine Eltern und seine zweijährige Schwester im Feuersturm, der nach einem Luftangriff gegen Mitternacht des 29. Juni 1943 in Köln tobte. Sie starben in einer Phosphorwolke, die ihre Straße einhüllte und den Asphalt der Gehwege zum Schmelzen brachte. Hans fand Zuflucht in einem Luftschutzbunker und entdeckte dort seinen sechsjährigen Bruder in den Armen eines Fremden. Am nächsten Morgen gelang es den beiden Jungen, sich durch den dichten Rauch der brennenden Häuser zu einer Tante durchzuschlagen, die in einem Vorort lebte und sie bei sich aufnahm. Hier warteten sie vergeblich auf die Rückkehr ihrer Eltern. Hans beschreibt die Beerdigung seiner Mutter in der ersten Juliwoche:

> Sie zeigten uns nicht ihre Überreste, die teilweise verbrannt waren... Ich tröstete mich mit dem Gedanken, daß sie aufgrund von Sauerstoffmangel das Bewußtsein verloren hatte, bevor sie starb... Bei der Beerdigung trug ich einen dunkelbraunen Anzug, den mir ein mitleidiger Mensch geschenkt hat, und hoffte entgegen aller Vernunft, daß mein Vater jeden Augenblick wiederkehren könne. Die sterblichen Überreste meines Vaters und meiner kleinen Schwester Karin wurden nie gefunden. Wahrscheinlich wurden sie in einem Massengrab auf dem Kölner Südfriedhof bestattet – mit militärischen Ehren und großem Pomp. Mein Bruder und ich mußten nun mit der Tatsache fertig werden, daß wir in jener furchtbaren Nacht zu Waisen geworden waren und nur hoffen konnten, unsere Eltern und unsere kleine Schwester an einem Ort wiederzusehen, »wo es keinen Tod, keine Traurigkeit, keinen Kummer und keine Sorge gibt« (wie es im Neuen Testament heißt). Wir waren dankbar, daß wir unsere Tante hatten, die uns bei sich aufnahm und für uns sorgte. Unser Leben ging weiter, der Krieg leider auch.[15]

Eine vierzehnjährige Deutsche erinnerte sich an eine Nacht im Jahre 1944, die ihr ganzes Leben verändern sollte:

> Die Sirenen heulten, und meine Mutter, mein Bruder und ich gingen mit dem Gepäck in einen öffentlichen Luft-

> schutzkeller, den wir schon den ganzen Krieg hindurch aufsuchten... Kaum waren wir im Keller, flogen die Bomben, und es krachte an allen Ecken... Nach dem Angriff kam mein Vater zu uns in den Keller und sah sich nach uns um. Als er wieder hinaufwollte, kam er gleich wieder zurück und teilte uns mit Schrecken mit, daß auf einmal der Ausgang und alle Durchbrüche verschüttet wären. Vor lauter Rauch bekamen wir bald keine Luft mehr, und wir versuchten mit einer Luftpumpe unser Glück. Aber es half nichts, denn wir waren ja über fünfzig Personen. Nicht einmal eine Kerze brannte. So saßen wir im Dunkeln und warteten mit der einen Hoffnung, daß sie uns am Tage wieder ausgraben würden. Doch es dauerte nicht lange, so schlief ich auf dem Schoß meiner Mutter ein. Alle wurden bewußtlos. Als ich wieder aufwachte, lag ich im Bunker des Schulhauses. Nach zwei Tagen kam ich ins Kinderspital und erfuhr dort erst nach anderthalb Monaten von meinen Großeltern, daß auch meine Eltern und mein Bruder ein Opfer des Angriffs waren. Dieses Erlebnis werde ich nie vergessen, denn dadurch hat für mich ein ganz anderer Lebensweg begonnen.[16]

In den letzten Kriegsmonaten stiegen die zivilen Verluste in schwindelerregende Höhen. Ein zwölfjähriges Mädchen war während eines schweren Luftangriffs auf Nürnberg am 2. Januar 1945 gerade bei Freunden in einem benachbarten Vorort zu Besuch. Einige Monate später schrieb sie: »Wir saßen zusammengeduckt in einer Ecke. Bei jedem Schlag gab es mir einen Stich in das Herz. Ein paar Tage darauf erfuhr ich, daß eine Sprengbombe auf unser Haus fiel. Mein lieber Vater war im Keller, und es erschlug ihn mit fünfundzwanzig anderen. Ich stand nun ganz allein auf der Welt. Denn ich hatte schon in meinem achten Lebensjahr meine liebe Mutter verloren.«

Einer der letzten großen Luftangriffe auf Ingolstadt erfolgte am 1. März 1945. Eine Vierzehnjährige beschrieb, wie sie während des Bombardements von ihren Eltern getrennt wurde:

> Da war ich gerade in der Schule, da war Fliegeralarm... Kaum hatte ich hinter mir die Kellertüre zugemacht, da fielen schon die Bomben... Nach einiger Zeit war wieder

Ein verängstigtes Waisenkind sucht bei einem erwachsenen Freund Schutz und Trost

Ruhe. Da kam die Entwarnung. Ich ging hinaus... da war schon wieder Alarm, auf einmal kamen schon die Tiefflieger. Ich lief sofort in den Keller. Nach einiger Zeit ist wieder Ruhe gewesen. Aber wie ich hinausging, da brannte schon die halbe Stadt. Ich ging heim... Aber da war ein Unglück geschehen, meine Mutter war ums Leben gekommen, denn sie ist zu Hause geblieben. Mein Vater war in der Arbeit. Ich lief zu ihm und erzählte ihm, daß die Mutter tot

> sei. Da rollten ihm schon die Tränen aus den Augen. Er ging nach Hause. Am nächsten Tage wurde meine Mutter begraben.

Zwei Wochen später war der Krieg in Europa vorbei. Im Pazifik ging er noch bis zum 15. August 1945 weiter, dem Tag, an dem Kaiser Hirohito die bedingungslose Kapitulation Japans unterzeichnete.

An jenem Tag freute sich die sechsjährige Keiko Sasaki auf die Rückkehr ihrer Mutter aus Hiroshima. Keiko wohnte bei ihren Großeltern auf dem Land. Nach dem Abwurf der Atombombe war ihre Großmutter in die Stadt gefahren, um ihre Tochter zu suchen. Als sie eine Woche später wiederkam, fragte das kleine Mädchen eifrig: »Wo ist Mutter?« Ihre Großmutter antwortete: »Ich trage sie auf meinem Rücken.« Als Keiko das hörte, rief sie fröhlich: »Mama!« Doch dann sah sie, daß ihre Großmutter nur einen Rucksack trug. Ihr Herz zog sich zusammen. Ihre Großmutter und die Nachbarn, die in ihr Haus gekommen waren, brachen in Tränen aus.

> Ich dachte, warum weinen sie nur? Ich konnte es nicht verstehen. Großmutter holte den kleinen Kasten aus dem Rucksack und zeigte ihn herum. Darin lagen nur der Goldzahn meiner Mutter und ein Ellbogenknochen. Selbst da verstand ich es noch nicht. Auch nicht, als ein Jahr verging und noch ein Jahr und Mutter immer noch nicht wiederkehrte. Drei Jahre danach besuchte ich die dritte Klasse; da begriff ich endlich, daß Mutter gestorben war. Danach vermißte ich Mama sehr und ging beinahe jeden Tag zu ihrem Grab.[17]

10
Das Leben geht weiter

In allen Ländern Europas – mit Ausnahme des besiegten Deutschland – läuteten im Mai 1945 die Glocken. Die Menschen in England, Frankreich, Rußland und all den befreiten Ländern strömten auf die Straßen, sangen und tanzten und weinten vor Freude. Drei Monate später war auch der Krieg im Pazifik vorbei. Die gewaltigste Vernichtungsaktion in der Geschichte der Menschheit war zu Ende. In den Vereinigten Staaten wurden große Siegesparaden abgehalten.

Für die Kinder Europas und Asiens, die den Krieg überlebt hatten, galt es nun, im Frieden zu bestehen. Millionen hatten ihr Zuhause verloren; Millionen waren verwaist; und viele hatten zwar Eltern, wußten aber nicht, wo diese sich befanden. In Europa hausten Kinder wie »Wolfsrudel« in Stadt und Land. Sie erbettelten oder stahlen Essen, Feuerholz und die Lumpen, die sie trugen. Sie suchten Zuflucht in den Kellern ausgebombter Häuser. Die deutsche Kapitulation brachte die Befreiung des besetzten Europa, aber das Elend vieler Kinder ging weiter.[1]

Es gab nicht genug zu essen. Vertriebene Deutsche und Flüchtlinge aus dem Osten strömten ins Land, bis schließlich ein Fünftel mehr Menschen in Deutschland lebte als vor dem Krieg. Dreitausend Flüchtlingskinder kamen Tag für Tag nach Berlin. Viele von ihnen hatten sich verirrt oder waren im Stich gelassen worden. In Bayern richtete man ein Lager für 300 000 Kinder ein. Sie litten unter diversen Krankheiten, darunter Skorbut und Rachitis, doch konnte man ihnen kaum mehr zu essen geben als Mehlsuppe und Haferschleim.

Gegen Ende des Jahres 1945 erreichte der Mangel an Lebensmitteln erschreckende Ausmaße. Die offizielle Ration sank zeitweise auf 900 Kalorien pro Tag – 2000 weniger, als normalerweise für eine gesunde Ernährung erforderlich sind. (Im Winter 1947 sank die Zahl auf 600 bis 750 Kalorien täglich.) In vielen Städten waren im Herbst die Lebensmittelvorräte erschöpft, und aufgrund der

zerstörten Verkehrsverbindungen war es schwer, sie wieder aufzufüllen. Mütter setzten Babys aus, weil sie sie nicht ernähren konnten. Die Säuglingssterblichkeit stieg auf 107 von 1000 Lebendgeburten und lag damit um 100 Prozent über den Vorkriegszahlen. Ende 1945 wies mehr als die Hälfte der Kinder in Deutschland Anzeichen von Unterernährung auf, und bei jungen Mädchen setzte, wie bei mir, die Menstruation aus.

Kinder stahlen Essen aus den Depots der Alliierten und durchstöberten den Müll. Ich wurde Expertin darin, Speisereste und Reisig zu sammeln und Rüben und Kartoffeln von nahegelegenen Feldern zu stibitzen. Auch verstand ich mich darauf, Kohle von den Bahngleisen und Holz aus dem Wald zu stehlen – im Dunkeln, denn die Alliierten hatten für unsere Stadt Verdunkelung angeordnet. Bevor die Schule wieder anfing, arbeitete ich im Sommer und Herbst auf einem Bauernhof und wurde jeden Tag mit einer übriggebliebenen Brotkruste und einer kleinen Blechtasse Milch entlohnt, was für meine Mutter und mich – den Rest unserer Familie – reichte. Als der Bauer allerdings »Hektor«, ein sanftes, weißes Zugpferd, auf dem ich immer geritten war, schlachtete, konnte ich keinen Bissen von dem Gulasch, das man aus ihm bereitete, essen. Ich hatte Hektor ebenso geliebt wie meinen Hund Lux, der während der Luftangriffe geduldig neben mir im Keller gesessen hatte.

Als im Herbst 1945 der Unterricht wieder begann, strömten zerlumpte, halbnackte Kinder in die Schulen, barfuß und wie benommen, weil sie kein Frühstück bekommen hatten. Die meisten Schulgebäude waren teilweise zerstört und ungeheizt, auch fehlte es überall an Stiften und Papier. So kam es, daß ich meinen ersten Aufsatz über die Vorteile der Demokratie in ein zerrissenes Sammelalbum schrieb, in dem ich vor Jahren über ein aufregendes Sommerlager auf der Lorelei berichtet hatte. Für meinen Aufsatz über das Lagerleben hatte ich eine Eins bekommen, doch meine Ausführungen über die Demokratie wurden mit Ach und Krach als bestanden

Hungrige deutsche Kinder in Frankfurt

Ein Straßenkind belauscht ein Gespräch unter Erwachsenen in der Hoffnung, etwas zu erfahren, das ihm hilft zu überleben

eingestuft. Ich hatte zu viele Zweifel an dieser Errungenschaft geäußert. Nach dieser Erfahrung war ich drauf und dran, die Schule zu verlassen und mich mit Schmuggel oder Schwarzhandel durchzuschlagen. Ich war klein, drahtig und konnte sehr schnell laufen, wenn Grenztruppen oder Militärpolizei auftauchten. Meine Mutter flehte mich an, in der Schule zu bleiben. Und ich blieb.

Ich stand mit dieser Erfahrung nicht allein. Zwei ungefähr gleichaltrige Jungen aus Nürnberg verfaßten Ende 1945 Schulaufsätze, die den Titel »Wie ich jetzt lebe« trugen. Ein Vierzehnjähriger schrieb:

> Wir verloren am 2. 1. 1945 unsere ganze Wohnung durch Fliegerangriff und mußten uns darum nach einer anderen Wohnung umschauen... Im Schlafzimmer ist heute viel kaputt... Die Küche haben wir notdürftig hergestellt. Fenster waren nicht darin... Abends, wenn mein Vater von schwerer Arbeit heimkommt, müssen wir fast im Finstern sitzen, nur eine kleine Petroleumlampe erhellt das Zimmer. Wir müssen bald schlafen gehen, wenn wir nicht im Dunkeln sitzen wollen... Ich habe keinen Anzug, meine Hosen und Strümpfe sind schon ganz verflickt... Ich habe nur ein einziges Paar Schuhe, und das ist reparaturbedürftig... Bei schlechtem Wetter bin ich gezwungen, der Schule fernzubleiben.

Ein dreizehnjähriger Junge schrieb:

> Als die Amerikaner kamen und der Artilleriebeschuß einsetzte, wurde das ganze Dach abgedeckt. Die Fenster wurden natürlich auch zerschmettert... Nachts, wenn es regnete, war mein Bett immer naß... Ich hatte keine einzige lange Hose mehr... Doch schließlich gab mir mein Vater eine alte Hose von sich, die war mir aber sehr zu groß. Meine Großmutter mußte sie mir erst hinaufnähen und zusammenflicken... Meine Schuhe sind restlos erschöpft. Mein Onkel schenkte mir welche, die ich aber auch erst zum Schuster schaffen mußte. Als der Schuster sah, daß ich sonst keine mehr hatte, überließ er mir ein Paar von seinem alten Vorrat... Jetzt habe ich wenigstens Schuhe.[2]

Trotz all dieser nahezu hoffnungslosen Umstände zeigten die meisten Kinder eine erstaunliche Anpassungsfähigkeit. Viele halbwüchsige Söhne übernahmen die Aufgaben ihrer Väter und lernten sehr rasch, wie man sich durchschlägt, sie waren geschickt und selbständig wie Erwachsene. Die Mutter eines elfjährigen Jungen, dessen Vater noch in einem russischen Kriegsgefangenenlager war, hatte einen ganz besonderen Überlebenspakt mit ihrem Sohn geschlossen:

> Ich bin zu den Bauern gefahren und hab die gefragt, was die so brauchten. Das waren meist Nägel oder Garn oder Kerzen oder so was. Und dann hat mein Sohn unsere Zigaretten oder Milchmarken am Schwarzmarkt gegen die Sachen getauscht, die die Bauern brauchten. Mein Sohn war damals erst elf Jahre alt, aber handeln konnte der. Mir lag der Schwarzmarkt gar nicht, ich war zu doof dazu. Aber auf meinen Sohn konnte ich mich verlassen. Der hat schon die Nägel irgendwie aufgetrieben. Und ich bin dann mit den Nägeln und dem Garn und so zu den Bauern gefahren und hab sie gegen Kartoffeln und Gemüse getauscht. Ich war kein großer Schieber, aber ein gehobener Hamsterer. So hatten wir am Ende viel mehr, als wir auf die Karten in Berlin gekriegt hätten.[3]

Ungeachtet der Kälte, des Hungers und der engen Wohnverhältnisse empfanden einige Kinder das Überleben als Abenteuer. Selbst die Jüngsten mußten oft erfinderisch sein, um Essen aufzutreiben. Die Invasion hatte zu einem völligen Zusammenbruch von Nahrungsmittelproduktion und -handel in Deutschland geführt, doch die alliierten Truppen, vor allem die Amerikaner, eröffneten mit und ohne Absicht neue, andersartige Bezugsquellen. Oft gingen Kinder in die Küchen der Militäreinrichtungen, wo sie bettelten oder Essen mitgehen ließen, das die Soldaten weggeworfen hatten. Sie staunten angesichts der schier unglaublichen Verschwendung der Besatzer.

Manchmal bewachten bewaffnete Soldaten den Müll, damit die Kinder nichts mitnahmen, und ließen ganze Wagenladungen Apfelsinen einfach verfaulen. Heimatlos gewordene Jungen hängten sich an amerikanische Einheiten und folgten ihnen überall hin. Junge Mädchen dienten sich alliierten Soldaten an; ein Päckchen Zigaretten war der Preis.

Die Soldaten hatten viel zu bieten. Kinder und Jugendliche konn-

Ein Junge schiebt einen Karren voll gestohlener Lebensmittel

ten leicht mit ihnen handeln – und sie bestehlen. Es gab viele Erwachsene, die gern die Kinder ausbeuteten. Gewohnheitsverbrecher und Deserteure aller Armeen, die aus Verzweiflung kriminell geworden waren, wetteiferten in dem riesigen Syndikat, das die Schwarzmärkte Europas belieferte. Kinder fanden Arbeit bei diesen Leuten, die sich darauf verstanden, ihre Harmlosigkeit, die sie unverdächtig erscheinen ließ, und ihre flinken Finger und ihren scharfen Verstand auszunutzen. Eine verlockende Laufbahn für mich!

Doch ich blieb in der Schule und bemühte mich, die durch den unregelmäßigen Unterricht der vergangenen Jahre entstandenen Lücken zu schließen. In meiner Klasse saßen bis zu siebzig Schüler – von denen acht das Notabitur machten. Die Stunden fanden ohne Landkarten, Tafeln und Kreide statt; als wir endlich Bücher erhielten, hatte man sie zensiert und teilweise unkenntlich gemacht – wieder einmal wurde die Geschichte umgeschrieben, diesmal unter der Regie der Besatzungstruppen. Die Lehrer – meist ältere Män-

Kinder in einer Quäkerschule

ner, Frauen und verkrüppelte Veteranen – waren erschöpft. Von ihnen war wenig Hilfe zu erwarten.

Victor Gollancz, ein britischer Journalist, der in jenem Jahr »das dunkelste Deutschland« erkundete und von dem, was er dort sah, entsetzt war, gelangte in seinem Buch zu dem Schluß, daß die seelische Verfassung der Kinder am schlimmsten sei – schlimmer als die Unterernährung, die Überfüllung, die kaputten Schuhe, die man in den Schulen sah.[4] Er mag aus seiner Perspektive recht gehabt

Ein Kind vor heißersehnten Süßigkeiten

haben. Doch wenn ich an das Jahr 1945 denke, erinnere ich mich, daß ich damals eines meiner Lieblingsbücher kennenlernte, Antoine de St. Exupérys *Der kleine Prinz.* Einige Klassenkameradinnen und ich lasen einander das Buch bei Kerzenlicht wieder und wieder vor. St. Exupéry, der französische Pilot und Poet, widmete es seinem Freund, der »hungert und friert... und sehr notwendig einen Trost [braucht]«. Zwei seiner Botschaften haben mich ein Leben lang begleitet: »Man sieht nur mit dem Herzen gut. Das Wesentliche ist für die Augen unsichtbar« und »Du bist zeitlebens für das verantwortlich, was du dir vertraut gemacht hast«. Durch diese Worte konnte ich die Zerstörung um mich herum anschauen und verlor dennoch nicht die Hoffnung.

Monat um Monat beobachtete ich durch die zerbrochenen Scheiben unseres Hauses die Massen von Flüchtlingen und Verschleppten, die durch die zerstörten Straßen am Rhein zogen. Zum erstenmal im Leben sah ich Überlebende aus Konzentrationslagern in ihren gestreiften Anzügen. Wie mein Freund Peter Palmié, der heute als Kinderarzt in Bayern lebt und die gleichen geisterhaften Gestalten auf der Straße von Dachau nach Garmisch erblickte, fragte ich mich, wer sie sein mochten und welche Hölle sie hinter sich gelassen hatten. Es dauerte ein Leben lang, dies zu verstehen und ansatzweise gutzumachen, was Deutsche ihnen angetan hatten.

Nach unterschiedlichen Schätzungen waren zwischen 30 und 40 Millionen Menschen aus ihren Heimatländern in Europa und Asien vertrieben und verschleppt worden. Acht Millionen *displaced persons* waren in Westeuropa, die meisten davon in Deutschland. Nach dem langen, verzweifelten Alptraum der deutschen Kriegsgefangenen-, Arbeits- und Konzentrationslager übernahmen nun die Alliierten die Verantwortung für diese Menschen. Sie stellten sich umgehend der ungeheuren Aufgabe, die Überlebenden mit Lebensmitteln, Kleidung und Unterkunft zu versorgen, sie zu identifizieren und getrennte Familien zusammenzuführen.[6]

Obwohl ungefähr sieben Millionen *displaced persons* letztlich repatriiert wurden, weigerte sich über eine Million Männer, Frauen und Kinder, in ihre Heimatländer zurückzukehren. Sie blieben in Lagern der westlichen Besatzungszonen, vor allem in Deutschland, Österreich und Italien. Diese Flüchtlinge stammten meist aus den baltischen Staaten, Estland, Lettland und Litauen, und dem östlichen Polen – Regionen, die Teil der Sowjetunion wurden. Ein Viertel davon waren Kinder.

Eines dieser Kinder war Sara Glickstein, eine polnische Jüdin, die die ersten sechs Jahre ihres Lebens ständig auf der Flucht gewesen war. 1939, als Sara noch ein Baby war, hatten die Sowjets sie aus Polen verschleppt. Ihre Familie hatte mehrere Jahre in Sibirien verbracht und war gegen Kriegsende über Kasachstan wieder nach

Warschau gelangt. Dort fanden sie eine zerstörte Stadt vor, ihr Heim lag in Trümmern. Sara erinnerte sich, daß sie im Schutt eine zurückgelassene Puppe entdeckte und mitnehmen wollte. Ihre Mutter erklärte ihr aber, daß die Puppe einem anderen Kind gehöre, das vielleicht eines Tages kommen und die Puppe zurückfordern werde.

Schließlich landete die Familie in einem D.-P.(*displaced persons*)-Lager in Bayern, wo Sara zum erstenmal im Leben die Schule besuchte. »Alles war sehr geregelt«, berichtete sie. »In Mathematik bekam ich Privatunterricht. Das Lager war herrlich gelegen – dort begann meine Liebe zur Natur. Wir unternahmen viele Ausflüge. Wir erfuhren etwas über das bayrische Kunsthandwerk – ich weiß noch, daß mich die Glasbläserei faszinierte. Sie haben wirklich viel für uns getan. Ich war dort ein glückliches Kind.«

Saras kleine Familie hatte Glück. Sie lebte in einem Haus, in dem sie sich ein Zimmer teilten, und kurz nach ihrer Ankunft wurde eine kleine Schwester geboren. Sie blieben in diesem Lager – Saras Vater hatte dort einen Beruf erlernt –, bis sie in die Vereinigten Staaten emigrierten.

Agate Nesaule aus Lettland befand sich in einer Gruppe, die die Briten von einem D.-P.-Lager ins nächste verlegten, da die privaten Unterkünfte nach und nach Zivilisten übergeben wurden. In fünf Jahren zog sie mit ihrer Familie ein Dutzend Mal um. Manchmal lebten sie in erträglichen, abgetrennten Räumen in Kasernen oder Nissenhütten; dann wieder landeten sie in finsteren Quartieren, deren Fenster bei Bombenangriffen zerstört und vernagelt worden waren und kaum Licht hereinließen. Die Räume waren durch Decken, Bettücher, Sperrholz oder Pappe unterteilt, um wenigstens einen Anschein von Privatsphäre zu erwecken.

In ihren Memoiren *A Woman in Amber* berichtete Agate, welcher Wert der Schulbildung in den D.-P.-Lagern beigemessen wurde. »Der Reichtum des Herzens rostet nicht«, erklärten ihre Lehrer.[7] Die Schule bot ihr einen verläßlichen Halt. In jedem Lager organisierten nationale Gruppen ihre eigenen Schulen, damit die Kinder den im Krieg versäumten Unterricht aufholen konnten. Selbst Erstkläßler gingen sechs Tage in der Woche von morgens bis mittags zur Schule, und man gab den Kindern umfangreiche Hausaufgaben auf, damit sie nachmittags beschäftigt waren. Die Maßstäbe waren allgemein hoch, man achtete auf strenge Disziplin. »Endlich gab es

Obdachlose Kinder unterwegs zu einem unbekannten Ziel

etwas Positives«, erinnerte sich Agate. »Ich wußte, wenn ich mich genügend anstrengte, konnte ich fast alles schaffen. Dies verschaffte mir echte Befriedigung und ein Gefühl der Kontrolle.«

Die meisten schulpflichtigen Kinder in den D.-P.-Lagern lernten mehrere Sprachen, was ihnen bei der Emigration in andere Länder, vor allem die Vereinigten Staaten, sehr zugute kommen sollte. Marija Stankus-Saulaitis aus Litauen war acht Jahre alt, als sie ein

D.-P.-Lager verließ und mit ihren Eltern und ihrem zehnjährigen Bruder nach Waterbury, Connecticut, auswanderte. Von ihrer Mutter, die als Dolmetscherin für die Amerikaner arbeitete, hatte sie Brocken aus neun verschiedenen Sprachen aufgeschnappt. Sie denkt weniger gern an die Schule zurück als Sara und Agate: »Im D.-P.-Lager hatten wir endlich Schulunterricht, aber auf dem Weg dorthin mußten mein Bruder und ich an den amerikanischen Kasernen vorbei. Die Kinder dort warteten auf uns, rannten hinter uns her und warfen Steine. Mein Bruder hielt meine Hand ganz fest und zog mich durch die Straßen.«[8] Dennoch lernten die drei Kinder in den Lagern die Liebe zu Büchern, die sie ein Leben lang begleiten sollte.

Es gab noch andere Kinder auf der Seite der Sieger, die sich nicht richtig über das Ende des Krieges freuen konnten. Die japanisch-amerikanischen Kinder, die die Umsiedlerlager verlassen hatten, fühlten sich wie Verschleppte im eigenen Land und wurden von Menschen verhöhnt, die die »Japse« gehaßt hatten. Isao Fujimoto erinnerte sich:

> Für manche Leute war es zu gefährlich, in ihre Heimatstädte zurückzukehren; andere wiederum hatten im Grunde keinen Ort, an den sie zurückgehen konnten, weil man ihre Häuser und Geschäfte zerstört hatte... Zunächst arbeitete mein Dad als Hilfsarbeiter und reparierte Bahngleise, dann wandte er sich wieder der Landwirtschaft zu und pflanzte Erdbeeren. Als wir uns schließlich in Pleasanton niederließen, wo sich ein Marinestützpunkt befand, empfing uns eine feindselige Atmosphäre. Die Leute kamen zu uns Kindern und riefen: »Was wollt ihr Japse hier? Verzieht euch!« Dies schleuderten sie mir, damals 12, und meinem sechsjährigen Bruder entgegen – dabei waren wir in Amerika geboren! Allerdings konnte ich Judo, also ließen sie mich bald in Ruhe... Wirklich gerettet hat mich jedoch das Baseballspiel! Im Lager hatten wir nichts anderes gespielt. Der Direktor steckte mich in die Schulmannschaft, und als ich alle Läufe holte, begegneten mir die Menschen auf einmal anders, sogar die Putzfrau, die mich immer beschimpft

> hatte… Ich hatte auch sehr freundliche Lehrer; einige davon waren Veteranen, aber sehr weltoffen, und sie unterstützten mich. Selbst der katholische Priester, der wußte, daß ich Buddhist war, behandelte mich sehr freundlich und half mir, einen Job als Samenverkäufer zu finden. Und als ich von Tür zu Tür ging und Samen verkaufte, begriff ich, daß nicht alle Weißen mich haßten. Es gab Iren, Deutsche, Portugiesen… Da wurde mir klar, wie verschieden die Menschen in diesem Land sind. Ich glaube, seitdem interessiere ich mich für die Arbeit, die ich heute mache – den Aufbau multikultureller Gemeinschaften.[9]

Keith Barton war der Sohn eines Mitglieds der Plymouth Brothers, und sein Vater hatte wie die Quäker aus Gewissensgründen den Kriegsdienst verweigert. Er arbeitete während des Zweiten Weltkriegs bei landwirtschaftlichen Projekten in Südengland mit. Als Keith nach dem Krieg in die Grundschule kam, entdeckte er, daß er ein Außenseiter war.

> Es gab einen Krieg, an dem mein Dad hätte teilnehmen sollen, doch das hatte er nicht getan. Es hieß: »Was hat *dein* Dad im Krieg gemacht?« Und ich antwortete: »Er hat im Süden gearbeitet.« Die anderen Kinder zogen mich oft auf, da sie ihn für einen Feigling hielten und mich gleich mit. Deswegen habe ich oft Streit bekommen. Als ich acht war, bekam ich ungeheure Schwierigkeiten, nachdem ich einen Dachziegel nach einem meiner Peiniger geworfen und ihn damit am Kopf verletzt hatte.

Am 24. Dezember 1945 feierten die zehnjährige Regina Schwenke und ihre Familie Weihnachten wieder im Frieden. In Berlin waren Christbäume damals eine Seltenheit und noch schwerer zu finden als ein Haus, das nicht von Bomben oder Granaten zerstört worden war. Ihre beiden Brüder beschlossen, selbst einen Baum zu basteln. Sie bohrten Löcher in einen Besenstiel und steckten Tannenzweige hinein. Als sie die ungewöhnliche Konstruktion vollendet hatten, brach der Besenstiel entzwei. Doch die Jungen ließen sich nicht so leicht entmutigen. Sie fanden einen zweiten Besenstiel, banden die

Ein alter Mann, den GIs zu einer Weihnachtsfeier eingeladen haben, teilt seinen Kakao mit einem kleinen Mädchen

Zweige zu einer Pyramide und stellten den Stiel in einen Eimer mit Sand. Der »Baum« war zu wackelig, um Kerzen zu tragen, doch die Kinder schmückten ihn mit Stanniol, das sie bei den Luftangriffen gesammelt hatten.

Regina und ihre Geschwister bestaunten ihren Weihnachtsbaum, obgleich er eher an eine Vogelscheuche erinnerte. Die Zweige hatten die Kinder von Tannen in einem nahegelegenen Park abgeschnitten. Zum Schutz vor Diebstahl waren sie mit einer Flüssigkeit besprüht worden, und die Kinder überdeckten den Geruch, indem sie ihren Baum mit Parfümresten, selbstgebranntem Kartoffelschnaps und Weihrauch behandelten. Leider half es nicht viel, und sie öffneten die Fenster und ertrugen die Kälte, bis sie ihre Weihnachtslieder gesungen und die selbstgebastelten Geschenke erhalten hatten.

An diesen Heiligabend sollte Regina sich ihr ganzes Leben erinnern – obwohl die Ausdünstungen der Tannenzweige schließlich so unerträglich wurden, daß die Jungen den Baum auf den Balkon stellten. Als sie sich gerade zum Essen setzen wollten, klopfte ein Fremder an die Tür. Er fragte nach seinem Vater, der in diesem Haus gewohnt hatte, und erfuhr, daß der alte Mann einem Bombenangriff zum Opfer gefallen war. Der Fremde wollte schon gehen, doch die Kinder bestanden darauf, daß er blieb und einen Teil ihrer mageren Rationen erhielt. So erlebte er ein wenig Weihnachtsfreude.

Am nächsten Morgen gingen Regina und ihre Familie in die Weihnachtsmesse. Die Predigt handelte von Leid und Überleben, von Gottvertrauen und Hoffnung auf die Zukunft. Und dann sangen die Kinder mit großer Begeisterung und Freude: »Welt ging verloren, Christ ist geboren. Freue dich, freue dich, o Christenheit!«

Am Silvesterabend 1945 schloß ein dreizehnjähriges Mädchen aus Hamburg, deren Schwester Sybille und Großmutter im Feuersturm umgekommen waren, den Aufsatz über die anschließende Odyssee der Familie mit den folgenden Sätzen:

> Als wir nach Kriegsende nach vielen Irrfahrten mit dem Rest unserer zerbombten Habe wieder in Kiel angelangt waren, sagte Vati: »Sieben Jahre habe ich keine Familie gehabt, nun will ich endlich mit euch zusammensein. Wir sind alte Hamburger, ich will euch dort und bei mir haben.« – Und so sind wir nun seit Mai in Langenhorn-Nord. Nachdem ich beim vierzehnten Schulwechsel dreiviertel Jahr im Kieler Lyzeum am Ravensberg war, kam ich jetzt in

> die fünfzehnte Schule, und hier möchte ich nun auch wirklich nicht wieder fort. Mein Bruder ist sieben und acht Jahre alt geworden, und es war trotz des Hungers ein so schöner Sommer wie lange nicht. Auch Mutti hat schon dann und wann richtig gelacht wie früher andere Muttis, und Vati ist auch jeden Tag abends zu Hause. Das ist ganz wundervoll. Obgleich wir immer nur fünf Grad in unserem Zimmer haben und Weihnachten keinen einzigen Kuchen hatten, war das Fest schön wie lange, lange nicht. Mutti sagte: »Kinder, darf ich euch an die schweren Bombennächte erinnern, und daran, daß wir damals sagten, wir wollen alles, alles tragen, wenn nur die furchtbaren Bombennächte und Angriffe aufhören, wißt ihr noch?« Dann haben wir denn auch den Sylvesterkuchen nicht mehr entbehrt, und wenn wir einen Ofen bekommen, wollen wir das Ostern nachholen... Wir alle atmen nach all den schrecklichen Jahren und Stunden und Todesschrecken langsam wieder auf. Trotz Hunger und Kälte möchten wir alle nicht wieder umziehen und nie wieder Krieg, und ich möchte in meiner fünfzehnten Schule hier bleiben, bis ich mein Abiturientenexamen bestanden haben. Aber das ist ja noch furchtbar lange Zeit bis dahin. Erstmal sind wir vier Nachgebliebenen froh, daß wir beisammen sind.[11]

Zur selben Zeit besuchte Kiyoko Yamasaki am anderen Ende der Welt in Südjapan einen buddhistischen Schrein und sprach ein Gebet für das neue Jahr. Kiyoko war als Achtjährige mit ihrer Mutter und zwei jüngeren Schwestern aus San Francisco nach Japan gekommen, bevor der Zweite Weltkrieg ausbrach. Ihre Mutter war 1944 gestorben, ihr Zuhause 1945 von amerikanischen Bomben zerstört worden. Sie und ihre Schwestern besaßen nur noch die Kleider, die sie trugen, und die wenigen Habseligkeiten, die sie in einem Koffer in einer Grube unter dem Haus versteckt hatten. Was mit ihrem Vater geschehen war, der in Kalifornien geblieben war, wußten sie nicht. Seit Kriegsausbruch war die Verbindung zu ihm abgerissen. Kiyoko betete für ihre tote Mutter und den fernen Vater.

Als sie an jenem Tag in das Haus ihres Onkels zurückkehrte, fand sie dort eine Postkarte vor. Sie stammte von ihrem Vater, der aus dem Internierungslager in Tule Lake, Kalifornien, entlassen worden war. Er schickte ein Essenspaket für seine hungrigen Töchter und Geld für die Überfahrt in die Vereinigten Staaten. Die lange Odyssee der Yamasaki-Schwestern, die auf beiden Seiten des Pazifiks, bei Siegern und Besiegten ihre Wurzeln hatten, sollte bald vorüber sein.

11

DIE GÜTE DER FREMDEN

Das Englische besitzt einen Ausdruck, für den es in keiner anderen Sprache eine genaue Entsprechung gibt: »to be kind«. Es bedeutet, jemanden als »kin«, also als Angehörigen oder Verwandten, zu behandeln. Als ich hungrig und verfroren war, wurden ein einfacher Karton, eine verbeulte Schüssel und eine Blechtasse für mich zu Symbolen für die Barmherzigkeit von Fremden.

Den Karton, der von einem unbekannten Spender stammte, erhielt ich im Rahmen eines einzigartigen Unternehmens, hinter dem zweiundzwanzig amerikanische Wohltätigkeitsorganisationen standen. Sie erklärten sich bereit, eine private und gemeinnützige Organisation zu unterstützen, die Essenspakete von Einzelpersonen und Familien in den Vereinigten Staaten an Freunde und Verwandte in Europa weiterleitete: CARE (Cooperative for American Remittances to Europe) entstand, als die Amerikaner ihr erstes Erntedankfest nach dem Zweiten Weltkrieg feierten.

Nach Monaten bürokratischer Streitereien übernahm CARE drei Millionen überzählige Verpflegungspakete der Armee, die man in einem Lagerhaus in Philadelphia für den Fall einer amerikanischen Invasion in Japan gesammelt hatte. Jedes »Zehn-mal-eins-Paket« enthielt genügend Nahrungsmittel, um zehn Männer einen Tag lang oder einen Mann zehn Tage lang zu ernähren: Dosenfleisch, Milchpulver, Rosinen, Schokolade und Zigaretten.

Als im Frühjahr 1946 die ersten CARE-Pakete zum Verkauf angeboten wurden, waren die unterschiedlichsten Menschen die ersten Botschafter dieser Unternehmung in Europa: Unter ihnen waren ehemalige Journalisten, Soldaten, Beamte des Außenministeriums und Angehörige religiöser Gemeinschaften. Kaum sechs Monate nach ihrer Gründung überwachte Dr. Lincoln Clark die Lieferung der ersten CARE-Pakete an dankbare Zivilisten in Le Havre, die schwer beschädigte Hafenstadt in der Normandie. Die zweite alliierte »Invasion« Europas hatte begonnen.

1946 lieferte CARE fast eine Million Pakete, vor allem nachdem

Französische Kinder stehen vor dem Klassenzimmer für die Schulspeisung an

der Preis von fünfzehn auf zehn Dollar gesenkt worden war. Zu Beginn hatten die Spender genaue Empfänger benannt. Doch *ein* Auftrag sollte die Mission von CARE dramatisch verändern. Statt einer bestimmten Adresse schrieb ein Spender schlicht und einfach: »Für einen hungrigen Menschen in Europa«.

Flüchtlinge aus Österreich erhalten CARE-Pakete

1947 verschickte CARE 2,6 Millionen Pakete. Amerikaner erteilten ihre Aufträge auf Bahnhöfen, in Kaufhäusern wie Macy's und durch zahlreiche öffentliche und kirchliche Organisationen in ihren Heimatstädten. Ihre Großzügigkeit kannte keine Grenzen. Nachdem CARE die Armeereserven verbraucht hatte, stellte man Pakete zusammen, die nicht nur Nahrungsmittel, sondern auch Werkzeug, Kleidung und Medikamente enthielten, später kamen noch Bücher dazu. Letztlich wurden über 100 Millionen CARE-Pakete an bedürftige Menschen verschickt, von denen viele in Ländern lebten, die gegen die Vereinigten Staaten Krieg geführt hatten. Deutschland erhielt mehr CARE-Pakete als jede andere Nation in Europa: Um die 40 Millionen Familien, zwei Drittel der Gesamtbevölkerung, empfingen diese Beweise der Hilfsbereitschaft von einem früheren Feind.[1]

Viele Kinder konnten zunächst nicht glauben, daß ein unbekannter Mensch aus Amerika sie unterstützen wollte. Der junge Klaus P. befürchtete, das Paket, das seine Familie von einem ungenannten

Kinder in Deutschland beim Auspacken eines CARE-Paketes

Spender erhielt, könne vermint sein. Tagelang trauten er und seine Freunde sich nicht, es zu öffnen, bis ein Junge schließlich zu dem Schluß gelangte: »Ich glaube, ich weiß die Antwort: Diese Amerikaner sind einfach anders. Sie wollen den Bedürftigen helfen.«[2] Klaus und ich, die wir beide das Flächenbombardement, den Verlust von Vätern und Brüdern im Krieg und die mehr als kargen Rationen erlebt hatten, waren verbunden durch unsere Erinnerung: Neben allem Leid und Tod gab es doch noch Mitleid – und wir erlebten es in Form eines robusten, braunen Pappkartons.

Gegen Kriegsende war die sechzehnjährige Edith W. 600 Kilometer von ihrem Internat in Luxemburg bis zu ihrem Elternhaus bei Heidelberg gelaufen, hinter sich die deutschen Truppen auf dem Rückzug. »Tagsüber schliefen wir in Scheunen«, erinnerte sie sich. »Manchmal konnten wir in einem Panzer oder Munitionszug mitfahren... Das Land war völlig verwüstet, und meine Mutter hatte keine Ahnung, wo ich war.«

Als sie schließlich zu Hause eintraf, hatte ihre Mutter den ganzen Schmuck verkauft, um bei den Bauern der Gegend Kartoffeln und Milch zu erstehen. Als die Schule wieder begann, waren gekochte Kartoffeln das übliche Mittagessen. Eine Familie aus Ohio schickte ihnen 1946 das erste von vielen CARE-Paketen:

> Ich weiß noch, wie wir um den Tisch saßen... Wie immer war die ganze Familie dabei: mein Großvater, der bei einem Luftangriff das Augenlicht verloren hatte; meine Tante und ihr Sohn, der krank aus russischer Kriegsgefangenschaft zurückgekehrt war; meine Mutter, mein Bruder, meine kleine Schwester und ich; mein Vater war im Krieg gefallen. Wir saßen um den Küchentisch und warteten, daß jemand das Paket öffnete... Wir freuten uns auf all die guten Sachen und standen, wie Kinder nun mal sind, nachts sogar auf, um Erdnußbutter zu naschen... Mithin spielte CARE eine große Rolle in meinem Leben. Es bedeutete ein wenig Farbe und Frohsinn in einer entsetzlichen Zeit. Einer Zeit, in der man sich entmenschlicht fühlte... in der man seinen Bruder haßte, weil er von meiner Mutter manchmal ein Ei bekam [von den drei Hühnern, die sie hielt], die für uns dann nichts mehr übrig hatte.

Im bitterkalten Winter 1946 lebte die elfjährige Trudy M. als Flüchtling in Bayern. Als ihr Haus gegen Ende des Krieges zerbombt wurde, brachte die Mutter ihre fünf Kinder bei Freunden im Dorf Pietzing unter, wo sie in zwei kleinen, schlecht beheizten Räumen hausten. Ihr Vater befand sich in einem Straflager. Trudy und ihre vier Geschwister suchten Rüben, Beeren und Pilze und lasen liegengebliebene Ähren und Kartoffeln von den Feldern auf.

Kurz vor Weihnachten bereitete ihre Mutter gerade einen besonderen Leckerbissen zu – einen Kuchen aus Getreide, Möhren und gefrorenen Kartoffeln –, als der Postbote die Nachricht überbrachte, im Postamt der nahegelegenen Stadt, ungefähr sechs Kilometer von Pietzing, liege ein CARE-Paket für die Familie bereit. Trudy berichtete:

> Am nächsten Morgen machten meine Schwester und ich uns mit dem Schlitten auf den Weg – das war ein Brett mit einem Seil daran. Es war kalt, der Schnee lag sehr hoch. Wir brauchten beinahe einen ganzen Tag für die Strecke. Ich weiß noch, wie verfroren und hungrig und müde wir waren, doch die Aufregung verlieh uns Kraft. Wir kehrten bei Einbruch der Dämmerung heim, im Schlepptau das schwere, mit Stempeln, Aufklebern und Klebeband versehene Geschenk eines unbekannten Menschen in Amerika.
>
> Schließlich hatten wir die Verpackung geöffnet, und unser Zimmer wurde hell und warm von den unglaublichen Schätzen, die auf dem Tisch ausgebreitet lagen: Zucker, Erdnußbutter, Mehl, Fleisch und Obstsalat in Dosen, Kaffee und Schokolade – ECHTER KAFFEE UND ECHTE SCHOKOLADE!!!
>
> Wer nie gehungert hat … kann kaum begreifen, was dies für uns bedeutete. Meine Mutter, die nie geweint hatte, als sie nicht genug für uns zu essen hatte, weinte jetzt beim Anblick dieser herrlichen Dinge. Und wie haben wir Weihnachten gefeiert! Kein Essen wird mir je wieder so gut schmecken wie das aus jenem CARE-Paket.

Für Ingeborg L., eine Jugendliche in Wien, waren die Jahre 1946 und 1947 die »Hölle auf Erden«. Um sie herum verhungerten Babys, weil ihre Mütter unterernährt waren und keine Milch für sie hatten. Ihr Vater bekam Skorbut, weil sie sich nur von Bohnen und Hafer ernährten, während sie und ihr Bruder an infektiöser Hepatitis litten, einer Krankheit, die von Wanzen übertragen wurde, die durch die Ruinen krochen. Sie erinnerte sich, wie ihre Mutter sagte: »Falls wir überleben … hat dieses [Leid] ein Gutes gehabt – es wird keinen Krieg mehr geben.«

Dann erhielten Ingeborg und ihre Familie Monat für Monat ein CARE-Paket von einer amerikanischen Cousine:

> Sie enthielten nicht nur Lebensmittel, sondern auch Dekken, Laken, Medikamente … Es war wie ein Wunder: Milchpulver, Trockenei, Schinkenkonserven, Erdnußbutter … Wir teilten es ein und überlebten praktisch durch diese

> Dinge. Das einzige, was uns vor ein Rätsel stellte, war die Erdnußbutter. Wir hatten so etwas nie gesehen oder auch nur davon gehört... Wir blieben mißtrauisch, bis wir davon probierten, konnten aber immer noch nicht verstehen, weshalb man es Butter nannte. In Österreich kommt Butter nämlich von Kühen... Und natürlich waren wir begeistert davon. Ich bin es noch heute.

Die Familie von Ingrid S., einer Jugendlichen, die im geteilten Berlin wohnte und deren Vater ein russisches Kriegsgefangenenlager überlebt hatte, erhielt ihr erstes CARE-Paket von einem unbekannten Spender in den Vereinigten Staaten: »Wir hatten lange Zeit gehungert. Wir aßen Löwenzahn, Eichenblätter, alles Grüne, das wir finden konnten. Eines Tages rief unser Pfarrer mich in sein Büro und sagte: ›Komm morgen mit deiner Mutter her, und bringt einen Rucksack mit.‹ Ich dachte, er wolle uns vielleicht Feuerholz schenken. Er zeigte uns ein CARE-Paket und fragte: ›Möchten Sie eins *mit* oder *ohne* Kaffee?‹ Welch eine Frage!«

Als das Geld im Nachkriegsdeutschland seinen Wert verlor, rettete eine Blechdose mit Nescafé einem kranken kleinen Mädchen in Hamburg das Leben. Im Winter 1946/47 bildete sich am Bein von Susanna W. infolge eines Sturzes ein riesiger Abszeß, Wundbrand drohte. Ihr ausgemergelter Körper erlitt eine Reihe schwerer Infektionen, sie bekam hohes Fieber. Freunde in den Vereinigten Staaten hatten ihrer Familie gerade ein CARE-Paket geschickt: »Darin waren... Dosenfleisch, Cracker, Kaugummi, das wir für Bonbons hielten«, erinnerte sie sich. »Meine Schwester und ich schluckten es ganz hinunter. Außerdem bekamen wir Milchpulver, Zucker und Kakao und... was wirklich entscheidend zu meinem Überleben beitrug... eine kleine Dose Nescafé.«

Ein Arzt erklärte sich bereit, Susanna zu behandeln, wenn ihre Mutter ihm den Kaffee verspräche. »Meine Mutter bewahrte das CARE-Paket unter meinem Bett auf, also würde er den Kaffee erst dann bekommen, wenn er sich um mich gekümmert hatte«, schrieb sie später in einem Brief an ihre Spender. »Er kam und operierte mich ohne Betäubung. Ansonsten wäre ich an dieser Infektion gestorben. Er fühlte sich reich entlohnt, und ich überlebte und kann voller Dankbarkeit davon berichten... Die CARE-Pakete waren

Österreichische Kinder tragen ein CARE-Paket

Geschenke des Himmels – ehrlich. Sie waren schöner als Weihnachten.«

Alfred W., der sich im Alter von fünfzehn Jahren seine Streifen als Segelflieger verdient hatte, befand sich bei Kriegsende 200 Kilometer hinter den russischen Linien. Binnen zwei Wochen durchbrach er die russischen und amerikanischen Linien und kehrte zu seiner Familie heim. Er fand die totale Zerstörung vor, »ein Leben im Elend in einem verwüsteten Land, der Gnade der

Eroberer ausgeliefert, alles, was zu ehren man uns gelehrt hatte, vernichtet«.

Inmitten des Hungers und der Verzweiflung erhielt der Junge ein CARE-Paket. Ein Fremder in einem fernen Land weckte in ihm neue Hoffnung. Er schrieb: »[Dieses Paket] hinterließ in mir den bleibenden Eindruck, daß jemand, den ich nicht kannte, sein schwer verdientes Geld gegeben hatte, um einem früheren Feind ein Paket zu schicken; daß wir nicht vergessen und ausgestoßen waren; daß es Menschen gab, die uns als Menschen behandelten.«

Viele Kinder und Jugendliche, deren Leben durch CARE verändert wurde, revanchierten sich als Erwachsene für die Hilfe der Fremden. Rainer E. war zwölf Jahre alt und lebte in einer kleinen Bergbaustadt in Westdeutschland, als CARE-Pakete es seinen Eltern ermöglichten, acht hungrige Kinder durchzubringen. Die Pakete stammten allesamt von einem Schriftsteller namens Gilfillan aus Chicago, der die Familie des Jungen nicht kannte, bis sie ihm einen Dankesbrief schrieb. Nach dem ersten CARE-Paket, das seinen kleinen Zwillingsbrüdern das Leben gerettet hatte, folgten Monat für Monat neue Pakete. Rainer erinnerte sich:

> Schließlich nannten wir sie nicht mehr CARE-Pakete, sondern Gilfillan-Pakete. Jahre später sagten wir im Scherz, wenn jemand etwas Gutes tat, ohne das Ziel seiner guten Tat zu kennen, dies sei eine Gilfillan-Tat. Als ich in die Staaten kam und mich [in Baltimore] niederließ, beschloß ich, CARE einen monatlichen Scheck zu schicken, damit jemand anders irgendwo auf der Welt die gleiche Hilfe bekäme. Es war das mindeste, was ich tun konnte.

Heute haben ehemalige CARE-Empfänger, die als Kinder den Zweiten Weltkrieg überlebten, eigene Ketten der Hilfsbereitschaft gebildet. Sie erstrecken sich von den Bedürftigen in ihren Gemeinden bis hin zu den Kindern in Asien, Afrika und Lateinamerika; von der örtlichen Tafel zum American Friends Service Committee; von der Caritas zum Lutheran World Relief; von UNICEF zur fortwährenden Unterstützung der Bemühungen, die CARE in aller Welt unternimmt. »Wenn man wie ich den Krieg überlebt hat, möchte man es

Österreichische Kinder beim Auspacken eines CARE-Paketes

gutmachen und etwas für andere tun«, sagt ein Empfänger von CARE-Paketen, der mit sechs Jahren aus dem vom Krieg zerrissenen Berlin floh, nachdem sein Haus ausgebombt worden war. »Ich habe überlebt, also ist es an der Zeit, auch anderen beim Überleben zu helfen.« CARE und CARE-Pakete sind heute eingetragene Warenzeichen der Cooperative for Assistance and Relief Everywhere, Inc., und werden an Bedürftige in aller Welt versandt.

Durch CARE-Pakete entstanden auch lebenslange Freundschaften zwischen Spendern in den Vereinigten Staaten und Empfängern in Europa: Ein Paar Handschuhe brachte die elfjährige Eva B. aus Pommern mit einem Paar aus Minnesota zusammen, und es entstand eine Freundschaft, die mehr als fünfzig Jahre währte.

Am Ende des Zweiten Weltkriegs flohen Eva, ihre Schwester und ihre Mutter »mit einer Decke und dem, was man auf dem Rücken tragen konnte«, aus dem sowjetisch besetzten Pommern. Sie schliefen beinahe ein Jahr lang im Freien, bis sie ein Vertriebenenlager in Lunden erreichten. Der Lagerpfarrer lud sie ein, Kleidung anzuprobieren, die soeben aus den Vereinigten Staaten eingetroffen war. Eva suchte sich ein Paar Handschuhe aus, die eine Frau im fernen Minnesota gestrickt hatte.

Evas Familie schrieb der Frau einen Dankesbrief und schilderte darin ihre Lage. »Sie hatten Essen von den Feldern aufgelesen und im Abfall gestöbert«, schrieb ihre Spenderin aus Minnesota. »Es schien uns angebracht, ihnen ein CARE-Paket zu schicken.« Eva erinnerte sich:

> Als wir ein CARE-Paket erhielten, war auch Kaffee darin. Meine Mutter lud Leute aus dem Lager zum Kaffee ein. Alle brachten ihre Tasse mit, und die Frauen saßen zusammen und unterhielten sich. Sie halfen einander sehr. Im Lager gab es nur wenige Männer... die meisten waren Frauen mit Kindern, und sie litten am meisten. Sie schickten mir zur Konfirmation ein Kleid im Schottenkaro und einen grünen Mantel... Und einmal bekam ich ein wunderbares Stück Seife, das wirklich gut roch.

In den kalten Wintern 1946 und 1947 hielt mich ein roter Wollmantel mit schwarzem Besatz warm, den ich im CARE-Paket eines unbekannten Spenders erhalten hatte. Ein Essenbehälter mit einer Mittagsmahlzeit, die von den Quäkern gespendet worden war, stillte den schlimmsten Hunger. In einem Akt der Nächstenliebe ernährten die Quäker Millionen hungriger Schulkinder und retteten viele von ihnen vor dem Verhungern. Sie betrachteten ihre Unterstützung schlicht und einfach als Hilfe, die ein mitleidiger Mensch seinem Nächsten leistet, und zwar nach Bedürftigkeit, ungeachtet der Nationalität, Religion oder politischen Überzeugung.[4]

Ende 1946 waren die Nahrungsmittelvorräte in Deutschland auf einem absoluten Tiefstand angelangt. Präsident Truman sandte den ehemaligen Präsidenten Herbert Hoover nach Europa, um sich ein Bild von den Bedürfnissen der Zivilbevölkerung zu machen. Bei seiner Rückkehr im Februar 1947 plädierte Hoover leidenschaftlich für die Millionen hungernder, verzweifelter Kinder in Deutschland und sicherte die Freigabe von Lebensmitteln im Wert von 19 Millionen Dollar. Dadurch konnten 3,5 Millionen Kinder in der britischen und amerikanischen Besatzungszone jeden Tag ein Essen mit 350 Kalorien erhalten. Diese als Quäkerspeisung bekanntgewordene Mahlzeit war mehr als ein Drittel unserer täglichen Kalorienzufuhr.

Wenn wir bei Schulschluß für unsere tägliche Ration anstanden, dachten die meisten von uns, es müsse in den Vereinigten Staaten Millionen Quäker geben, die sich um unser Überleben kümmerten. Ich wußte nicht, daß hinter dieser Unternehmung eine relativ kleine Gruppe stand, die selbst heute in den USA nur 100 000 und weltweit lediglich 300 000 Mitglieder zählt. Neben den Nahrungsmitteln schickte das American Friends Service Committee auch Tausende Tonnen Kleidung, Schuhe, Seife und Medikamente, um hungernden Kindern in Deutschland zu helfen, genau wie in Japan, wo die Quäker zu den Licensed Agencies for Relief in Asia (LARA) gehörten.

Am ersten Weihnachtstag 1946 schrieb die kleine Hildegard Behr einen Dankesbrief, den sie mit bunten Zeichnungen von Blumen und Kerzen schmückte: »Liebe ›Kwäker‹, Ihr freut euch gewiss wenn ich Euch den Brief schicke. Den Pulofer zieh ich jeden Sontag an er hält ser warm und allen Leuten gefält der Pulower. Wir haben kein eignes Zuhause mehr und leben in einem grosen Heim wo viele alte Leute Drin wonen. Aber das schöne ist das wir soh nah am Wald Wohnen da spilen wir immer so schön. Im Somer gibt es sehr wile Pilze wir haben einen grosen Balkon. Einen grus und einen Kus eure Hildegard Behr Trautheim Darmstat Landfrauenheim.«[5]

Und im Mai 1947 dekorierte ein anderes deutsches Mädchen, Louise Appel, einen Brief mit gezeichneten Hühnern, Eiern und Weidenkätzchen:

> Im Auftrage von meiner Mama möchte ich mich für die gute Kernseife bedanken, die sie an Ostern von Ihnen erhalten hat. Mama war darüber sehr erfreut, denn wir sind sechs Kinder, und da gibt es viel Wäsche. Waschpulver und Seife sind ja immer sehr knapp. Wir Kinder sind alle gesund, aber leider hat Mama große Sorgen, denn unser lieber Papa ist schon über zwei Jahre vermißt, und wir haben keine Nachricht von ihm. Nochmals herzliches »Vergelt's Gott!«

Einer der aufwendigsten Dankesbriefe im Archiv des American Friends Service Committee in Philadelphia stammt von einem deutschen Jungen namens Roland Straeke, der ein Bild von sich zeichnete, wie er barfuß über das Kopfsteinpflaster seiner Heimatstadt läuft. Er trägt einen viel zu großen Mantel und hat ein neues Paar Schuhe in der Hand. Auf seinem Gesicht liegt ein strahlendes Lächeln. Er schrieb: »Erfüllt von Dank und großer Freude, vom Roten Kreuz komm ich daher, brauch barfuß laufen jetzt nicht mehr. Zur Schule geh ich nun in Ruh – brauch nicht mehr frieren! Hurrah! nun hab' ich Mantel und ein Paar neue Schuh'; wie freu ich mich und meine lieben Eltern auch dazu!!«

Ein anderer Dankesbrief an die Quäker kam aus Tokio:

Liebe Amerikaner,

wir sind japanische Abendschüler. Wir haben viel gute Milch und Nahrung von L.A.R.A. erhalten, und wir danken Ihnen aus tiefstem Herzen für Ihre Freundlichkeit. Unser Land hat im Krieg Schaden genommen, doch nun bauen wir mit Hilfe von Marshall MacArthur und anderen freundlichen und ehrenhaften Herren ein neues, friedliches Japan auf, und wir können sehr glücklich und sicher leben.

Das vielleicht dauerhafteste Symbol für die Hilfsbereitschaft, mit der Fremde den Kindern nach dem Zweiten Weltkrieg begegneten, war eine verbeulte Blechtasse; ich trug meine im »Überlebenskoffer« bei mir. Diese Tasse war für die Milch bestimmt, die von UNICEF vom Herbst 1947 bis Ende 1950 in dreizehn Ländern an sechs Millionen europäische Schulkinder ausgegeben wurde. Polen erhielt die meiste Hilfe, gefolgt von Jugoslawien, Italien, Deutschland, Österreich, Frankreich und Griechenland. Die Kinder in Osteuropa und den ehemaligen »Feindländern« bekamen am meisten, weil ihre Not am größten war.[6]

Herbert Hoover, eine der einflußreichen Persönlichkeiten, die sich für die Kinder Europas eingesetzt hatten, warnte: »Von der russischen Grenze bis zum Kanal gibt es heute Millionen von Kindern, die nicht nur stark unterernährt sind, sondern auch an Tuberkulose, Rachitis, Anämie und anderen Mangelerkrankungen leiden. Wenn

Ein deutscher Junge bedankt sich bei den Quäkern für einen neuen Mantel und Schuhe

Europa eine Zukunft haben soll, müssen wir etwas für diese Kinder tun.«[7] Während der Politiker Hoover in Washington, D. C, für die Kinder eintrat, schlug Ludwik Rajchman, ein polnischer Arzt und einer der weltweiten Pioniere der Gesundheitsversorgung, der Generalversammlung der Vereinten Nationen vor, eine Hilfsorganisation zu gründen, die sich ausschließlich für die Ernährung und medizinische Versorgung von Kindern einsetzen sollte.

Am 11. Dezember 1946 erging in der Generalversammlung der UNO der einstimmige Beschluß zur Gründung des United Nations International Children's Emergency Fund (UNICEF). Die Resolution erklärte detailliert, wie nötig internationale Bemühungen zugunsten der Kinder seien:

> Die Kinder in Europa und China haben nicht nur mehrere furchtbare Jahre unter Nahrungsmangel gelitten, sondern auch in ständigem Schrecken gelebt, Massaker an Zivilisten mit angesehen, das Grauen des Krieges erlebt... Da die Hoffnung der Welt auf den kommenden Generationen

Zeichnung japanischer Kinder, die von einer Quäkerspeisung träumen

> ruht, ist das Problem der Kinderversorgung international, die Lösung muß eine internationale Basis haben.[8]

Zwischen 1947 und 1950 führten UNICEF und deren Partner trotz Milchknappheit, Streiks, Dürren und Bürgerkriegen in Europa die größte Hilfsaktion für Kinder durch, die es je gegeben hatte. In diesen Jahren transportierte UNICEF fast 400 Millionen Pfund Milchpulver, genug für 6 400 000 000 Tassen Milch. UNICEF wurde als »Milchtassen«-Organisation bekannt und verdiente sich redlich den Spitznamen »Milchmann für die Kinder der Welt«. Manche hungrigen Kinder baten um ein Glas UNICEF, im Glauben, es sei ein anderes Wort für Milch. Die Silhouette eines Kindes, das eine Milchtasse zum Mund führt, wurde zum ersten UNICEF-Symbol.

Im Frühjahr 1947 machten sich neunundneunzig dänische Krankenschwestern und Ärzte, ausgerüstet mit ledernen Impfkoffern und guten Nerven, im Auftrag von UNICEF auf, um Millionen Kinder in Deutschland, Polen und Jugoslawien gegen Tuberkulose zu impfen. Die Krankheit hatte sich beinahe zu einer Epidemie ausgeweitet. Im Frühling desselben Jahres besuchte Dr. Martha Eliot, die stellvertretende Leiterin des U.S. Children's Bureau, Österreich, die Tschechoslowakei, Frankreich, Griechenland, Italien, Polen und

Jugoslawien und erfuhr, daß in diesen Ländern jedes dritte Baby und Kleinkind an Rachitis litt. Dr. Eliot wußte, wie man die ständige Verschlechterung des Zustands der Kinder stoppen konnte. Die Lösung bestand in einer täglichen Dosis Lebertran: drei bis fünf Milligramm für Babys bis zu einem Jahr und fünf Milligramm für ein- bis sechsjährige Kinder und schwangere Frauen.

Norwegen, Kanada und Neuseeland, in den späten vierziger Jahren die größten Hersteller von Lebertran, lieferten im Rahmen der Beiträge, die ihre Regierungen an UNICEF leisteten, riesige Metallbehälter mit Lebertran. Mit ihrer Hilfe versorgte UNICEF von Dezember 1948 bis Ende 1950 Millionen Kinder in Osteuropa, Griechenland und Deutschland mit Lebertran. Deutsche Kinder schrieben Dankesbriefe. »Liebe UNICEF: ... danke für den Lebertran. Euer Lebertran schmeckt sehr gut.«

In den bitteren Nachkriegswintern von 1945 bis 1948 liefen viele Kinder barfuß durch Schutt, Regen oder Schnee, weil es nicht genügend Schuhe gab. Manche besuchten deshalb nicht die Schule und versäumten nicht nur den Unterricht, sondern auch ihre tägliche Ration Milch von UNICEF. Kinder, die bei Temperaturen unter dem Gefrierpunkt barfuß liefen, litten häufig an Atemwegserkrankungen; einige starben an Lungenentzündung.

England und Australien, die zu den größten Lederproduzenten gehörten, boten an, Rindsleder zu liefern und so die Bemühungen von UNICEF zu unterstützen. UNICEF entwickelte gemeinsam mit verschiedenen Regierungen einen Plan, um das Leder zu Schuhen und Stiefeln zu verarbeiten und diese kostenlos an die ärmsten und bedürftigsten Kinder zu verteilen.

Über zwei Millionen Paar Schuhe wurden hergestellt und auf dem europäischen Kontinent vor allem an Flüchtlingskinder in Deutschland und Griechenland, an Waisenhäuser und arme Schulkinder verteilt. Als die vierjährige Griechin Elefteria Tranopoulos 1948 ihre ersten Lederschuhe bekam, umarmte und küßte sie Seiten, Absätze und Sohlen, bevor sie wagte, sie anzuziehen.

Eine Kriegswaise wartet darauf, daß ihre Blechtasse mit Milch gefüllt wird

Die erste Grußkarte von UNICEF: »Glück in einem friedlichen Land«

1947 hatte Jitka Samkova, eine siebenjährige Tschechin, ein Bild zu dem Thema »Glück in einem friedlichen Land« gemalt. Ihre Zeichnung, die sie auf Glas anfertigte, weil Papier knapp war, zeigt fünf kleine Mädchen, die um einen Maibaum tanzen. Sie drückte damit eine solche Freude aus, daß ihre Lehrerin sie an die UNICEF-Vertreter in Prag schickte. Die Zeichnung wurde als Plakat gedruckt und weltweit in den Essensausgaben von UNICEF aufgehängt. Es dauerte zwei Jahre, bis die Nachricht »von der wunderbaren Zeichnung eines Kindes« die UNICEF-Zentrale in New York erreichte. Als die Offiziellen 1949 das Plakat sahen, beschlossen sie, daraus die erste Neujahrskarte zu machen.

Als das blutigste Jahrzehnt des zwanzigsten Jahrhunderts zu Ende ging, schrieb ein zwölfjähriges Mädchen aus New Ipswich, New Hampshire, das weit entfernt von den Kindern des vom Krieg zerrissenen Europa und Asien aufgewachsen war, einen Brief an UNICEF. Seine Botschaft gilt noch heute:[9]

Liebe UNICEF,
warum ist das so? Warum müssen so viele Tausende und Millionen von Eltern, Kindern und alten Menschen leiden? Kann man nichts dagegen tun? Ich

finde, Sie tun etwas Wunderbares, wenn Sie sich um diese Menschen kümmern… Ich wünsche Ihnen viel Glück bei Ihrer Arbeit und finde, daß Sie Großartiges leisten! Vielleicht, nur vielleicht, wird NIEMAND mehr leiden müssen.

Herzlichst,
Carolyn M.

P. S. Wenn Sie mir zurückschreiben können, versprechen Sie bitte, daß Sie nicht aufgeben werden, solange in dieser Welt Tragödien geschehen.

DANKE

Es gibt einen besonderen Akt selbstloser Hilfsbereitschaft, der 1998 im Alliierten-Museum Berlin und mit einer Sondermarke der amerikanischen Post gewürdigt wurde. 1948 hatten amerikanische und britische Piloten ihr Leben riskiert, um die eingeschlossenen Bürger des westlichen Sektors von Berlin zu retten, die durch die sowjetische Blockade von der Zufuhr lebenswichtiger Güter abgeschnitten waren. Von Juni 1948 bis September 1949 wurden über die Berliner Luftbrücke, auch Operation Vittles genannt, 2,3 Millionen Tonnen Güter – von Lebensmitteln über Kohle bis hin zu Medikamenten – in die Hauptstadt des früheren Feindes transportiert. Es wurden 200 000 CARE-Pakete ausgeliefert. 462 Tage lang flogen die Piloten bei Tag und Nacht und jedem Wetter, um den 2,2 Millionen Berlinern, die vom Rest der Welt abgeschnitten waren, Hilfe zu bringen. Siebenundachtzig Piloten und Helfer am Boden bezahlten für ihren Mut und ihr Mitgefühl mit dem Leben.

Ein achtjähriger Junge aus Saint Louis, Missouri, sorgte sich so sehr darum, daß es die Berliner Kinder im Winter 1948/49 warm hatten und genügend zu essen bekamen, daß er einen Brief an einen ebenfalls aus Missouri stammenden Mann schrieb, der damals im Weißen Haus wohnte: »Lieber Präsident Truman, ich finde, in Berlin, Deutschland, sollte es mehr *Bauernhöfe* geben. Dann könnten die Leute ihr Essen selber ziehen. Wir könnten dann alle Flugzeuge benutzen, um Treibstoff und Kohle zu transportieren.«[10]

Ein neunjähriges Mädchen in Berlin leckt Kohlsuppe von einem Topf

Am besten kannten die Berliner Kinder den aus Utah stammenden Piloten Gail S. Halvorsen alias »Onkel Wackelflügel«, »Bonbonbomber« oder einfach »der Schokoladenflieger«.

Halvorsen, heute pensionierter Oberst der Luftwaffe, damals junger Leutnant, erinnerte sich an seine erste Begegnung mit einer Gruppe von Kindern, die ihm auf dem Flughafen Tempelhof zuwinkten, als er seine Vorräte hereinflog. Sie dankten ihm in gebrochenem Englisch für das Mehl, das er ihren Familien gebracht hatte,

Während der Luftbrücke beobachten Kinder ein amerikanisches Flugzeug

damit sie Brot backen konnten. Sie baten ihn jedoch nicht um Süßigkeiten, wie er es von Kindern in anderen Städten des verwüsteten Europa kannte. Die Kinder von Berlin wußten nämlich gar nicht, wie Bonbons schmeckten.

Leutnant Halvorsen schmiedete sofort einen Plan. Mit Gesten bedeutete er den Kindern, er werde bei seinen nächsten Flügen jenseits des Zaunes Süßigkeiten für sie abwerfen. Die Kinder fragten: »Wie können wir Ihr Flugzeug von den anderen unterscheiden?« Halvorsen antwortete: »Ich wackle mit den Flügeln.« Mit Hilfe von Freunden und trotz der strengen Rationierung gelang es Halvorsen, zwei Handvoll Kaugummi, Lutscher und Schokolade zusammenzukratzen. Er befestigte sie an kleinen Fallschirmen aus verknoteten Taschentüchern, damit sie den Sturz überlebten. Beim nächsten Flug nach Berlin sah er die Kinder am Zaun stehen. Er wackelte mit den Tragflächen und warf die kleinen Fallschirme durch die Luke, bevor er landete. »Auf dem Rückflug sah ich die Kinder Taschentücher schwenken, ihre kleinen Münder machten Kaubewegungen – es hatte funktioniert.«

Bald gab es nicht mehr genügend Taschentücher oder zerschnittene Pilotenhemden, um Fallschirme zu basteln. Doch nachdem die Nachricht vom »Bonbonbomber« bekannt geworden war, erhielt Halvorsen eine Flut von Spenden in Form von Taschentüchern und über dreiundzwanzig Tonnen Süßigkeiten aus den Vereinigten Staaten. »Es war kaum zu glauben«, erinnerte er sich, »aber wir bekamen alle Sorten von Taschentüchern: einfache, mit Spitze umrandete, manche rochen nach Rosenwasser. Junge Mädchen schickten uns Taschentücher aus ihrer Aussteuer.« Bald wurden zwei Sekretärinnen eingestellt, die all die Dankesbriefe der Berliner Kinder an »Onkel Wackelflügel« beantworteten.

Einer der Briefe ist im Alliierten-Museum in Berlin zu sehen. Er stammt von einem bettlägerigen Jungen:

Herr Leutnant Halvorsen,
Lieber Schokoladenflieger!
Wieder lese ich in der Zeitung, daß Du den Berliner Kindern mit Deiner Schokoladenspende eine große Freude bereitet hast... Gern hätte ich auch einmal Schokolade gegessen, aber nie ist ein Fallschirm von Dir in unserm Garten vom Krankenhaus gelandet. Sechs Wochen war ich im Krankenhaus und habe Eure Flugzeuge beobachtet. Ich kann jede Type unterscheiden. Leider kann ich aber wegen meiner Krankheit nie zum Flugplatz kommen.

Und ein findiges Mädchen von sieben Jahren schrieb:[11]

Wir leben nicht weit vom Flughafen Tempelhof, und unsere Hühner meinen, Ihre Flugzeuge seien Habichte, und sie bekommen Angst, wenn Sie vor der Landung so tief fliegen. Sie rennen in den Stall, und manche verlieren die Federn und legen keine Eier mehr. Bitte gehen Sie erst runter, wenn Sie die weißen Hühner sehen, dann ist alles Ordnung.

Ihre kleine Freundin,
Mercedes

Als die Blockade vorbei war, kehrte Gail Halvorsen in die Vereinigten Staaten zurück. Doch die Berliner wollten ihn wiederhaben, und man ernannte ihn zum Kommandanten des Flughafens Tempelhof, eine Position, die er von 1970 bis 1974 bekleidete. 1998 kehrte er im Cockpit eines restaurierten »Rosinenbombers« zurück, als das 50jährige Jubiläum der Luftbrücke gefeiert wurde. In jenem Sommer beobachtete ich im Alliierten-Museum in Berlin eine Gruppe grauhaariger Besucher, die sich die alten Wochenschauen von der Luftbrücke ansahen. Die Männer und Frauen saßen still da und weinten – sie waren die Kinder gewesen, die ihre ersten Süßigkeiten vom »Schokoladenflieger« bekommen hatten. Sie vergaßen nie seine Freundlichkeit – und er nie ihr Lächeln.

12
Was wurde aus den Kindern?

Es gibt nur eine Handvoll Forschungsstudien, die untersuchen, wie die Kinder des Zweiten Weltkriegs heranwuchsen und welchen Einfluß der Krieg auf ihr Leben nahm. Sie beschäftigen sich mit ungefähr 2000 Personen aus Großbritannien, den Vereinigten Staaten, Deutschland, Österreich, Polen und Japan wie auch mit Kindern aus Finnland, die nach Schweden geschickt wurden, als die Russen im November 1939 in ihr kleines Land einmarschierten. Diese Untersuchungen und meine Interviews mit einem Dutzend Überlebender aus diesen Ländern erzählen eine ähnliche Geschichte: Aus den Kindern des Zweiten Weltkriegs sind ungeachtet der zeitlichen und räumlichen Grenzen außergewöhnlich lebensbejahende Erwachsene geworden. Allerdings haben selbst die widerstandsfähigsten unter ihnen Narben davongetragen.

Die Männer und Frauen, mit denen ich gesprochen habe, sind heute Ende sechzig, einige bereits siebzig Jahre alt. Sie leben in Berkeley und den bayerischen Alpen, in London und Los Angeles, im kalifornischen Central Valley und dem Mittleren Westen Amerikas. Unter ihnen gibt es Buddhisten, Katholiken, Protestanten, Quäker und Unitarier. Die meisten haben Kinder und Enkel – alle sind lernbegierig, lieben Bücher und lassen gerne Pflanzen wachsen und gedeihen. Ihre Geschichten verschaffen uns einen Einblick in den Heilungsprozeß, der es im Verlauf eines Lebens ermöglicht, die Geister des Krieges zu besiegen. Doch einige Schatten sind geblieben.[1]

Dies haben wir gelernt: Das Trauma des Krieges beeinflußt Kinder unterschiedlich und ist abhängig von dem Grad der Gewalt, der sie ausgesetzt waren, und ihrer Fähigkeit, diese zu verarbeiten. Die Auswirkungen variieren auch je nach Alter, Geschlecht und Temperament; nach Familie, sozialem Stand und der politischen Ideologie und/oder der religiösen Überzeugung, die ihr Leben beeinflußt.[2] Einige Kriegserfahrungen in der Kindheit wirken sich dauerhaft aus: schwere Luftangriffe und Kampfhandlungen, lange Trennung von der Familie, Internierung in Flüchtlings- oder Straflagern, der Verlust geliebter Menschen durch Gewalt, der Mangel an angemessenem Schulunterricht.

Die Hälfte der Leute, mit denen ich gesprochen habe – die Männer und Frauen, die in Großbritannien, Deutschland und Japan aufwuchsen –, waren schweren Bombenangriffen ausgesetzt. Die Erinnerung an diese Erfahrungen ist nach mehr als einem halben Jahrhundert noch lebendig, vor allem die furchterregenden Sirenen und das Klack-Klack des MG-Feuers der Tiefflieger. Alle waren während der Luftangriffe mit engen Angehörigen – Müttern, Großeltern und älteren Geschwistern – zusammen gewesen. Ihre Berichte bestätigten die klinischen Beobachtungen, die Anna Freud und Dorothy Burlingham während der Bombardierung Londons gemacht hatten. Sie zeigten, daß nicht die Bombardierung als solche, sondern der Grad des emotionalen Aufruhrs oder der Unterstützung, die ein Kind von seiten der Erwachsenen erfuhr, am entscheidendsten war, wenn es um die kindliche Reaktion und die Prognose des Einflusses auf sein späteres Leben ging.[3]

Fünf Jahre nach Ende des Zweiten Weltkriegs wurden 1200 britische Schulkinder untersucht, die Luftangriffe miterlebt hatten. 18 Prozent hatten noch Störungen, die von den Kriegserlebnissen verursacht oder verschlimmert worden waren. Sie litten unter kriegsbedingten Ängsten und Alpträumen, Schlafstörungen und übertriebenen Reaktionen auf Sirenen, laute Geräusche und Explosionen. Dieser Prozentsatz entspricht in etwa dem Auftreten der Post-Traumatic Stress Disorder (PTSD), die man bei Veteranen des Zweiten Weltkriegs und des Vietnamkriegs diagnostiziert hat.

Wir wissen nur wenig darüber, inwiefern das Alter, in dem eine Person Kriegserfahrungen ausgesetzt war, die Symptome von PTSD und anderen Folgeerscheinungen von Kriegserlebnissen beeinflußt.[4] Nur ungefähr die Hälfte der Vietnamveteranen, bei denen man PTSD festgestellt hatte, das heißt acht Prozent, erfüllten im Rahmen einer Untersuchung, die anderthalb Jahrzehnte später stattfand, noch die Kriterien für dieselbe Diagnose. Unter den Personen, die ich interviewt habe, berichtete nur eine jüdische Frau über derartige Symptome, darunter auch eine wiederkehrende, psychisch bedingte Blindheit. Sie hatte als sehr junges Mädchen viele

Verstümmelte Kinder beim Ballspiel

belastende Erfahrungen gemacht – sie erlebte die Bombardierung Warschaus, die Zwangsevakuierung nach Sibirien durch die Russen, die Flucht zurück nach Polen während eines bitterkalten Winters, den Verlust ihres Zuhauses und vieler Angehöriger, das Leben in einem D.-P.-Lager in Deutschland – und das alles, bevor sie sechs Jahre alt war.

Kurz nachdem die zwölfjährige Sara und ihre Familie in die Vereinigten Staaten ausgewandert waren, erblindete sie zeitweise. Sie erinnerte sich: »Als ich blind wurde, brachte man mich zunächst zu einem Arzt. Er sagte: ›Nein, mit ihren Augen ist alles in Ordnung.‹ Also gingen wir zu einem Psychiater. Er sagte zu meiner Mutter: ›Sie fühlt sich einsam hier.‹ Manchmal fühle ich mich noch heute so. Voller Angst bete ich dann: ›Bitte, Gott, laß mich das nicht noch einmal durchmachen, laß mich nicht noch einmal diese schreckliche Reaktion erleiden.‹«

Auch bei den anderen, die – egal in welchem Alter – Bombardierungen ausgesetzt waren, kamen bei dem Geräusch von Sirenen die

Erinnerungen an den Krieg wieder hoch. Einige berichteten von körperlichen Auswirkungen wie Gänsehaut oder kalten Schauern, während andere einen allgemeinen Abscheu vor dem schrillen Geheul äußerten. Dinah Towns, die auf halbem Weg zwischen London und Coventry lebte und die deutschen Luftangriffe auf beide Städte miterlebte, sagte lachend: »Wenn ich heute eine Sirene höre, horche ich, ob es der Entwarnungston ist. In England war das ein gleichmäßiger Ton, während der eigentliche Alarm auf- und abschwoll.« Genauso mache ich es auch!

Vor allem in Deutschland mußten sich die Kinder gegen Ende des Krieges auch mit der Gefahr durch Tiefflieger auseinandersetzen. Diese waren mit Maschinengewehren ausgerüstet, die auf alles schossen, was sich bewegte, vor allem auf Züge. Oft kündigten einzelne Tiefflieger eine Armada von Bombern an. Einer meiner wiederkehrenden Alpträume spielt sich auf deutschen Bahnhöfen wie Wiesbaden und Frankfurt ab, wo ich auf meinen Fahrten zur Schule derartige Angriffe erlebt habe.

Wir wissen nur wenig darüber, wie sich die Atombombe langfristig auf die geistige Gesundheit der Kinder in Hiroshima und Nagasaki auswirkte. In Japan haben die Hibakusha, die Überlebenden der Nuklearexplosionen, und ihre Nachkommen, die Hibakusha Nisei, vom Staat Geld für die Behandlung gesundheitlicher Probleme erhalten, die auf die atomare Verstrahlung zurückzuführen sind, doch die Regierung gibt ihnen keine ökonomische oder soziale Unterstützung.[5] Aufgrund der körperlichen Schwäche, eine dauerhafte Folge der Verstrahlung durch die Atombombe, können die Hibakusha häufig keiner geregelten Arbeit nachgehen. Die meisten haben ein unterdurchschnittliches Einkommen, so daß sie die Schulbildung ihrer Kinder nicht bezahlen können – und das in einer Gesellschaft, die eine erstklassige Schulbildung so hoch schätzt.

Außerdem hat die Angst vor genetischen Auswirkungen der atomaren Strahlung zu einer Stigmatisierung der Hibakusha geführt. Arrangierte Ehen und die Weiterführung des Familiennamens durch die Kinder genießen in Japan noch immer einen hohen Stellenwert. Das soziale Stigma, das aus der Angst vor Dauereffekten der Strahlung auf nachfolgende Generationen erwachsen ist, führt zu außergewöhnlichen Konsequenzen für die Hibakusha und

Zwei deutsche Mädchen kommen auf dem Schulweg in Frankfurt an einem völlig zerstörten Häuserblock vorbei

ihre Familien. Viele, vor allem Frauen, verbergen und verschweigen ihr körperliches und seelisches Leiden, weil sie sich vor einer möglichen Zurückweisung fürchten.

Die deutschen Kinder, die die Feuerstürme von Hamburg, Berlin und Dresden überlebt haben, tragen andere seelische Narben. Sie sind jetzt Ende sechzig bis Anfang siebzig und erinnern sich dennoch sehr lebhaft an ihre Todesangst während des Flächenbombardements. Bei einer 1994 durchgeführten Nachuntersuchung von Personen, die in Deutschland während des Zweiten Weltkriegs Kinder waren, berichteten viele Teilnehmer von Alpträumen, die sie bis ins mittlere Lebensalter verfolgten. Positiv ist, daß die Erfahrung, das Grauen des Bombenkrieges überlebt zu haben, in vielen von ihnen ein tiefes Mitleid für die Kinder anderer späterer Kriege erzeugt hat, vor allem für Kleinkinder, die Gefahr laufen, Teil der von Langstreckenraketen verursachten »Kollateralschäden« zu werden.

Ein Drittel der Personen, die ich interviewt habe, war während des Zweiten Weltkriegs evakuiert oder auf der Flucht. Sie stammten aus England, Deutschland und Polen. Welche Auswirkung hatte die Erfahrung der Evakuierung auf ihr späteres Leben? Obgleich sie aus Ländern kamen, die im Krieg auf verschiedenen Seiten standen, hatten alle die Trennung von geliebten Menschen erlebt. Doch davon abgesehen, gab es andere Dinge, die darauf Einfluß nahmen, wie jeder einzelne von ihnen in der Kindheit auf die Situation reagiert und wie sich sein späteres Leben gestaltet hat.

Sir Michael Rutter wurde im Alter von sieben Jahren gemeinsam mit seiner kleinen Schwester evakuiert und verbrachte vier Jahre bei einer Quäkerfamilie in den Vereinigten Staaten. Für ihn bedeutete die »Seavacuation« ein großes Abenteuer, obwohl er seine Schwester vermißte, die nach ihrer Ankunft bei einer anderen Familie untergebracht wurde. Seine Familie empfand ihn nach der Rückkehr als »schwierig«. Michaels Großmutter fragte sich eine Zeitlang, ob man ihnen vielleicht den falschen Jungen zurückgeschickt hatte. Er vermißte seine Pflegefamilie, die bewußt entschieden hatte, nicht in die Wiederherstellung der Beziehung zu seinen Eltern einzugreifen.

Annegret Ogden lebte als Vorschulkind im schwer bombardierten Ruhrgebiet und wurde mit ihrer Mutter zunächst nach Österreich und später nach Süddeutschland evakuiert. Gegen Kriegsende wurde das Dorf, in dem sie lebten, von französischen Truppen besetzt. Für sie bedeutete die Evakuierung, in eine neue Identität zu schlüpfen, damit sie sich nicht von den Kindern ihrer neuen Umgebung unterschied:

> Sie alle sprachen einen Dialekt, den ich nicht verstand, und behandelten mich sehr schlecht. Sie zogen mich vor allem mit zwei Dingen auf: Meine Röcke waren zu kurz, und ich war Protestantin [in einer katholischen Gegend]. Also verbarg ich als erstes meine Konfession – und sorgte dafür, daß meine Mutter die Röcke länger machte. Ich brauchte nur vier Wochen, um den Dialekt zu lernen, und die anderen sagten: »Sieh an, sie spricht schon wie die Einheimischen.« Ich versuchte immer, mich so schnell wie möglich anzupassen, und das ist mir [als Immigrantin] sehr zugute gekommen.

Als Peter Palmiés Zuhause in München von Bomben zerstört wurde, wurde er mit seiner Klasse in ein KLV-Lager bei Garmisch-Partenkirchen evakuiert. Damals war er dreizehn und haßte die strengen Regeln des Lagerlebens: »Wir mußten morgens die Flagge grüßen und all so was und wurden gedrillt wie beim Militär. Fünfunddreißig Jungen bewohnten ein Haus, und dort fand auch der Unterricht statt. Wir durften nicht nach München heimfahren, daher konnte ich meine Eltern nicht besuchen.«

Es wurden mehrere Langzeitstudien über evakuierte Kinder in Großbritannien, Australien und Finnland durchgeführt, die die Eindrücke, die ich in meinen Interviews gewonnen habe, bestätigen. Insgesamt konnten diejenigen die Evakuierung am besten verarbeiten, die vor der langen Trennung eine positive Beziehung zu ihren Eltern gehabt hatten. Kinder mit Konflikten in der Familie erlebten weitaus größere Schwierigkeiten mit der neuen Umgebung und der Wiedervereinigung nach dem Krieg. Allerdings waren Langzeitfolgen im Sinne dauerhafter psychischer Störungen im Erwachsenenleben keineswegs typisch – weder bei britischen noch bei deutschen evakuierten Kindern.

Glenn Palmer sprach mit 100 Personen, die als Kinder zu Beginn des Zweiten Weltkriegs aus Großbritannien, Deutschland und Österreich als Evakuierte und Flüchtlinge nach Australien gelangten. Er kam zu dem Ergebnis, daß Kinder, die aus einer sicheren familiären Umgebung in liebevolle Pflegefamilien kamen, diese Erfahrung als Jugendliche insgesamt positiv empfanden.[6] Viele dieser Kinder verfügten über soziale Fähigkeiten, auf die sie sich verlassen konnten und die ihnen halfen. Konnten sie als evakuierte Kinder mit Erfolg zwischenmenschliche Beziehungen aufbauen, so gelang es ihnen auch, im Erwachsenenleben dauerhafte Bindungen einzugehen und ein Netz sozialer Beziehungen zu knüpfen.

Wurden sie von ihren Familien getrennt, wenn sie sich in Gefahr wähnten, Sorge um die Sicherheit der Eltern hatten oder nicht gut genug vorbereitet worden waren, betrachteten sie die Evakuierung als weniger positiv. Doch selbst in solchen Fällen wies nur eine Minderheit pathologische Störungen auf. Die meisten erlebten positive Entwicklungen in ihrem Leben, zum Beispiel durch die Unterstützung eines Ehepartners und die berufliche Laufbahn, und führen ein erfülltes und produktives Leben.

Ruth Inglis hat Interviews mit ehemaligen britischen Evakuierten, heute mittleren Alters, geführt und gibt zu bedenken, daß sich die Langzeitfolgen der frühen Trennung darin widerspiegeln könnten, wie diese Menschen mit der Trennung von ihren *eigenen* Kindern umgehen. Viele ehemalige Evakuierte, so stellt sie fest, die als Kinder ihren Kummer und ihr Trennungsängste verdrängt hatten, durchlaufen diese Erfahrung noch einmal, wenn sie sich von ihren eigenen Kindern trennen müssen, und empfinden dies als doppelt schmerzhaft.[7]

Eila Räsänens Untersuchung finnischer Kinder, die nach Schweden evakuiert wurden, ergänzt die australischen und britischen Ergebnisse und die Belege aus meinen Interviews. Ungefähr vierzig Jahre nach Ende des Zweiten Weltkriegs verglich sie die körperliche und geistige Gesundheit von 568 als Kind evakuierten Erwachsenen mit denen einer Kontrollgruppe, die in ihrem vom Krieg zerrissenen Heimatland geblieben war.[8] In mittleren Jahren litten die ehemaligen Evakuierten seltener unter chronischen, vor allem kardiovaskulären, Erkrankungen als die Personen aus der Vergleichsgruppe, die als Heranwachsende schlechter ernährt worden waren und den Krieg hautnah miterlebt hatten. Psychische Erkrankungen waren in beiden Gruppen gleich stark vertreten. Eines der Hauptprobleme, mit dem die evakuierten Kinder bei ihrer Einreise nach Schweden und der späteren Rückkehr nach Finnland konfrontiert wurden, waren die Sprachschwierigkeiten. Eine gute Kenntnis beider Sprachen erleichterte in beiden Ländern den Schulbesuch – diese Lektion hatte Annegret Ogden in Österreich, Deutschland und dann in den Vereinigten Staaten gelernt.

Auch das polnische Flüchtlingsmädchen Sara machte diese Erfahrung. Als sie nach Chicago immigrierte, sprach sie Polnisch, Russisch und Deutsch und mußte nun einem Schulunterricht folgen, der in amerikanischem Englisch abgehalten wurde. Ihre umfangreichen Sprachkenntnisse standen in einem starken Kontrast zu Saras Mangel an persönlichen Beziehungen. Sie hatte während des Krieges die meisten Mitglieder ihrer großen Familie verloren und betrauert diesen Verlust noch heute, als Frau mittleren Alters. Sie steht nicht allein da: Glenn Palmers Forschungsergebnisse zeigen uns, daß für die meisten polnischen und deutschen Flüchtlingskinder, die Angehörige im Zweiten Weltkrieg verloren hatten und nach Australien gekommen waren, Trauer und Kummer fortbestehen. Das Alter verstärkt noch den Schmerz, der durch Verluste in der Kindheit entstanden ist.[9]

Trotz der ungeheuren Zahl von Opfern, die der Zweite Weltkrieg forderte, gibt es nur wenige systematische Studien über die Auswirkungen, die der Verlust der Eltern auf Kinder und Jugendliche hatte. Das Alter des Kindes zum Zeitpunkt des Verlustes und der Grad, in dem die Umgebung Trauer und Respekt für den Verstorbenen teilt, sind entscheidend für die Folgen, die diese Erfahrungen für die betroffenen Kinder haben.

Kinder unter sechs Jahren trauern weniger intensiv als ältere Kinder. Diese Tatsache wurde ungeachtet nationaler Eigenheiten nachgewiesen und ist vielleicht darauf zurückzuführen, daß jüngere Kinder den Tod kognitiv noch nicht erfassen können. Ältere Kinder sind sich der Endgültigkeit des Todes eher bewußt und können ihn als universelles und unwiderrufliches Phänomen verstehen – eine Vorstellung, zu der die meisten Kinder ab neun Jahren fähig sind. In diesem Alter begriff Keiko Sasaki endlich, daß ihre Mutter nie mehr aus Hiroshima zurückkehren würde. Bei Töchtern, die ihre Mütter verloren haben, und Söhnen, deren Väter im Krieg gefallen sind, scheint das Alter zwischen zehn und vierzehn am kritischsten zu sein. Der Kontext und der Sinn des Verlustes haben eine einzigartige Bedeutung, die bei den Kindern der Sieger in einer »gerechten Sache« ganz anders sein kann als bei den Kindern der Besiegten, die zu Übeltätern der Geschichte deklariert werden.

Amerikanische Familien, die im Zweiten Weltkrieg geliebte Menschen verloren hatten, verbargen meist ihren Kummer. Viele junge Kriegerwitwen zogen ihre Familien ungeachtet sozialer und ökonomischer Schwierigkeiten allein auf. Man mahnte sie ständig: »Wenn du es ertragen kannst, schaffen es auch deine Kinder!« Für Witwen und Halbwaisen war es schwer, sich in die familienorientierte amerikanische Nachkriegsgesellschaft einzufügen. Das gleiche galt für deutsche Kriegerwitwen. Aufgrund der ungeheuren Verluste unter Männern im wehrfähigen Alter waren für sie und für die Russinnen,

Ein finnisches Kind kehrt nach der Evakuierung nach Hause zurück

die dieses Schicksal teilten, die Aussichten auf eine Wiederheirat bedeutend geringer als für die Kriegerwitwen in den Vereinigten Staaten.

Auf allen Seiten des Konfliktes waren die Erfahrungen der Kriegswaisen von Schweigen geprägt, was den Verlust nur noch schmerzhafter machte. Für diejenigen, die Eltern und Geschwister im Krieg verloren hatten, erwies sich die Verarbeitung als Lebensaufgabe. Der Tod von Vätern und älteren Brüdern betrog sie noch mehr um ihre Kindheit, in die der Krieg bereits nachhaltig eingegriffen hatte. Oft mußten Kinder und Jugendliche die Aufgaben Erwachsener übernehmen – Lebensmittel beschaffen, sich um jüngere Geschwister kümmern und ihnen Halt und Stütze bieten. Daher schlossen sich jüngere Kinder oft eng an ihre Mütter an und mißbilligten jeglichen Kontakt zu Männern, die sie als Rivalen um die Aufmerksamkeit der Mutter betrachteten.

Mit der Zeit wurden die Erinnerungen an den Vater durch Fotos ersetzt, die an der Wand hingen oder auf dem Kaminsims standen. Erwachsene, die ihre Väter und Brüder im Krieg verloren haben, berichten von einer andauernden Traurigkeit, weil sie die letzte Ruhestätte ihrer Lieben nicht kennen. Mehr als fünfzig Jahre nach Ende des Zweiten Weltkriegs – nachdem sich der Eiserne Vorhang gehoben hat und die Mauer Ost und West nicht länger trennt – unternehmen deutsche Kriegswaisen erneut den Versuch, die Gräber gefallener Angehöriger zu finden.

Im Dezember 1991 hielt »No Greater Love«, eine Organisation in den Vereinigten Staaten, die an Opfer von Kriegen und Terroranschlägen erinnert, auf dem Nationalfriedhof in Arlington einen Gedenkgottesdienst für Familien ab, die im Zweiten Weltkrieg Angehörige verloren hatten. Für die meisten von ihnen war es die erste Zeremonie, die je für ihre toten Familienmitglieder abgehalten worden war. Zum erstenmal trafen sie andere Menschen, denen es wie ihnen ging. Ihre Geschichten finden sich teilweise in *Lost in the Victory: Reflections of American War Orphans of World War II.* Die Stimmen in diesem Buch sind die Stimmen der Söhne und Töchter, die ein halbes Jahrhundert lang nur selten über ihren Verlust gesprochen haben.[10]

Es gab auch jugendliche Soldaten des Zweiten Weltkriegs, die noch immer um tote Kameraden trauern, und Kinder wie Tomiko Higa, die die furchtbaren Verluste in der letzten grausamen Schlacht des Krieges, in der ihr Bruder sein Leben verlor, mit ansehen mußte. Meine Klassenkameraden wurden mit vierzehn oder fünfzehn Jahren als Flakhelfer eingezogen oder dienten als Sechzehnjährige im Volkssturm und sahen, wie ihre Kameraden getötet wurden. Und es gab vierzehn- und fünfzehnjährige Amerikaner, die an den alliierten Invasionen in Sizilien und der Normandie teilnahmen – Matrosen wie Eddie McCann und Gene Sizemore – und überall um sie herum sterbende Soldaten sahen.

Von persönlichen Tagebüchern, Briefen und einigen anderen Berichten abgesehen, wissen wir kaum etwas darüber, wie sich die Kampferlebnisse langfristig auf diese Jugendlichen auswirkten. Barbara Elden Larney sprach mit fünfundfünfzig zwischen 1934 und 1939 geborenen deutschen Männern und Frauen, als diese Mitte bis Ende Fünfzig waren.[11] Sie erinnerten sich lebhaft daran, wie die Alliierten nach Deutschland vordrangen und sie die ernüchternde Erfahrung machten, daß ihre Verteidigung in den Händen von »Kindersoldaten« lag, die nur wenige Jahre älter waren als sie selbst. »Wir sahen, wie sie fielen«, berichtete eine ihrer Interviewpartnerinnen. »Ich weiß noch, wie einer aufschrie [als er getroffen wurde].«

In *Children of the Great Depression* fand Glenn Elder bei kalifornischen Veteranen mittleren Alters (aus Berkeley und Oakland), die als Jugendliche schwere Kampfhandlungen miterlebt hatten, dauerhafte Symptome posttraumatischen Stresses. Im sechsten Jahrzehnt ihres Lebens litt ein Fünftel der Männer, die schweren Kampfhandlungen ausgesetzt gewesen waren, noch immer unter Schlafstörungen und fühlte sich manchmal in heftige Kämpfe zurückversetzt: »das Gebrüll und Geschrei mitten in der Nacht«. Doch der Frontdienst lehrte sie auch früh, Not und Unglück zu überstehen.[12]

Viele Kinder des Zweiten Weltkriegs, vor allem in Europa, hatten nicht nur ein belastendes Erlebnis, sondern erlitten eine Kombination aus *Trauma* (Lebensgefahr für sie selbst oder geliebte Menschen), *Verlust* (ihres Zuhauses, von Freunden oder Angehörigen) und *Mangel* (an Nahrung, Wasser und Unterkunft). Doch in ihrem Leben gab es auch schützende Faktoren, die es ihnen ermöglichten zu überleben.

Unter diesen Schutzfaktoren standen liebende Angehörige – Mütter, Großmütter und ältere Geschwister – an erster Stelle. Sie waren bei ihnen, bei Luftangriffen, auf der Flucht, in Zeiten akuten Hungers. Sie boten ihnen emotionalen Beistand und ein gewisses Maß an physischer Versorgung. Auch die Lehrer gaben dem Leben der Schulkinder einen Anstrich von Normalität, ob sie nun in englischen oder deutschen Luftschutzbunkern, in Umsiedlerlagern für Amerikaner japanischer Abstammung in der Wüste von Arizona oder österreichischen D.-P.-Lagern unterrichteten. Trotz des Mangels an Bequemlichkeit, fehlenden Lehrmaterials in einer teilweise zerbombten Schule oder der Kälte und des Staubes, die in die improvisierten Schulzelte der Internierungs- oder Flüchtlingslager drangen, erlebten die Kinder das Wunder des Lernens. Der Schulunterricht gab ihrem Leben Struktur und Perspektive. Die Bücher, so zerfleddert sie auch sein mochten, boten Trost und Inspiration – für ein kleines russisches Mädchen in Leningrad, für einen deutschen Jungen in einem Luftschutzbunker und für lettische, estnische und polnische Kinder, die in bayrischen D.P.-Lagern lebten.

Ein Vertrauen in Gott und der Glaube, daß das Leben doch einen Sinn hat, haben vielen Kindern geholfen, ihre Kriegserlebnisse zu verarbeiteten Dieser Glaube war unabhängig von einer engen konfessionellen Auslegung der Bibel und auch nicht auf das Christentum beschränkt. Die Kinder von Hiroshima stützten sich auf ihren buddhistischen Glauben; die Kinder von Nagasaki beteten zum Gott der Christen; die Kinder von Dresden riefen Maria, die Mutter Gottes an; die Kinder im offiziell atheistischen Rußland beteten um Erlösung.

Mein Freund und Kollege Isao Fujimoto sann darüber nach, wie es ihm, seinen vier Geschwistern und seiner fünfundzwanzigjährigen Mutter gelungen war, ohne Zorn und Bitterkeit in den Internierungslagern zu überleben:

> Ich glaube, viele Faktoren kamen zusammen. Einer davon liegt in der japanischen Kultur und sicher auch der buddhistischen Tradition, und zwar die Bedeutung der Familie. Dann gibt es die Vorstellung, daß man sich nicht gegen das Schicksal wehren kann. Die Karten werden ausgeteilt, und man macht das beste daraus. Aus dem Buddhismus stammt auch die Idee, daß das ganze Leben aus Leiden besteht, aber man muß es nicht hinnehmen, es gibt einen Ausweg. Dadurch wird es zu einem Weg, wie man der Realität begegnen und weiterleben kann. Das halte ich für überaus wichtig. Und dann noch eine dritte Sache: wie die Familie einen Sinn daraus zieht... Meine Mutter war damals erst 25. Sie

> hatte fünf Kinder, ihr Mann wurde vom FBI geholt, und wir versuchten herauszufinden, was zu tun sei... Wir machten weiter, arbeiteten weiter, lebten weiter.

Im Laufe der Zeit übernahmen die meisten Kinder des Zweiten Weltkriegs Aufgaben, die dem Wohl ihrer Familie dienten und deren Umfang den heutigen Leser erstaunen mag.

Während der Kämpfe und des Wiederaufbaus in der Nachkriegszeit betreuten sie jüngere Geschwister, beschafften Lebensmittel oder übernahmen Arbeiten innerhalb und außerhalb der Familie, die vorher Erwachsenen oblagen, die nun vermißt oder tot waren. Dies galt für Mädchen und Jungen gleichermaßen – vor allem im vom Krieg zerrissenen Europa.

Auf Dauer waren es der regelmäßige Schulbesuch, die Wiederaufnahme und Stärkung familiärer Bindungen und eine nützliche Arbeit, die es vielen Kriegskindern ermöglichten, als Erwachsene ihrem Leben einen Sinn zu geben. Den Männern und Frauen, mit denen ich gesprochen habe, gelang dies ohne Haß und Verbitterung und mit großem Mitgefühl. In unserer Familie trug der sprichwörtliche Sinn für Humor dazu bei. Wir waren »mit der Gabe des Lachens und dem Gefühl geboren, daß die Welt verrückt sei«.

Betrachtet man jedoch das kollektive Gedächtnis der Männer und Frauen, die den Zweiten Weltkrieg als Kinder oder Jugendliche erlebten, finden sich bedeutende Unterschiede zwischen Siegern und Besiegten. Unterschiedliche Bildungschancen und die Situation auf dem Arbeitsmarkt nach dem Krieg wirkten sich entscheidend auf ihr späteres Leben aus. Im Gegensatz zu den neutralen Ländern wie Schweden oder der Schweiz erhielten in Deutschland und Österreich Kinder wie ich, die bei Kriegsausbruch zehn Jahre alt gewesen waren, mit großer Wahrscheinlichkeit keine höhere Bildung.

Deutsche Kinder, vor allem Mädchen, die ihre Schul- und Berufsausbildung in der unmittelbaren Nachkriegszeit abschließen und in den Beruf einsteigen mußten, waren auf lange Sicht am stärksten benachteiligt. Jugendlichen, die gegen Kriegsende oder danach (von 1944 bis 1946) die Schule abschlossen und mit vierzehn oder fünfzehn Jahren eine Lehre begannen, boten sich drastisch eingeschränkte Bildungsmöglichkeiten. Kinder, die in jener Zeit von der

Volksschule aufs Gymnasium gewechselt waren, machten nur selten Abitur oder schlossen ein Hochschulstudium ab.[13]

Der Zweite Weltkrieg wirkte sich besonders negativ auf die Beschäftigung und Berufsausbildung deutscher Mädchen aus, die bei Kriegsende zwischen vierzehn und sechzehn Jahre alt gewesen waren. Daten zu ihrer beruflichen Entwicklung in mittleren Jahren zeigen, daß diese Frauen im Vergleich zu ihren männlichen Altersgenossen früher anfingen zu arbeiten und häufiger ungelernte Tätigkeiten verrichteten. Die Lebensbedingungen in der unmittelbaren Nachkriegszeit zwangen sie, eine bezahlte Arbeit aufzunehmen, statt eine Berufsausbildung oder ein Studium zu beginnen. Die Familien waren auf ihr Einkommen angewiesen. Man stellte praktische Fähigkeiten, die dem Wiederaufbau zugute kamen, über Berufe, die eine höhere Schulbildung verlangten. Folglich fehlte es jenen Frauen an Qualifikationen, die ihnen im späteren Leben eine höhere berufliche Position ermöglicht hätten.

Diese Frauen bekamen auch weniger Kinder als ihre amerikanischen Altersgenossinnen. Im Gegensatz zu Großbritannien und den Vereinigten Staaten erlebte Deutschland nach dem Krieg keinen Babyboom. Deutsche Männer meiner Generation, die während des Krieges Teenager waren und nur mit ihrer Mutter zusammenlebten, lagen bei der Zahl eigener Kinder deutlich unter dem Durchschnitt ihrer Generation.

In den Vereinigten Staaten eröffnete die GI Bill jugendlichen Veteranen wie meinem Ehemann, der aus dem Pazifik heimgekehrt war, ungeahnte Bildungs- und Berufsaussichten. Die Männer seiner Generation erinnern sich vor allem an die Bildungsmöglichkeiten, die ihnen geboten wurden. Die GI Bill wurde 1944 erlassen, da man fürchtete, die mögliche Arbeitslosigkeit heimkehrender Soldaten könne gesellschaftliche und politische Gefahren mit sich bringen. Sie bot meinem Mann und seinem Bruder Richard die Möglichkeit, an einer Universität zu studieren. Die Brüder hatten bei der Marine gedient und verließen als erste Mitglieder ihrer Familie den Bauernhof in Minnesota, um eine akademische Berufsausbildung aufzunehmen.

Das Universitätsstudium bot ihnen einen Ausweg aus den Benachteiligungen der Vergangenheit. Dies galt auch für andere »Kinder der großen Depression«, die im Zweiten Weltkrieg gekämpft hatten. Glenn Elder untersuchte im Rahmen einer Langzeitstudie der Universität von Kalifornien die Berufsentwicklung von Veteranen aus Berkeley. Er fand heraus, daß schon das Universitätsstudium an sich, ob mit oder ohne Abschluß, die Männer auf einen Weg brachte, der sich positiv auf ihr weiteres Leben auswirkte. Sie trugen in bedeutendem Maße zu einer der längsten und beständigsten Perioden von Wachstum und Wohlstand bei, die die Vereinigten Staaten nach dem Zweiten Weltkrieg erlebt haben, einer Periode, die fünfundzwanzig Jahre anhalten sollte.

Im Gegensatz zum deutlichen Geburtenrückgang im besiegten Deutschland erlebten die Vereinigten Staaten durch den Nachkriegswohlstand einen »Babyboom«. Von 1946 bis 1964 wurden 75,9 Millionen Kinder geboren – ein Rekord in der Geschichte des Landes. Familie und Heim waren auch zur Zufluchtsstätte geworden – einer Zuflucht vor dem Kalten Krieg und der Gefahr eines Atomkriegs.

In den Vereinigten Staaten konzentrierten sich die Träume der Männer und Frauen, die den Zweiten Weltkrieg als Kinder erlebt hatten, auf frühe Heirat, große Familien und den Glauben an den sozialen Aufstieg. Sie bekannten sich wieder zu den Werten, die man ihnen als Kriegskindern zu Hause vermittelt hatte: ein fester Glaube an die Gerechtigkeit der Vereinigten Staaten und deren Mission in der Welt sowie Respekt gegenüber leitenden Personen in der Regierung und Kirche, in der Erziehung und Wirtschaft. Spätere Ereignisse wie der Vietnamkrieg und die Ermordung von Präsident Kennedy und Martin Luther King Jr. sollten diese Männer und Frauen zwingen, ihren Patriotismus zu überdenken – wie es deutsche Kinder und Jugendliche am Ende des Zweiten Weltkrieges von Grund auf tun mußten.

Die Kinder der Länder, die den Zweiten Weltkrieg verloren hatten, gingen mit den Ereignissen der Nachkriegszeit anders um als die Kinder der Siegermächte. Die Erwachsenen verschwiegen oft die Greueltaten, die sie selbst oder ihre Mitbürger während des Krieges oder danach begangen hatten – das betrifft vor allem den Holocaust, aber auch die Massaker von Japanern an Chinesen, in Nanking beispielsweise. Dieses Schweigen war kaum zu durchbrechen. Deutsche und japanische Kinder mußten nicht nur mit der Zerstörung ihrer Heimatländer fertig werden, sondern auch den totalen Bankrott der Mythen, Ideologien und Werte verarbeiten, die ihre Gesellschaft geprägt hatten. Den Kindern in den siegreichen Vereinigten Staaten blieb diese Erfahrung erspart – erst viel später weckte der Vietnamkrieg in ihnen Zweifel an der Gerechtigkeit der amerikanischen »Mission«. Die japanisch-amerikanischen Kinder jedenfalls hatten schon zu Beginn des Zweiten Weltkriegs allen Grund, den amerikanischen Idealen einer »Gerechtigkeit für alle« mißtrauisch zu begegnen. Diese Lektion vergaßen sie nie.

Tatsuko Anne Tachibana verfügte über eine einzigartige Perspektive: Sie war neun Jahre alt, als ihre Familie aus ihrem Zuhause in Oceanside, Kalifornien, ins Internierungslager Poston in Arizona deportiert wurde. Dort verbrachte sie den größten Teil des Krieges, während das FBI ihren Vater als »gefährlichen Ausländer« in einem Straflager in New Mexico festhielt. »Wenn ich zurückschaue«, berichtet Anne in William Tuttles Buch *Daddy's Gone to War*, »empfinde ich sicher keine Bitterkeit und keinen Haß auf dieses Land, ich bin nur ein bißchen traurig, und es bleiben viele Fragen, auf die ich keine Antwort bekam... Ich hoffe, unser Land hat seine Lektion gelernt.«[14]

Es dauerte lange, bis die amerikanischen Volksvertreter diese Lektion gelernt hatten. Am 10. August 1988, dreiundvierzig Jahre nach Ende des Zweiten Weltkriegs, unterzeichnete Präsident Ronald Reagan schließlich den Civil Rights Act, mit dem sich der US-Kongreß offiziell bei den japanisch-amerikanischen Bürgern entschuldigte. Jeder Überlebende eines Lagers erhielt 20 000 US-Dollar. Doch niemand wird die Menschen für den Verlust der Freiheit und die Demütigung entschädigen können, daß man sie wie Landesverräter behandelt hatte.

Die psychologischen Auswirkungen der Internierung der japanischstämmigen Amerikaner haben sich über die Generationen verändert.[15] Die Issei der ersten Generation verloren alles, was sie sich so hart erarbeitet hatten. In den Lagern erlebten Kinder und Eltern oftmals einen Rollentausch: Den Nisei der zweiten Generation gestand man Positionen zu, in denen sie einen gewissen Einfluß ausübten, zum Beispiel als Lehrer oder in der Jugend- und Freizeitarbeit. Wie Vergewaltigungsopfer fühlten sich die Nisei manchmal, als trügen sie selbst die Schuld an ihrem Schicksal. Oft fraßen sie den Zorn in sich hinein und verhielten sich nach dem Krieg kooperativ, gehorsam und still. Sogar die Identität und das Selbstbild der Sansei, der Angehörigen der dritten Generation, die entweder als ganz kleine Kinder im Lager gewesen oder dort geboren worden waren, nahm Schaden. Noch heute schämen sich manche Sansei für ihren Geburtsort.

Die Internierung wirkte sich auch auf die körperliche Gesundheit der Menschen aus, vor allem die der männlichen Nisei. Von den Nisei, die in Lagern gewesen waren, starben doppelt so viele vor dem sechzigsten Lebensjahr wie in der Gruppe derer, die nicht interniert gewesen waren. Die Internierung schuf ungewöhnliche Streßfaktoren für Nisei-Väter. Sie waren sehr viel zurückhaltender als die Nisei-Mütter, wenn es darum ging, mit ihren Kindern über die Lagererfahrung zu sprechen.

Obwohl Angehörige der dritten Generation die Internierung ihrer Eltern gemeinhin als ungerecht und traumatisch beurteilen, bewundern sie deren Anpassungsfähigkeit in der Nachkriegszeit und respektieren sie als Vorbilder. Durch die Ratifizierung des Entschädigungsgesetzes im Jahre 1988 hat sich die psychische Last des Mißtrauens, die viele japanischstämmige Amerikaner jahrzehntelang getragen haben, verringert, und die Bindung zwischen den Generationen und der ethnische Stolz haben sich verstärkt.

Einer der bemerkenswertesten Aspekte meiner Interviews, die ich mit Kindern des Zweiten Weltkriegs geführt habe, ist das Fehlen von Haß und Bitterkeit gegenüber ehemaligen »Feinden« oder Menschen im eigenen Land, die ihnen Unrecht zugefügt hatten. Isao Fujimoto, dessen Vater als »feindlicher Ausländer« inhaftiert worden war und der seine Kindheit in zwei Internierungslagern in Wyoming und Kalifornien verbrachte, erinnert sich noch heute an das kleine Geschenk, das er Weihnachten 1942 im Umsiedlerlager Heart Mountain von den Quäkern erhielt. Er hat diese Geste tausendfach vergolten, indem er die letzten vierzig Jahre ehrenamtlich für das American Friends Service Committee tätig war.

Die Kinder des Zweiten Weltkriegs verloren nicht das Gespür für das Leiden anderer und vermochten den Menschen im Feind zu erkennen. Keith Barton, den seine Klassenkameraden in England hänselten, weil er der Sohn eines Kriegsdienstverweigerers war, lernte eine wichtige Lektion, als er deutschen Kriegsgefangenen begegnete:

> Ich glaube wirklich, daß der frühe Kontakt mit diesen jungen Männern in mir den Eindruck hinterließ, daß es freundliche, ganz normale Leute waren. Sicher, es heißt, sie waren Kriegsgefangene, Feinde, aber sie waren nett zu mir, haben mir Spielzeug geschnitzt. Außerdem halfen sie meiner Mom – wie Ersatzväter, denn sie hatten selber Kinder. Ich erinnere mich an die Fotos. Ich *weiß*, sie hatten Kinder. Dieses ganze Feindgetue ist lächerlich, denn selbst wenn man gegen ein bestimmtes Land Krieg führt, gibt es dort viele Leute, die gute Freunde werden könnten, wenn man ihnen einfach nur als Menschen begegnete. Daher ist der Krieg schlecht, der *Krieg* tut die [schlimmen] Dinge, *nicht* die *Menschen.*

Larry Lauerhass jr. wuchs in Südkalifornien auf. Während des Zweiten Weltkriegs kamen seine japanisch-amerikanischen Nachbarn in Internierungslager:

> Ich fühlte den Schmerz, den der Krieg überall in der Welt den Menschen zufügt. Diese Erfahrung ließ mich die Situation im Fernen Osten und in Europa genauer betrachten. Für mich führte es letztlich zu dem positiven Ergebnis, daß ich Menschen aus diesen Ländern sehr viel offener und aufgeschlossener begegnete. An der Universität hatte ich einen sehr guten Freund, der Japaner war. Ich glaube, der Krieg schuf das Gegenteil von Ablehnung. Für mich bedeutete er eine Öffnung.

Die auffälligste Eigenschaft, die ich in den Interviews feststellte, war das tätige Mitleid mit Menschen in Not. Sara Glickstein, das polnische Flüchtlingsmädchen, hatte den Großteil ihrer Familie und ihr

Zuhause in Warschau verloren, war mit ihrer Familie in einem Arbeitslager in der russischen Tundra gewesen und hatte fünf Jahre ihrer Kindheit in einem D.P.-Lager verbracht. Kiyoko Yamasaki, die in San Francisco geborene Tochter japanischer Eltern, wurde von ihrem Vater getrennt, der in einem amerikanischen Straflager saß, und erlebte mit, wie ihr Haus in Japan von amerikanischen Flugzeugen bombardiert wurde. Sara und Kiyoko hätten Grund zur Verbitterung, da der Krieg ihre Kindheit zerstört hatte. Doch er hatte nicht ihren Geist besiegt.

Sara sagte:

> Ich glaube, es hat mir geholfen, all das Leid zu sehen. Dadurch wurde ich ein mitfühlenderer Mensch. Ich habe mein ganzes Leben lang versucht, aktiv gegen den Krieg einzutreten und mich für die Menschen auf der Straße einzusetzen, die Obdachlosen. Ich weiß, was es heißt, kein Heim zu haben... Ich bemühe mich auch um mißhandelte Tiere... Ich glaube, sie sind in einer ähnlichen Lage wie viele Menschen, die [in Kriegen] leiden, und sogar noch hilfloser.

Kiyoko erinnerte sich mit Liebe an ihre japanischen Verwandten, die sie nicht haßten, obwohl sie Amerikanerin war, und an ihre amerikanischen Freunde, die sie nicht für ihre japanische Abstammung haßten, als sie nach dem Krieg nach Kalifornien heimkehrte. »Ich glaube, ich hatte Glück, so vielen netten Menschen begegnet zu sein«, sagte sie. »Ich werde, solange ich lebe, nett zu den Menschen sein. Ich bin jetzt in einem Alter, wo der Tod näher rückt, deshalb verhalte ich mich besonders nett. Ich weiß es zu schätzen, daß ich in meinem Leben so vielen hilfreichen Menschen begegnet bin.«

Die Kinder, die den Zweiten Weltkrieg überstanden, sollten keinen dauerhaften Frieden auf Erden erleben. In der zweiten Hälfte des zwanzigsten Jahrhunderts wurden mehr als 100 bewaffnete Konflikte in Afrika, Asien, Europa und dem Nahen Osten ausgetragen. Heutzutage sind neun von zehn Kriegsopfern Zivilisten.[16] Millionen von Kindern werden für den Rest ihres Lebens körperliche und seelische Narben tragen. Einige werden ihre Erlebnisse nie verarbeiten; andere werden lernen, mit den schmerzlichen Erinnerungen zu leben, wie es die meisten Kinder des Zweiten Weltkriegs getan haben.

UNICEF – gegründet von Menschen, die die Auswirkungen des Krieges auf die Kinder in Europa und Asien erlebt hatten – hat sich als unermüdlicher Anwalt für die Rechte der jüngsten Opfer bewaffneter Auseinandersetzungen eingesetzt. Im September 1990 trafen sich Regierungschefs am Hauptsitz der Vereinten Nationen in New York, um am ersten Kindergipfel der Welt teilzunehmen. Sie unterzeichneten die Kinderrechtskonvention – eine Erklärung, die dem Schutz der verletzlichsten Angehörigen der menschlichen Gesellschaft dienen soll.

Die Konvention verpflichtet die Regierungschefs der Welt, Kindersoldaten zu demobilisieren, Kinder und jugendliche Flüchtlinge mit ihren Familien zusammenzuführen, die seelischen und körperlichen Wunden der jüngsten Kriegsopfer zu heilen und Schulen für sie einzurichten. Diese Aufgabe ist eine große Herausforderung, schließlich wurden im letzten Jahrzehnt des zwanzigsten Jahrhunderts Millionen Kinder in Bürgerkriegen getötet oder verstümmelt. Millionen sind auf der Flucht, verwaist oder können ihre Eltern nicht finden. Weitere Millionen haben erlebt, wie ihr Zuhause zerstört wurde, und betrauern den Tod geliebter Menschen.

Dennoch brauchen wir nicht zu verzweifeln, denn die Geschichten der Kinder, die den Zweiten Weltkrieg überlebten, lehren uns, daß kriegs- und gewaltbedingte körperliche und seelische Traumata nicht unheilbar sind. Wir *können* die Kriegskinder ernähren und kleiden, den Flüchtlingen Obdach bieten, die Wunden der Verletzten und Verstümmelten verbinden. Menschen, die guten Willens waren, haben dies für die Kinder des Zweiten Weltkriegs getan. *Wir können es wieder tun.*

Wir *können* den Kindern des Krieges Hoffnung schenken, ihnen die Liebe verständnisvoller Erwachsener bieten – eines Familienmitglieds, Lehrers, von jemandem, der ihnen zuhört und ihre Hand hält. Wir *können* mit Hilfe von Schulen ihrem jungen Leben eine neue Struktur und Normalität geben. Dort können die Kinder die Fähigkeiten erlernen, mit denen sich die Welt im Frieden neu aufbauen läßt. Wir haben es schon einmal getan, als die ganze Welt in Trümmern lag. *Wir können es wieder tun.*

Vier Kriegswaisen

Wenn wir in den kommenden Jahren dauerhaften Frieden auf Erden wollen, müssen wir den Kindern des Krieges zuhören, die – immer aufs neue – über eine Weisheit verfügen, die ihr Alter Lügen straft. Sie können uns besser als alle Politiker, Diplomaten oder Militärstrategen sagen, was Krieg aus Menschen machen kann. Sie haben es aus nächster Nähe gesehen.

Über fünfzig Jahre nach Ende des Zweiten Weltkriegs richteten drei Kinder aus dem ehemaligen Jugoslawien, deren Land von schier endlosen Bürgerkriegen verwüstet worden war, einen beredten Aufruf an alle Menschen in dieser Welt. Ihre Gedichte wurden von UNICEF in einem ergreifenden Buch mit dem Titel *I Dream of Peace* veröffentlicht.[17] »Beendet den Krieg und den Kampf«, schrieb die elfjährige Ivana. »Haltet die Flieger und die Granaten auf... Hört mit allem auf, was tötet und zerstört, damit ein Kind wieder lächeln kann.«

Der zehnjährige Roberto wußte genau, wie dieser Traum wahr werden könnte: »Wenn ich Präsident wäre«, schrieb er, »wären die Panzer zum Spielen für die Kinder da. Bonbons würden vom Himmel fallen. Die Mörser würden Ballons abfeuern, und aus den Gewehren würden Blumen wachsen. Alle Kinder der Welt würden in einem Frieden schlafen, der nicht von Alarm oder Schüssen gestört wird. Die Flüchtlinge würden in ihre Dörfer zurückkehren, und wir würden ganz neu beginnen.«

Wer weiß? In Berlin sahen Kinder einst Bonbons vom Himmel fallen, die ein gutmütiger amerikanischer Pilot für sie abwarf. Vielleicht kann der Traum vom Frieden noch wahr werden – vielleicht können wir ganz neu beginnen. Millionen Jungen und Mädchen in vom Krieg zerrissenen Ländern in aller Welt würden wieder lächeln – wie Helga, Eddy und ich vor so langer Zeit. Wird jemand auf sie hören? Werden wir jemals lernen, daß *kein* Krieg gut sein kann, schon gar nicht für Kinder? »Ich schicke euch diese Botschaft«, schreibt Sandra, zehn Jahre, inmitten der Kämpfe: »Tut nie den Kindern weh. Sie tragen keine Schuld.«

Eine kurze Chronologie des Zweiten Weltkriegs

Die nachstehend aufgeführten Ereignisse liefern den historischen Hintergrund für die Augenzeugenberichte in diesem Buch.

1939

1. September	Deutsche Invasion in Polen
3. September	Frankreich und Großbritannien erklären Deutschland den Krieg.
17. September	Die UdSSR marschiert in Polen ein.
27. September	Warschau wird eingenommen.
30. November	Ausbruch des finnisch-sowjetischen Krieges

1940

12. März	Ende des finnisch-sowjetischen Krieges
9. April	Deutschland marschiert in Norwegen und Dänemark ein.
10. Mai	Deutsche Offensive im Westen. Churchill wird Premierminister.
15. Mai	Beginn der britischen Luftoffensive gegen Deutschland. Die niederländische Armee kapituliert.
20. Mai	Beginn der Evakuierung von Dünkirchen
28. Mai	Die belgische Armee kapituliert.
4. Juni	Abschluß der Evakuierung von Dünkirchen
14. Juni	Deutsche Truppen marschieren in Paris ein.
22. Juni	Frankreich unterzeichnet den deutsch-französischen Waffenstillstandsvertrag.
10. Juli	Beginn der Luftschlacht um England

7. September	Beginn der Luftangriffe auf London
14. November	Luftangriff auf Coventry

1941

22. Juni	Deutsche Truppen marschieren in die UdSSR ein.
2. Oktober	Beginn der deutschen Offensive zur Einnahme Moskaus
19. Oktober	In Moskau wird der Belagerungszustand ausgerufen.
28. November	Die 4. Panzergruppe steht 20 Kilometer vor Moskau.
5. Dezember	Die Rote Armee beginnt ihre Gegenoffensive vor Moskau.
7. Dezember	Japanischer Angriff auf Pearl Harbor
8. Dezember	Die Vereinigten Staaten erklären Japan den Krieg.
11. Dezember	Deutschland erklärt den Vereinigten Staaten den Krieg.

1942

1. Januar	Die 26-Nationen-Erklärung wird von China, Großbritannien, den Vereinigten Staaten und der UdSSR unterzeichnet.
26. Januar	US-Truppen treffen in Nordirland ein.
13. Februar	Roosevelt unterzeichnet einen Exekutivbefehl, der an der Westküste zur Evakuierung von 110 000 Amerikanern japanischer Abstammung führt.
17. März	General MacArthur wird zum Oberbefehlshaber für den südwestlichen Pazifik ernannt.
30. Mai	Der erste Tausend-Bomber-Angriff der britischen Luftwaffe auf Deutschland
4. Juni	Beginn der Schlacht bei den Midway-Inseln
8. November	Die Alliierten landen in Algerien und Marokko. Beginn des Nordafrika-Feldzugs.

1943

27. Januar	Die US-Luftwaffe fliegt ihren ersten Angriff auf Deutschland.
2. Februar	Deutsche Truppen kapitulieren vor Stalingrad.
13. Mai	Die Achsenmächte kapitulieren in Nordafrika.
24. Mai	Rückzug der U-Boote aus dem Nordatlantik
24. Juli	Angriffe der Royal Air Force auf Hamburg
3. September	Die Alliierten landen auf dem italienischen Festland.
8. September	Italien kapituliert.
9. November	Gründung der UNRRA [United Nations Relief and Rehabilitation Administration].
24. Dezember	Eisenhower wird zum Oberkommandierenden für die Landung in der Normandie ernannt.

1944

27. Januar	Nach 900 Tagen endet die Belagerung von Leningrad.
31. Januar	US-Streitkräfte landen auf den Marshall-Inseln.
20. Februar	»Big Week«, Beginn der britisch-amerikanischen Luftoffensive gegen Deutschland
22. April	MacArthurs Truppen landen in Hollandia, Neuguinea.
6. Juni	Landung der Alliierten in der Normandie
13. Juni	Beginn der Bombardierung Englands mit V-1-Raketen
15. Juni	Die strategische Luftoffensive gegen Japan beginnt.
20. Juli	Das Attentat auf Hitler scheitert.
25. August	Die Deutschen kapitulieren in Paris.
8. September	Die erste V-2-Rakete schlägt in England ein.
20. Oktober	US-Truppen landen auf den Philippinen.
21. Oktober	Aachen wird als erste deutsche Stadt von US-Truppen eingenommen.

16. Dezember	Deutsche Truppen starten die Ardennen-Offensive. Beginn der Schlacht in den Ardennen

1945

14. Januar	Angriffe der Roten Armee in Ostpreußen
13. Februar	Luftangriff auf Dresden
19. Februar	US-Truppen landen auf Iwo Jima.
26. Februar	Die 9. US-Armee erreicht südlich von Düsseldorf den Rhein.
7. März	Die 3. US-Armee überquert bei Remagen den Rhein.
1. April	US-Truppen landen auf Okinawa.
12. April	Roosevelt stirbt; Truman wird Präsident.
25. April	Die UN-Konferenz in San Francisco beginnt.
30. April	Hitler begeht Selbstmord.
2. Mai	Die Rote Armee nimmt Berlin ein.
7. Mai	Um 2.41 Uhr unterzeichnet Jodl in Reims die bedingungslose Kapitulation Deutschlands. Sie tritt am 9. Mai um 00.01 Uhr in Kraft.
6. August	Abwurf der Atombombe auf Hiroshima
9. August	Abwurf der Atombombe auf Nagasaki
14. August	Kaiser Hirohito verkündet die bedingungslose Kapitulation Japans.
2. September	Die japanische Kapitulation wird an Bord der USS *Missouri* in der Bucht von Tokio unterzeichnet.

Anmerkungen

Prolog

1. Martin K. Sorge, *The Other Price of Hitler's War: German Military and Civilian Losses Resulting from World War II*, Greenwood Press, New York, 1986.
2. Siehe beispielsweise Laurel Holliday (Hg.), *Children of the Holocaust and World War II: Their Secret Diaries*, Pocket Books, New York, 1995; Sarah Moskovitz, *Love Despite Hate: Child Survivors of the Holocaust and their Adult Years*, Schocken Books, New York, 1983.

Kapitel 1

1. Hannes Heer (Hg.), *Als ich 9 Jahre alt war, kam der Krieg: Schulaufsätze 1946: Ein Lesebuch gegen den Krieg*, Prometh Verlag, Köln, 1980. Ich habe nicht für jedes Zitat eine Anmerkung angefügt, um das Buch nicht damit zu überlasten. Meist führe ich die Quelle nur an, wenn ich mich zum erstenmal auf sie beziehe; folgende Zitate aus derselben Quelle sind nur dann mit einem Verweis gekennzeichnet, wenn die Gefahr einer Verwechslung besteht.
2. William L. Shirer, *The Rise and Fall of the Third Reich: A History of Nazi Germany*, Simon and Schuster, New York, 1959.
3. Janine Philipps, *My Secret Diary*, Shepheard-Walwyn, London, 1982.
4. Kurt Homburg, *Aus Kindertagen vor 50 Jahren*, Maximilian Verlag, Herford, 1992.
5. Interview mit Dinah Towns, 10. Oktober 1997.
6. Jean-Louis Besson, *October 45: Childhood Memories of the War*, Creative Editions, Mankato, 1995.
7. Eleanor Allen, *Wartime Children: 1939–1945*, A & C Black, London, 1975.
8. Bessie Shea, »War at Scapa Flow«, in: Robert Westall (Hg.), *Children of the Blitz: Memories of Wartime Childhood*, Viking, New York, 1985, S. 60–71.
9. Lucien Hut, »The Netherlands«, in: C. LeRoy Anderson, Joanne R.

Anderson und Yunosuke Ohkura (Hg.), *No Longer Silent: World-Wide Memories of the Children of World War II*, Pictorial Histories, Missoula, 1995, S. 118–133.
10. Jules, »Belgium«, in: Kati David, *A Child's War: World War II Through the Eyes of Children*, Avon Books, New York, 1989, S. 83–90.
11. Regina Schwenke, *Und es wird immer wieder Tag: Kindheitserinnerungen an Berlins dunkelste Tage*, Arani, Berlin, 1983.
12. Jill, »Letter to Dear Mummy and Daddy, September 1, 1940«, in: Westall, *Children of the Blitz*, S. 92.
13. Alice Brady, *Children Under Fire*, Columbia, Los Angeles, 1942.
14. Ebd.
15. Jennifer J. Borchert, »Dear Diary«, URL: http://www.msu.edu/user/borcher3.

Kapitel 2

1. Michael Foreman, *War Boy: A Country Childhood*, Arcade, New York, 1991, S. 7–8.
2. Robin, »England«, in: David, *A Child's War*, S. 39.
3. Interview mit Keith Barton, November 1997.
4. Interview mit Dinah Towns, 10. Oktober 1997.
5. Christian Søe, »A Relatively Civilized War«, in: David Childs und Janet Wharton (Hg.), *Children in War: Reminiscences of the Second World War*, University of Nottingham, Nottingham, 1989, S. 161–170.
6. Jytte Christensen Johansen, »Denmark«, in: Anderson et al., *No Longer Silent*, S. 100–102.
7. Lucien Hut, »The Netherlands«, in: Anderson et al., *No Longer Silent*, S. 118–133.
8. »SS 5: Pages from Jan's Diary«, in: Lore Cowan (Hg.), *Children of the Resistance*, Meredith Press, New York, 1969, S. 106–127.
9. Willemien van de Zand, »Witness to an Invasion«, in: David Childs und Janet Wharton (Hg.), *Children in War: Reminiscences of the Second World War*, University of Nottingham, Nottingham, 1989, S. 135–145.
10. Ola Austbo, »Norway«, in: Anderson et al., *No Longer Silent*, S. 112–116.
11. Juri Kirschin, »Russia«, in: Anderson et al., *No Longer Silent*, S. 276–280.
12. N. P. Dowbenko, »Russia«, in: Anderson et al., *No Longer Silent*, S. 44–48.

13. Ljudmila Anopowa, »Siege of Leningrad Survivor Relives Her Childhood Terror.« URL: http://www.sptimes.ru/archives/sppress/siege.html.
14. Ina Konstantinowa, »Diary«, in: Holliday, *Children of the Holocaust*, S. 249–254.
15. Elsbeth Emmerich, *My Childhood in Nazi Germany*, Bookwright Press, New York, 1991.
16. Jean-Louis Besson, *October 45: Childhood Memories of the War*, Creative Editions, Mankato, 1995.

Kapitel 3

1. Westall, *Children of the Blitz*, Kap. 3.
2. Bertha Leverton und Shmuel Loewenson, *I Came Alone: The Story of the Kinder Transports*, The Book Guild, Lewes, 1998.
3. Interview mit Dinah Towns, 10. Oktober 1997.
4. Westall, *Children of the Blitz*, S. 41–56.
5. Susan Isaacs (Hg.), *The Cambridge Evacuation Survey: A Wartime Study in Social Welfare and Education*, Methuen, London, 1941.
6. Michael Fethney, *The Absurd and the Brave: CORB – The True Account of the British Government's World War II Evacuation of Children Overseas*, The Book Guild, Lewes, 1990.
7. Geoffrey Bilson, *The Guest Children: The Story of the British Child Evacuees Sent to Canada During World War II*, Fifth House, Saskatoon, 1988.
8. Carlton Jackson, *Who Will Take Our Children?*, Methuen, London, 1985, S. 99.
9. Margaret Beal, »Diary«, in: Ben Wicks (Hg.), *The Day They Took the Children*, Bloomsbury, London, 1989, S. 144–155.
10. Jack Keely, »Interview«, in: Ruth Inglis (Hg.), *The Children's War: Evacuation, 1939–1945*, Collins, London, 1989, S. 120–122.
11. Caroline Bell und Eddie Bell, *Thank You Twice or How We Like America*, Harcourt, Brace and Company, New York, 1941, S. 109–112.
12. Ruth Inglis, »Effects of Evacuation«, in: Inglis, *The Children's War*, S. 147–166.
13. B. S. Johnson (Hg.), *The Evacuees*, Victor Gollancz Ltd., London, 1968.
14. Inglis, »Effects of Evacuation«.
15. »Bomben und Kinderlandverschickung«, in: Arbeitsgruppe Pädagogisches Museum (Hg.), *Heil Hitler, Herr Lehrer: Volksschule 1933–1945*, Rowohlt Verlag, Reinbek, 1983.

16. Heer, *Als ich 9 Jahre alt war*, Kap. 12.
17. Ebd.
18. Ebd.
19. Ebd.
20. Claus Larass, *Der Zug der Kinder: KLV - Die Evakuierung 5 Millionen deutscher Kinder im 2. Weltkrieg*, Ullstein, Frankfurt, 1992, S. 62–63.
21. Ebd.
22. Annemarie Landenberger, *Als Hamburger Lehrerin in der Kinderlandverschickung: Tagebuch 1943*, Verein für Hamburger Geschichte, Hamburg, 1992.
23. Larass, *Der Zug der Kinder.*
24. Georg Klitta, »Das Finale des Zweiten Weltkriegs in Schwandorf«, in: Gerhard Dabel (Hg.), *Die erweiterte Kinder-Land-Verschickung: KLV-Lager 1940–1945*, Schillinger, Freiburg, 1981, S. 293.
25. »Inge L.«, in: Larass, *Der Zug der Kinder*, S. 141–157.
26. »Erfahrungen, Auswirkungen und Lehren aus der Sicht von Teilnehmern«, in: Dabel, *Die erweiterte Kinder-Land-Verschickung*, S. 309–312.

Kapitel 4

1. Richard Tamabayashi, »December 7«, in: *Boy Scouts: My Diary: December 7–15, 1941*, Akte 50, Hawaii War Records Depository, University of Hawaii at Manoa, Honolulu.
2. Dorinda Makanaonalani Nicholson, *Pearl Harbor Child*, Arizona Memorial Museum Association, Honolulu, 1993, S. 15–20.
3. George Fujimoto, »My First War Experience«, in: *University of Hawaii Themes, Pearl Harbor Attack*, Akte 24.01, Hawaii War Records Depository, University of Hawaii at Manoa, Honolulu.
4. Marjorie Bond, »Wartime Hawaii«, in: *Punahou School Essays, April 23–24, 1944*, Akte 2402, Hawaii War Records Depository, University of Hawaii at Manoa, Honolulu.
5. Helen Jean Stubblefield, zitiert in: Frank Wetzel (Hg.), *Victory Gardens and Barrage Balloons*, Perry Publishers, Bremerton, 1996.
6. *Boy Scouts: My Diary: December 7–15, 1941*, Akte 50, Hawaii War Records Depository, University of Hawaii at Manoa, Honolulu.
7. Sacred Hearts Academy, *Diary: December 1941–January 1942*, Akte 2402, Hawaii War Records Depository, University of Hawaii at Manoa, Honolulu.

8. *San Francisco Chronicle*, 9. Dezember 1941, zitiert in: Ella Leffland, *Rumors of Peace*, Harper and Row, New York, 1979, S. 18–19.
9. Barbara Crozier, »My Schooling After the War Began«, in: *Punahou School Essays, April 23-24, 1944*, Akte 2402, Hawaii War Records Depository, University of Hawaii at Manoa, Honolulu.
10. Dieses und das nachfolgende Zitat stammen aus William M. Tuttle Jr., *Daddy's Gone to War: The Second World War in the Lives of American Children*, Oxford University Press, New York, 1993, Kap. 1.
11. Zitiert in: Tuttle, *Daddy's Gone to War.*
12. Ebd.
13. Robert W. Kirk, *Earning Their Stripes: The Mobilization of American Children in the Second World War*, Peter Lang, New York, 1995.
14. Herbert A. Werner, *Iron Coffins: A Personal Account of the German U-Boat Battles of World War II*, Da Capo Press, New York, 1998.
15. Bruce Smith, *The History of Little Orphan Annie*, Ballantine, New York, 1982.
16. Clive Oldroyd, »Letter to General MacArthur, July 22, 1942«, Douglas MacArthur Memorial Archives and Library, Norfolk/Va.
17. Patricia A. Coyle, »Letter to General MacArthur, August 9, 1942«, Douglas MacArthur Memorial Archives and Library, Norfolk/Va.
18. Joan Dooley, »Letter to General MacArthur, November 10, 1942«, Douglas MacArthur Memorial Archives and Library, Norfolk/Va.
19. Robert W. Kirk, »Getting in the Scrap: The Mobilization of American Children in World War II«, *Journal of Popular Culture* 29 (1995), S. 223–233.
20. Der »Lieber Papi«-Brief und die anderen Briefe der Familie Berman, die ich auf den folgenden Seiten zitiere, stammen aus Ruth Berman, *Dear Poppa: The World War II Berman Family Letters*, Minnesota Historical Society Press, Saint Paul, 1997.
21. Robert Puchmond, »Why We Should Live Up to Our War Bond Pledge«, Douglas MacArthur Memorial Archives and Library, Norfolk/Va.
22. Joshua Akana, »A Student Letter from Honolulu«, *Weekly News Review*, 29. März 1943.
23. Kirk, *Earning Their Stripes.*
24. Interview mit Nancy Rogers, November 1997.
25. Interview mit Larry Lauerhass Jr., Juni 1997.
26. Lloyd Hornbostel, *War Kids, 1941–1945: World War II Through the Eyes of Children*, Galde Press, Lakeville, 1996, S. 108.

Kapitel 5

1. Sacred Hearts Academy, *Diary: December 1941–January 1942*, Akte 2402, Hawaii War Records Depository, University of Hawaii at Manoa, Honolulu.
2. Maisie Conrat und Richard Conrat, *Executive Order 9066: The Internment of 110,000 Japanese Americans*, MIT Press, Cambridge/Mass., 1972.
3. Interview mit Isao Fujimoto, Januar 1998.
4. Zitiert in: Michael O. Tunnell, *The Children of Topaz: The Story of a Japanese American Internment Camp Based on a Classroom Diary*, Holiday House, New York, 1996.
5. Zitiert in: Grace Nakamura, »Zeugenaussage«, in: *Personal Justice Denied*, Bericht der Commission on Wartime Relocation and Internment of Civilians, Government Printing Office, Washington, D. C., 1982.
6. Zitiert in: Tunnell, *The Children of Topaz*, S. 9–11.
7. Zitiert in: John Tateishi (Hg.), *And Justice for All: An Oral History of the Japanese American Detention Camps*, Random House, New York, 1984.
8. Michi Weglyn, *Years of Infamy: The Untold Story of American Concentration Camps*, University of Washington Press, Seattle, 1996.
9. Nachdruck in: Vincent Tajiri (Hg.), *Through Innocent Eyes: Writings and Art from the Japanese American Internment by Poston I Schoolchildren*, Keiro Services, Los Angeles, 1990.
10. Father Hugh T. Lavery, »Letter to President Truman«, *Pacific Citizen*, 24. September 1949.
11. Renee Tawa, »Childhood Lost: The Orphans of Manzanar«, *Los Angeles Times*, 11. März 1997.
12. Francis Honda, »Zeugenaussage«, in: *Personal Justice Denied*, Bericht der Commission on Wartime Relocation and Internment of Civilians, Government Printing Office, Washington, D. C., 1982.
13. Jeanne Wakatsuki Houston und James D. Houston, *Farewell to Manzanar*, Houghton Mifflin, Boston, 1973, S. 82.
14. Zitiert in: Tawa, »Childhood Lost«.
15. Helen Elizabeth Whitney, »Care of Homeless Children of Japanese Ancestry During Evacuation and Relocation«, Dissertation, University of California, Berkeley, 1948.
16. Kinya Noguchi, »Zeugenaussage«, in: *Personal Justice Denied.*
17. Houston und Houston, *Farewell to Manzanar.*
18. Bericht der War Relocation Administration, zitiert in: Whitney, »Care

of Homeless Children of Japanese Ancestry During Evacuation and Relocation«.
19. Tateishi, *And Justice for All.*
20. Elizabeth C. Evanson, »Scrapbook«, Bibliothek der University of Washington, Abteilung Handschriften und Archive, Seattle, 1942.
21. Elizabeth Willis Bayley, »Letters of Japanese American Students«, Bibliothek der University of Washington, Abteilung Handschriften und Archive, Seattle, 1942–1943.
22. High Third Grade, Mountain View School, Topaz, Utah, *Our Daily Diary: March, 8-August 12, 1943*, Utah State Historical Society, Salt Lake City.
23. Donald Nakahata, zitiert in: Tateishi, *And Justice for All*, S. 53–55.
24. Yoshiko Uchida, *The Invisible Thread*, Julian Mesner, Englewood Cliffs, 1991.
25. Emiko Kamiya, »My First Christmas in Poston«, in: Tajiri, *Through Innocent Eyes.*
26. Kazue Tsuchiyama, »Winter Life in Poston«, in: Tajiri, *Through Innocent Eyes.*
27. Bebe Reschke, »Zeugenaussage«, öffentliche Anhörung der Commission on Wartime Relocation and Internment of Civilians, 1981. Washington National Archives, National Archives and Records Service, General Service Administration, 1983.
28. Ben Takeshita, zitiert in: Tateishi, *And Justice for All, S. 243-247.*
29. »Our Flag«, in: *Manzanar Whirlwind,* Februar 1945.
30. Erica Harth, »Children of Manzanar: Experiences in an Internment Camp During World War II«, *Massachusetts Review* 34 (3), S. 390.

Kapitel 6

1. Mary Louise Koehnen, »Letters to General Eisenhower: April 8, 1942–June 22, 1943«, Dwight D. Eisenhower Library, Abilene.
2. Dwight D. Eisenhower, »Letters to Mary Louise Koehnen, April 15, 1942–August 2, 1943«, Dwight D. Eisenhower Library, Abilene.

Kapitel 7

1. Anthony D. Duke, »Oral History«, Eisenhower Center Archives, University of New Orleans, New Orleans.

2. Joseph McCann Jr., »Oral History«, Eisenhower Center Archives, University of New Orleans, New Orleans.
3. Kurt Homburg, *Aus Kindertagen vor 50 Jahren*, Maximilian Verlag, Herford, 1992.
4. Herbert Meier, »Oral History«, Eisenhower Center Archives, Stephen and Hughes Ambrose German Veterans Collection, University of New Orleans, New Orleans.
5. Walter Henschke, »So kämpft deutsche Jugend!«, *Völkischer Beobachter*, 7. März 1945.
6. Ewald Becker, Interview von Hughes Ambrose, Eisenhower Center Archives, Stephen and Hughes Ambrose German Veterans Collection, University of New Orleans, New Orleans.
7. Willy Dittgen, *Der Kinderkäfig von Attichy: Ein Erlebensbericht*, Michael Schiffer, Rheinberg, 1957, S. 8.
8. *Westfälische Neueste Nachrichten*, 8. März 1945.
9. Stephen E. Ambrose, *Citizen Soldiers*, Simon and Schuster, New York, 1997, S. 439.
10. Al Ptak, *Firestorm*, Arashida Publications, Rosedale, 1996, S. 42–43.
11. Hans Dietrich Nicolaisen, *Die Flakhelfer: Luftwaffenhelfer und Marinehelfer im Zweiten Weltkrieg*, Ullstein, Berlin, 1981, S. 132–133.
12. Heer, *Als ich 9 Jahre alt war*, Kap. 17.
13. Erich Womelsdorf, Interview von Hughes Ambrose, Eisenhower Center Archives, Stephen and Hughes Ambrose German Veterans Collection, University of New Orleans, New Orleans.
14. Dieter Borkowski, *Wer weiß, ob wir uns wiedersehen*, Das Neue Berlin, 1990, Berlin.
15. Klaus Granzow, *Tagebuch eines Hitlerjungen: Kriegsjugend in Pommern: 1943–1945*, Claus Schüneman Verlag, Bremen, 1986.
16. Tomiko Higa, *The Girl With the White Flag*, Kodansha International, Tokio, 1991.

Kapitel 8

1. Brady, *Children Under Fire*.
2. Zitiert in: Ingrid Horst, *Born Under Hitler: A German Childhood Connected with History*, Perspective Publishers International, Boston, 1988, S. 250.
3. William L. Shirer, *The Rise and Fall of the Third Reich: A History of Nazi Germany*, Simon and Schuster, New York, 1959.

4. Leopold Banny, *Dröhnender Himmel, brennendes Land*, Österreichischer Bundesverlag, Wien, 1988; Hans Dietrich Nicolaisen, *Die Flakhelfer: Luftwaffenhelfer und Marinehelfer im Zweiten Weltkrieg*, Ullstein, Berlin, 1981; Ludwig Schatz, *Schüler-Soldaten: Die Geschichte der Luftwaffenhelfer im Zweiten Weltkrieg*, Thesen Verlag, Frankfurt am Main, 1972.
5. Rita Bake (Hg.), *Aber wir müssen zusammenbleiben: Mütter und Kinder im Bombenkrieg: 1943–1945: Gespräche*, Landeszentrale für Politische Bildung, Hamburg, 1993.
6. Schwenke, *Und es wird immer wieder Tag.*
7. Borkowski, *Wer weiß, ob wir uns wiedersehen.*
8. Kurt Vonnegut Jr., *Slaughterhouse 5 or The Children's Crusade*, Dell, New York, 1966.
9. Kurt Vonnegut Jr., »Memoirs«, in: *Faces of Indiana and Midwestern History* 3, Nr. 4, Sonderausgabe Herbst 1991.
10. Johanna Mittmann, zitiert in: Ingrid Horst, *Born Under Hitler*, S. 248.
11. Uta Wütherich, in: Christine Lipp (Hg.), *Kindheit und Krieg: Erinnerungen*, Fischer, Frankfurt am Main, 1992, S. 158.
12. Willy A. Schauss, *My Side of the War: How Meatballs Saved My Life*, Scott Publications, Kalispell, 1994.
13. Klaus Granzow, *Tagebuch eines Hitlerjungen: Kriegsjugend in Pommern: 1943–1945*, Claus Schüneman Verlag, Bremen, 1986.
14. Katherine Kaoru Morooka Reyes, »Japan«, in: Anderson et al., *No Longer Silent*, S. 206–219.
15. Shinsuke Tani, *Seasons Unforgotten*, Toju-sha, Tokio, 1976.
16. Arata Osada (Hg.), *Children of the A-Bomb: The Testament of the Boys and Girls of Hiroshima*, G.P. Putnams's Sons, New York, 1980.
17. Takashi Nagai (Hg.), *Living Beneath the Atomic Cloud: Testimonies of the Children of Nagasaki*, San-yu-sha, Tokio, 1979.
18. Fuiji Tsumimoto, »I squat down on the spot…«, in: Takashi Nagai, *Living Beneath the Atomic Cloud*, S. 2–6.

Kapitel 9

1. N. P. Dowbenko, »Russia«, in: Anderson et al., *No Longer Silent*, S. 46–47.
2. Emmerich, *My Childhood in Nazi Germany.*
3. Elizabeth Shelfer Morgan, *Uncertain Seasons*, University of Alabama Press, Tuscaloosa, 1994.

4. Lorraine Fader, »Letter to General MacArthur, January 12, 1943«, Douglas MacArthur Memorial Archives and Library, Norfolk/Va.
5. Charmaine Leavitt, »Letter to Dear Justin, December 29, 1943«, in: Judy Barrett Litoff und David C. Smith (Hg.), *World War II Letters from American Women on the Home Front*, Oxford University Press, New York, 1991, S. 236.
6. John Nichols Jr., zitiert in: Calvin L. Christman (Hg.), *Lost in the Victory: Reflections of American War Orphans of World War II*, University of North Texas Press, Denton, 1998, S. 133–134.
7. Robert G. Raymond, *Scouting, Cavorting, and Other World War II Memories*, R. G. Raymond, Billings/Mont., 1994.
8. Ulla Ellersdorfer, zitiert in: Lipp, *Kindheit und Krieg*, S. 37–38.
9. Annie Bennett, zitiert in: Calvin L. Christman, *Lost in the Victory*, S. 89–92.
10. Nancy Rougvie, zitiert in: Calvin L. Christman, *Lost in the Victory*, S. 129–132.
11. Heer, *Als ich 9 Jahre alt war*, Kap. 8.
12. Irene Grudzinska-Gross (Hg.), *War Through Children's Eyes: The Soviet Occupation of Poland and the Deportations: 1939-1941*, Hoover Institute Press, Stanford, 1981.
13. Brady, *Children Under Fire*.
14. Laurencia Abatayo Baltazar, zitiert in: Anderson et al., *No Longer Silent*, S. 202–206.
15. Hans Sester, *Als Junge im sogenannten Dritten Reich*, H. A. Herchen, Frankfurt am Main, 1987.
16. Zitiert in: Heer, *Als ich 9 Jahre war*, Kap. 11. Die beiden folgenden Zitate stammen aus derselben Quelle.
17. Keiko Sasaki, zitiert in: Osada, *Children of the A-Bomb*.

Kapitel 10

1. Judith M. Spiegelman und UNICEF, »Survivors of World War II: The Rescue of a New Generation«, Kap. 1 in *We are the Children: A Celebration of UNICEF's First Forty Years*, Atlantic Monthly Press, Boston, 1986.
2. Heer, *Als ich 9 Jahre alt war*, Kap. 2.
3. Sibylle Meyer und Eva Schulze, *Von Liebe sprach damals keiner: Familienalltag in der Nachkriegszeit*, C. H. Beck, München, 1985, S. 100–101.
4. Victor Gollancz, *In Darkest Germany*, Victor Gollancz Ltd., London, 1947.

5. Antoine de Saint-Exupéry, *Der kleine Prinz*, Heyne, München, 1988.
6. U. S. House, *Displaced Persons in Europe and Their Resettlement in the United States*, 81st. Cong., 2nd sess., 1950, H. Rept. 1507.
7. Agate Nesaule, *Woman in Amber: Healing the Trauma of War and Exile*, Penguin, New York, 1995.
8. Maria Stankus-Saulaitis, »Forgotten Faces of the War«, *America*, Juli 1995, S. 6–8.
9. Interview mit Isao Fujimoto, Januar 1998.
10. Schwenke, *Und es wird immer wieder Tag.*
11. Erna Stahl, *Jugend im Schatten von gestern: Aufsätze Jugendlicher zur Zeit*, Hans Köhler Verlag, Hamburg, 1948, S. 72–73.

Kapitel 11

1. David Morris (Hg.), *A Gift from America: The First Fifty Years of* CARE, Longstreet Press, Atlanta, 1996.
2. Die Zitate der Empfänger von CARE-Paketen stammen aus Interviews, die aus Anlaß des fünfzigjährigen Jubiläums von CARE geführt wurden. Die Mitschriften befinden sich im Archiv des Hauptsitzes von CARE in Atlanta, Georgia.
3. Alfred P. Wehner, *From Hitler Youth to U. S. Citizen*, Carlton Press, New York, 1972.
4. Deutsches Historisches Museum, »Stille Helfer: 350 Jahre Quäker«, *Deutsches Historisches Museum* 6, Nr. 15, 1995–1996.
5. Die Dankesbriefe und Zeichnungen deutscher und japanischer Kinder befinden sich im Archiv des American Friends Service Committe in Philadelphia, Pennsylvania.
6. Judith M. Spiegelman und UNICEF, *We Are the Children: A Celebration of UNICEF's First Forty Years*, Atlantic Monthly Press, Boston, 1986.
7. Zitiert in: UNICEF, *The State of the World's Children*, Ausgabe zum 50jährigen Jubiläum, Oxford University Press, New York, 1996.
8. Ebd.
9. Carolyn Marsh, »Letter to UNICEF«, UNICEF-Hauptsitz, New York, ohne Datum.
10. Richard Wallace, »Letter of President Truman«, Harry S. Truman Library, Independence, ohne Datum.
11. Gail S. Halvorsen, *The Berlin Candy Bomber*, Horizon Publishers, Bountiful, 1997.

Kapitel 12

1. Die Zitate auf den folgenden Seiten sind Auszüge aus Interviews, die ich zwischen Juni 1997 und Oktober 1998 geführt habe.
2. Peter S. Jansen und Jon Shaw, »Children as Victims of War: Current Knowledge and Future Research Needs«, *Journal of the American Academy of Child and Adolescent Psychiatry* 32, Nr. 4 (Juli 1993), S. 697–708.
3. Anna Freud und Dorothy T. Burlingham, *War and Children*, Medical War Books, New York, 1943.
4. Philip A. Saigh, John A. Fairbank und Anastasia E. Yasik, »War Related Post-Traumatic Stress Disorder«, in: Norman Philipps und Shulamith L. A. Strausner (Hg.), *Children in the Urban Environment: Linking Social Policy and Clinical Practice*, Charles Thomas Publisher, Springfield, 1997, S. 119–140.
5. Mikihashiro Tatara, »The Second Generation of Hibakusha Atomic Bomb Survivors«, in: Yael Daniel (Hg.), *International Handbook of Multigenerational Legacies of Trauma*, Plenum Press, New York, 1998, S. 141–146.
6. Glenn Palmer, »The Impact of Ethnic and Political Violence on Children Who Found Refuge in Australia During World War Two«, in: Laura E. Berk (Hg.), *Landscapes of Development*, Wadsworth Publishing Co., Belmont, 1999, S. 431–441.
7. Inglis, *The Children's War*, 182.
8. Eila Räsänen, »Excessive Life Changes During Childhood and Their Effects on Mental and Physical Health in Adulthood«, *Acta Paedopsychiatrica* 55 (1992), S. 19–24.
9. Jean L. Athey und Frederick L. Ahear, »The Mental Health of Refugee Children: An Overview«, in: Frederick L. Ahear und Jean L. Athey (Hg.), *Refugee Children: Theory, Research, and Services*, Johns Hopkins University Press, Baltimore, 1991, Kap. 1.
10. Christman, *Lost in the Victory.*
11. Barbara Elden Larney, »Children of World War II in Germany: A Life Course Analysis«, Dissertation, Arizona State University, 1994.
12. Glenn H. Elder Jr., *Children of the Great Depression: Social Change in Life Experience*, Ausgabe zum 25. Jubiläum, Westview Press, Boulder, 1999, S. 320–330.
13. Karl Ulrich Meyer, »German Survivors of World War II: The Impact on the Life Course of the Collective Experience of Birth Cohorts«, in: M. W. Riley (Hg.), *Social Structure and Human Lives*, Sage Publications, Newbury Park, 1988, S. 229–246.

14. William M. Tuttle Jr., *Daddy's Gone to War: The Second World War in the Lives of American Children*, Oxford University Press, New York, 1993, S. 254–261.
15. Donna Nagata, »Intergenerational Effects of the Japanese-American Internment«, Plenum Press, New York, 1998, S. 125–139.
16. UNICEF, *The State of the World's Children*, Ausgabe zum 50jährigen Jubiläum, Oxford University Press, New York, 1996.
17. UNICEF, *I Dream of Peace – Images of War by Children of Former Yugoslavia*, Harper Collins, New York, 1994.

Bibliografie

Akana, Joshua, »A Student Letter from Honolulu«, *Weekly News Review*, 29. März 1943.

Allen, Eleanor, *Wartime Children: 1939–1945*, A Citizen Soldiers, Simon and Schuster, New York, 1997, S. 439.

Anderson, C. LeRoy, Joanne R. Anderson und Yunosuke Ohkura (Hg.), *No Longer Silent: World-Wide Memories of the Children of World War II*, Pictorial Histories, Missoula, 1995.

Arbeitsgruppe Pädagogisches Museum (Hg.), *Heil Hitler, Herr Lehrer: Volksschule 1933–1945*, Rowohlt Verlag, Reinbek, 1983.

Athey, Jean L. und Frederick L. Ahear, »The Mental Health of Refugee Children: An Overview«, in: Frederick L. Ahear und Jean L. Athey (Hg.), *Refugee Children: Theory, Research, and Services*, John Hopkins University Press, Baltimore, 1991.

Austbo, Ola, »Norway«, in: Anderson et al., *No Longer Silent*, S. 112–116.

Bake, Rita (Hg.), *Aber wir müssen zusammenbleiben: Mütter und Kinder im Bombenkrieg: 1943–1945: Gespräche*, Landeszentrale für Politische Bildung, Hamburg, 1993.

Banny, Leopold, *Dröhnender Himmel, brennendes Land*, Österreichischer Bundesverlag, Wien, 1988.

Bayley, Elizabeth Willis, »Letters of Japanese American Students«, Bibliothek der University of Washington, Abteilung Handschriften und Archive, Seattle, 1942–1943.

Beal, Margaret, »Diary«, in: Ben Wicks (Hg.), *The Day They Took the Children*, Bloomsbury, London, 1989, S. 144–155.

Bell, Caroline und Eddie Bell, *Thank You Twice or How We Like America*, Harcourt, Brace and Company, New York, 1941.

Berman, Ruth, *Dear Poppa: The World War II Berman Family Letters*, Minnesota Historical Society Press, Saint Paul, 1997.

Besson, Jean-Louis, *October 45: Childhood Memories of the War*, Creative Editions, Mankato, 1995.

Bilson, Geoffrey, *The Guest Children: The Story of the British Child Evacuees Sent to Canada During World War II*, Fifth House, Saskatoon, 1988.

Birdall, James, *The Boys and the Butterflies: A Wartime Rural Childhood*, Pavillion, London, 1988.

Ders., *Moths in the Memory: A Postwar Spring*, Pavillion, London, 1990.

Boge, Volker, *Bunkerleben und Kinderlandverschickung*, Dölling und Galitz, Hamburg, 1992.

Bond, Marjorie, »Wartime Hawaii«, in: *Punahou School Essays, April 23–24, 1944*, Akte 2402, Hawaii War Records Depository, University of Hawaii at Manoa, Honolulu.

Bonney, Thérèse, *Europe's Children: 1939–1945*, Plantin Press, New York, 1943.

Borkowski, Dieter, *Wer weiß, ob wir uns wiedersehen*, Das Neue Berlin, 1990, Berlin.

Boy Scouts: My Diary: December 7–15, 1941, Akte 50, Hawaii War Records Depository, University of Hawaii at Manoa, Honolulu.

Brady, Alice, *Children Under Fire*, Columbia Publishing Co., Los Angeles, 1942.

Childs, David und Janet Wharton (Hg.), *Children in War: Reminiscences of the Second World War*, University of Nottingham, Nottingham, 1989.

Christman, Calvin L. (Hg.), *Lost in the Victory: Reflections of American War Orphans of World War II*, University of North Texas Press, Denton, 1998.

Commission on Wartime Relocation and Internment of Civilians, 1981. Öffentliche Anhörungen. Washington National Archives, National Archives and Records Service, General Service Administration, 1983.

Dies., *Personal Justice Denied*, Government Printing Office, Washington, D. C., 1982.

Conrat, Maisie und Richard Conrat, *Executive Order 9066: The Internment of 110 000 Japanese Americans*, MIT Press, Cambridge/Mass., 1972.

Cowan, Lore (Hg.), *Children of the Resistance*, Meredith Press, New York, 1969.

Coyle, Patricia A., »Letter to General MacArthur, August 9, 1942«, Douglas MacArthur Memorial Archives and Library, Norfolk/Va.

Crozier, Barbara, »My Schooling After the War Began«, in: *Punahou School Essays, April 23–24, 1944*, Akte 2402, Hawaii War Records Depository, University of Hawaii at Manoa, Honolulu.

Dabel, Gerhard (Hg.), *Die erweiterte Kinder-Land-Verschickung: KLV-Lager 1940–1945*, Schillinger, Freiburg, 1981.

David, Kati, *A Child's War: World War II Through the Eyes of Children*, Avon Books, New York, 1989.

Deutsches Historisches Museuem, »Stille Helfer: 350 Jahre Quäker«, *Deutsches Historisches Museum* 6, Nr. 15, 1995–1996.

Dittgen, Willy, *Der Kinderkäfig von Attichy: Ein Erlebensbericht*, Michael Schiffer, Rheinberg, 1957, S. 8.

Dooley, Joan, »Letter to General MacArthur, November 10, 1942«, Douglas MacArthur Memorial Archives and Library, Norfolk/Va.

Dowbenko, N. P., »Russia«, in: Anderson et al., *No Longer Silent*, S. 44–48.

Duke, Anthony Drexel, »Oral History«, Eisenhower Center Archives, University of New Orleans, New Orleans.

Eisenhower, Dwight D., »Letters to Mary Louise Koehnen, April 15, 1942–August 2, 1943«, Dwight D. Eisenhower Library, Abilene.

Elder, Glenn H. Jr., *Children of the Great Depression: Social Change in Life Experience*, Ausgabe zum 25. Jubiläum, Westview Press, Boulder, 1999.

Emmerich, Elsbeth, *My Childhood in Nazi Germany*, Bookwright Press, New York, 1991.

Evanson, Elizabeth C., »Scrapbook«, Bibliothek der University of Washington, Abteilung Handschriften und Archive, Seattle, 1942.

Fader, Lorraine, »Letter to General MacArthur, January 12, 1943«, Douglas MacArthur Memorial Archives and Library, Norfolk/Va.

Fethney, Michael, *The Absurd and the Brave: CORB – The True Account of the British Government's World War II Evacuation of Children Overseas*, The Book Guild, Lewes, 1990.

Foreman, Michael, *War Boy: A Country Childhood*, Arcade, New York, 1991.

Freud, Anna und Dorothy T. Burlingham, *War and Children*, Medical War Books, New York, 1943.

Fujimoto, George, »My First War Experience«, in: *University of Hawaii Themes, Pearl Harbor Attack*, Akte 2401, Hawaii War Records Depository, University of Hawaii at Manoa, Honolulu, 1947.

Gesenway, Deborah, und Mindy Roseman, *Beyond Words: Images From America's Concentration Camps*, Cornell University Press, Ithaca, 1987.

Gollancz, Victor, *In Darkest Germany*, Victor Gollancz Ltd., London, 1947.

Granzow, Klaus, *Tagebuch eines Hitlerjungen: Kriegsjugend in Pommern: 1943–1945*, Claus Schüneman Verlag, Bremen, 1986.

Greenfield, Meg, »Childhood Tempered by Anxiety«, *Washington Post*, 26. Juli 1955.

Grudzinska-Gross, Irene (Hg.), *War Through Children's Eyes: The Soviet Occupation of Poland and the Deportations: 1939–1941*, Hoover Institute Press, Stanford, 1981.

Halvorsen, Gail S., *The Berlin Candy Bomber*, Horizon Publishers, Bountiful, 1997.

Harth, Erica, »Children of Manzanar: Experiences in an Internment Camp During World War II«, *Massachusetts Review* 34 (3), S. 367–391.

Heer, Hannes (Hg.), *Als ich 9 Jahre alt war, kam der Krieg: Schulaufsätze 1946: Ein Lesebuch gegen den Krieg*, Prometh Verlag, Köln, 1980.

Hershey, John, *Here to Stay*, Bantam Books, New York, 1964.

Higa, Tomiko, *The Girl With the White Flag*, Kodansha International, Tokio, 1991.

High Third Grade, Mountain View School, Topaz, Utah, *Our Daily Diary: March, 8-August 12, 1943*, Utah State Historical Society, Salt Lake City.

Hochhuth, Maili, *Schulzeit auf dem Lande, 1933–1945*, Gesamthochschulbibliothek Kassel, 1985.

Holliday, Laurel (Hg.), *Children of the Holocaust and World War II: Their Secret Diaries*, Pocket Books, New York, 1995.

Hollingsworth, Hilda, *They Tied a Label on My Coat*, Virago Press, London, 1991.

Homburg, Kurt, *Aus Kindertagen vor 50 Jahren*, Maximilian Verlag, Herford, 1992.

Honda, Francis, »Zeugenaussage«, in: *Personal Justice Denied*, Bericht der Commission on Wartime Relocation and Internment of Civilians, Government Printing Office, Washington, D. C., 1982.

Hornbostel, Lloyd, *War Kids, 1941–1945: World War II Through the Eyes of Children*, Galde Press, Lakeville, 1996.

Horst, Ingrid, *Born Under Hitler: A German Childhood Connected with History*, Perspective Publishers International, Boston, 1988.

Houston, Jeanne Wakatsuki und James D. Houston, *Farewell to Manzanar*, Houghton Mifflin, Boston, 1973.

Hughes, Marian, *No Cake, No Jam*, Heineman, London, 1994.

Hut, Lucien, »The Netherlands«, in: Anderson et al., *No Longer Silent*, S. 118–133.

Inglis, Ruth (Hg.), *The Children's War: Evacuation, 1939–1945*, Collins, London, 1989.

Ippish, Hanneke, *Sky: A True Story of Resistance During World War II*, Simon and Schuster, New York, 1996.

Ipsen, Anne, *A Child's Tapestry of War*, Beaver's Pond Press, Edina/Minn., 1998.

Isaacs, Susan (Hg.), *The Cambridge Evacuation Survey: A Wartime Study in Social Welfare and Education*, Methuen, London, 1941.

Jackson, Carlton, *Who Will Take Our Children?*, Methuen, London, 1985.

Jansen, Peter S. und Jon Shaw, »Children as Victims of War: Current Knowledge and Future Research Needs«, in: *Journal of the American Academy of Child and Adolescent Psychiatry* 32, Nr. 4 (Juli 1993), S. 697–708.

Johansen, Jytte Christensen, »Denmark«, in: Anderson et al., *No Longer Silent*, S. 100–102.
Johnson, B. S. (Hg.), *The Evacuees*, Victor Gollancz Ltd., London, 1968.
Kamiya, Emiko, »My First Christmas in Poston«, in: Tajiri (Hg.), *Through Innocent Eyes: Writings and Art from the Japanese American Internment by Poston I Schoolchildren*, Keiro Services, Los Angeles, 1990.
Keely, Jack, »Interview«, in: Inglis, *The Children's War*, S. 120–122.
Kirk, Robert W., *Earning Their Stripes: The Mobilization of American Children in the Second World War*, Peter Lang, New York, 1995.
Ders., »Getting in the Scrap: The Mobilization of American Children in World War II«, in: *Journal of Popular Culture* 29 (1995), S. 223–233.
Kirschin, Juri, »Russia«, in: Anderson et al., *No Longer Silent*, S. 276–280.
Klitta, Georg, »Das Finale des Zweiten Weltkriegs in Schwandorf«, in: Dabel, *Die erweiterte Kinder-Land-Verschickung*, S. 293–294.
Klug, Lilo, *Surviving the Fire: Mother Courage and World War II*, Open Hand Publishing Co., Seattle, 1989.
Koehnen, Mary Louise, »Letters to General Eisenhower: April 8, 1942–June 22, 1943«, Dwight D. Eisenhower Library, Abilene.
Körber, Hilda, *Kindheit und Jugend: 1941–1947: Briefe und Aufzeichnungen junger Menschen*, F. A. Herbig Verlagsbuchhandlung, Berlin, 1948.
Konstantinowa, Ina, »Diary«, in: Holliday, *Children of the Holocaust*, S. 249–254.
Koster-Hetzendorf, Maren (Hg.), *Ich habe dich so gesucht – Der Krieg und seine verlorenen Kinder*, Pattloch, Augsburg, 1995.
Kuppers, Waltraud, *Mädchentagebücher der Nachkriegszeit*, Ernst Klett Verlag, Stuttgart, 1964.
Kurt, Alfred, *Offenbacher Luftwaffenhelfer im Kriegseinsatz*, Offenbacher Geschichtsverein, Offenbach am Main, 1994.
Lambert, Derek, *The Sheltered Days: Growing Up in the War*, Andre Deutsch, London, 1965.
Landenberger, Annemarie, *Als Hamburger Lehrerin in der Kinderlandverschickung: Tagebuch 1943*, Verein für Hamburger Geschichte, Hamburg, 1992.
Larass, Claus, *Der Zug der Kinder: KLV – Die Evakuierung 5 Millionen deutscher Kinder im 2. Weltkrieg*, Ullstein, Frankfurt, 1992.
Larney, Barbara Elden, »Children of World War II in Germany: A Life Course Analysis«, Dissertation, Arizona State University, 1994.
Lavery, Father Hugh T., »Letter to President Truman«, *Pacific Citizen*, 24. September 1949.
Leavitt, Charmaine, »Letter to Dear Justin, December 29, 1943«, in: Judy

Barrett Litoff und David C. Smith (Hg.), *World War II Letters from American Women on the Home Front*, Oxford University Press, New York, 1991, S. 236.

Leffland, Ella, *Rumors of Peace*, Harper and Row, New York, 1979.

Leverton, Bertha und Shmuel Loewenson, *I Came Alone: The Story of the Kinder Transports*, The Book Guild, Lewes, 1998.

Lipp, Christine (Hg.), *Kindheit und Krieg: Erinnerungen*, Fischer, Frankfurt am Main, 1992.

Litoff, Judy Barrett und David C. Smith (Hg.), *World War II Letters from American Women on the Home Front*, Oxford University Press, New York, 1991.

Macardle, Dorothy, *Children of Europe*, The Beacon Press, Boston, 1951.

Marsh, Carolyn, »Letter to UNICEF«, UNICEF-Hauptsitz, New York, ohne Datum.

Marx, Trix, *Echoes of World War II*, Lerner Publications, Minneapolis, 1994.

Massey, Victoria, *One Child's War*, British Broadcasting Corporation, London, 1978.

McCann, Joseph Jr., »Oral History«, Eisenhower Center Archives, University of New Orleans, New Orleans, 1992.

Meier, Herbert, »Oral History«, Eisenhower Center Archives, Stephen and Hughes Ambrose German Veterans Collection, University of New Orleans, New Orleans, 1995.

Merson, Elizabeth, *Children in the Second World War*, Longman, Harlow, 1983.

Meyer, Karl Ulrich, »German Survivors of World War II: The Impact on the Life Course of the Collective Experience of Birth Cohorts«, in: M. W. Riley (Hg.), *Social Structure and Human Lives*, Sage Publications, Newbury Park, 1988, S. 229–246.

Meyer, Sibylle und Eva Schulze, *Von Liebe sprach damals keiner: Familienalltag in der Nachkriegszeit*, C. H. Beck, München, 1985.

Mills, Pamela Kirk, *Orphan of the Storm: The Experience of a Little Girl in Wartime England*, A. Mills, Torrens, 1990.

Mittag, Detlef, *Kindheit und Jugend um 1945: Kriegskinder: Zehn Überlebensgeschichten*, Internationale Liga für Menschenrechte, Berlin, 1995.

Monham, Kathleen, *Growing Up in World War II*, Wayland, Hove, 1979.

Morgan, Elizabeth Shelfer, *Uncertain Seasons*, University of Alabama Press, Tuscaloosa, 1994.

Morris, David (Hg.), *A Gift from America: The First Fifty Years of* CARE, Longstreet Press, Atlanta, 1996.

Moskovitz, Sarah, *Love Despite Hate: Child Survivors of the Holocaust and Their Adult Years*, Schockon Books, New York, 1983.

Moss, Miriam, *A School Child in World War II*, Wayland, Hove, 1988.

Nagai, Takashi (Hg.), *Living Beneath the Atomic Cloud: Testimonies of the Children of Nagasaki*, San-yu-sha, Tokio, 1979.

Nagata, Donna, »Intergenerational Effects of the Japanese-American Internment«, Plenum Press, New York, 1998, S. 125–139.

Nakamura, Grace, »Zeugenaussage«, in: *Personal Justice Denied*, Bericht der Commission on Wartime Relocation and Internment of Civilians, Government Printing Office, Washington, D. C., 1982.

Nesaule, Agate, *Woman in Amber: Healing the Trauma of War and Exile*, Penguin, New York, 1995.

Nicholson, Dorinda M., *Pearl Harbor Child*, Arizona Memorial Museum Association, Honolulu, 1993.

Nicolaisen, Hans Dietrich, *Die Flakhelfer: Luftwaffenhelfer und Marinehelfer im Zweiten Weltkrieg*, Ullstein, Berlin, 1981.

Noguchi, Kinya, »Zeugenaussage«, in: *Personal Justice Denied*, Bericht der Commission on Wartime Relocation and Internment of Civilians, Government Printing Office, Washington, D. C., 1982.

Öffentliche Anhörungen der Commission on Wartime Relocation and Internment of Civilians. Washington National Archives, National Archives and Records Service, General Service Administration, Washington, D. C., 1983.

Oldroyd, Clive, »Letter to General MacArthur, July 22, 1942«, Douglas MacArthur Memorial Archives and Library, Norfolk/Va.

Osada, Arata (Hg.), *Children of the A-Bomb: The Testament of the Boys and Girls of Hiroshima*, G. P. Putnams‘s Sons, New York, 1980.

Palmer, Glenn, »The Impact of Ethnic and Political Violence on Children Who Found Refuge in Australia During World War Two«, in: Laura E. Berk (Hg.), *Landscapes of Development*, Wadsworth Publishing Co., Belmont, 1999, S. 431–441.

Perkins, Charles (Hg.), *Children of the Storm: World War II in the Words of Children Who Lived Through It*, Motorbooks International, Osceola/Wis., 1998.

Pettit, Jayne, *A Time to Fight Back: True Stories of Wartime Resistance*, Houghton Mifflin Co., Boston, 1996.

Philipps, Janine, *My Secret Diary*, Shepheard-Walwyn, London, 1982.

Priamus, Heinz-Jürgen, *Die Ruinenkinder*, Droste Verlag, Düsseldorf, 1985.

Ptak, Al, *Firestorm*, Arashida Publications, Rosedale, 1996.

Puchmond, Robert, »Why We Should Live Up to Our War Bond Pledge«, Douglas MacArthur Memorial Archives and Library, Norfolk/Va.

Räsänen, Eila, »Excessive Life Changes During Childhood and Their Effects on Mental and Physical Health in Adulthood«, in: *Acta Paedopsychiatrica* 55 (1992), S. 19–24.

Rautenberg, Ilse, *Hämmert man dich hart zu Stahl*, Fischer, Aachen, 1990.

Raymond, Robert G., *Scouting, Cavorting, and Other World War II Memories*, R. G. Raymond, Billings/Mont., 1994.

Sacred Hearts Academy, *Diary: December 1941 – January 1942*, Akte 2402, Hawaii War Records Depository, University of Hawaii at Manoa, Honolulu.

Saigh, Philip A., John A. Fairbank und Anastasia E. Yasik, »War Related Post-Traumatic Stress Disorder«, in: Norman Philipps und Shulamith L. A. Strausner (Hg.), *Children in the Urban Environment: Linking Social Policy and Clinical Practice*, Charles Thomas Publisher, Springfield, 1997, S. 119–140.

Saint-Exupéry, Antoine de, *Der kleine Prinz*, Heyne, München, 1988.

Schatz, Ludwig, *Schüler-Soldaten: Die Geschichte der Luftwaffenhelfer im Zweiten Weltkrieg*, Thesen Verlag, Frankfurt am Main, 1972.

Schauss, Willy A., *My Side of the War: How Meatballs Saved My Life*, Scott Publications, Kalispell, 1994.

Schmidt, Hellmut, *Kindheit und Jugend unter Hitler*, Siedler, Berlin, 1992.

Schnorback, Hermann, *Lehrer und Schüler unterm Hakenkreuz: 1933–1945*, Atheneum, Königsstein/Taunus, 1983.

Schwenke, Regina, *Und es wird immer wieder Tag: Kindheitserinnerungen an Berlins dunkelste Tage*, Arani, Berlin, 1983.

Sester, Hans, *Als Junge im sogenannten Dritten Reich*, H. A. Herchen, Frankfurt am Main, 1987.

Shea, Bessie, »War at Scapa Flow«, in: Westall, *Children of the Blitz*, S. 60–71.

Shirer, William L., *The Rise and Fall of the Third Reich: A History of Nazi Germany*, Simon and Schuster, New York, 1959.

Søe, Christian, »A Relatively Civilized War«, in: Childs und Wharton, *Children in War*, S. 161–170.

Sorge, Martin K., *The Other Price of Hitler's War: German Military and Civilian Losses Resulting from World War II*, Greenwood Press, New York, 1986.

Smith, Bruce, *The History of Little Orphan Annie*, Ballantine, New York, 1982.

Smith, Lucinda, »A Honolulu School in Wartime«, in: *Radcliffe Quarterly*, Mai 1942, S. 22–26.

Spiegelman, Judith M. und UNICEF, »Survivors of World War II: The Rescue of a New Generation«, Kap. 1 in: *We are the Children: A Celebration of UNICEF's First Forty Years*, Atlantic Monthly Press, Boston, 1986.

Stahl, Erna, *Jugend im Schatten von gestern: Aufsätze Jugendlicher zur Zeit*, Hans Köhler Verlag, Hamburg, 1948.

Stankus-Saulaitis, Maria, »Forgotten Faces of the War«, *America*, Juli 1995, S. 6–8.

Stanley, Jerry, *I am American*, Brown, New York, 1994.

Tajiri, Vincent (Hg.), *Through Innocent Eyes: Writings and Art from the Japanese American Internment by Poston I Schoolchildren*, Keiro Services, Los Angeles, 1990.

Tamabayashi, Richard, »December 7«, in: *Boy Scouts: My Diary: December 7–15, 1941*, Akte 50, Hawaii War Records Depository, University of Hawaii at Manoa, Honolulu.

Tani, Shinsuke, *Seasons Unforgotten*, Toju-sha, Tokio, 1976.

Tatara, Mikihashiro, »The Second Generation of Hibakusha Atomic Bomb Survivors«, in: Yael Daniel (Hg.), *International Handbook of Multigenerational Legacies of Trauma*, Plenum Press, New York, 1998, S. 141–146.

Tateishi, John (Hg.), *And Justice for All: An Oral History of the Japanese American Detention Camps*, Random House, New York, 1984.

Tawa, Renee, »Childhood Lost: The Orphans of Manzanar«, in: *Los Angeles Times*, 11. März 1997.

Tedder, Valerie, *The Pantry Under the Stairs: Childhood Memories of World War II*, Living History Unit, City Council, Leicester, 1994.

Townsend, Peter, *The Smallest Pawns in the Game*, Little Brown, Boston, 1980.

Tsuchiyama, Kazue, »Winter Life in Poston«, in: Vincent Tajiri (Hg.), *Through Innocent Eyes: Writings and Art from the Japanese American Internment by Poston I Schoolchildren*, Keiro Services, Los Angeles, 1990.

Tunnell, Michael O., *The Children of Topaz: The Story of a Japanese American Internment Camp Based on a Classroom Diary*, Holiday House, New York, 1996.

Tuttle, William M. Jr., *Daddy's Gone to War: The Second World War in the Lives of American Children*, Oxford University Press, New York, 1993.

Uchida, Yoshiko, *The Invisible Thread*, Julian Mesner, Englewood Cliffs, 1991.

UNICEF, *I Dream of Peace – Images of War by Children of Former Yugoslavia*, Harper Collins, New York, 1994.

Dies., *The State of the World's Children*, Ausgabe zum 50jährigen Jubiläum, Oxford University Press, New York, 1996.

U.S. House, *Displaced Persons in Europe and Their Resettlement in the United States*, 81st Cong., 2nd sess., 1950, H. Rept. 1507.
van de Zand, Willemien, »Witness to an Invasion«, in: Childs und Wharton, *Children in War*, S. 135–145.
Vonnegut, Kurt Jr., *Slaughterhouse 5 or The Children's Crusade*, Dell, New York, 1966.
Ders., »Memoirs«, in: *Faces of Indiana and Midwestern History* 3, Nr. 4, Sonderausgabe Herbst 1991.
Wallace, Richard, »Letter of President Truman«, Harry S. Truman Library, Independence, ohne Datum.
Wasilewska, Irena, *Suffer the Little Children,* Maxlowe, London, 1946.
Weglyn, Michi, *Years of Infamy: The Untold Story of American Concentration Camps*, University of Washington Press, Seattle, 1996.
Wehner, Alfred P., *From Hitler Youth to U. S. Citizen*, Carlton Press, New York, 1972.
Werner, Herbert A., *Iron Coffins: A Personal Account of the German U-Boat Battles of World War II*, Da Capo Press, New York, 1998.
Westall, Robert (Hg.), *Children of the Blitz: Memories of Wartime Childhood,* Viking, New York, 1985.
Wetzel, Frank (Hg.), *Victory Gardens and Barrage Balloons*, Perry Publishers, Bremerton, 1996.
Wharton, William, *A Midnight Clear*, Alfred A. Knopf, New York, 1982.
Whitney, Helen Elizabeth, »Care of Homeless Children of Japanese Ancestry During Evacuation and Relocation«, Dissertation, University of California, Berkeley, 1948.
Wicks, Ben (Hg.), *The Day They Took the Children*, Bloomsbury, London, 1989.